第一代：陳國樑　　　　　　第二代：陳世望

陳世望氏（泰益號）

在日 46 年，販路擴及上海、台灣、廈門、香港、新加坡等，是長崎最堅實的貿易商。陳世望乃福建省泉州府出身，祖父累代經營貿易業，嚴父國樑在長崎新地町海岸邊開設商號，開始中日間的貿易。德望甚高，偶有漂流來的台灣人即施予衣食，努力救濟，獲得日本政府的表彰。世望君繼承遺志，頗富慈善心，也精勵業務，店鋪日漸繁榮。當選為長崎在留中華商務總會會長，福建省總代，聲望很高。

（1）陳氏兩代經營主的照片

信封（表）　　　　　　　　　信封（底）

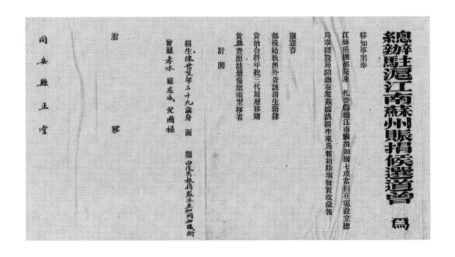

（2）陳世望的捐納證明書（1907）

同知職銜收據

監生的收據

（3）陳世望捐納證明書的收據（1907）

信封（表）

信面（底）

（4）陳世望護照發給證書（1906）

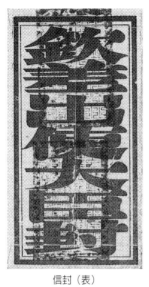

信封（表）

信面（底）

（5）就任長崎福建幫副董事（1911）

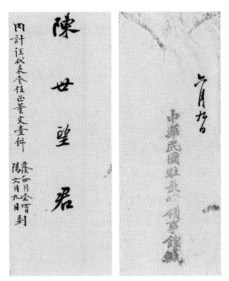

信封（表和底）

陳世望君

內計汪代表委任正董文壹件

陰四月會會到
陽六月九日到

中華民國駐長崎領事館緘

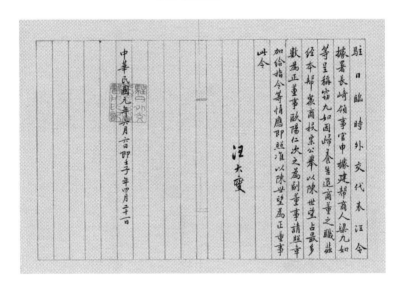

駐日臨時外交代表汪令

據署長崎領事官申據建幫商人梁九
如等呈稱竊九如固歸養告退商董之職茲
經本幫眾商投票公舉以陳世望占最多
數為正董事歐陽仁次之為副董事請照章
加給指令等情應即照准以陳世望為正董事
此令

中華民國元年六月六日即壬子年四月廿一日

汪大燮

（6）就任長崎福建幫正董事（1912）

信函

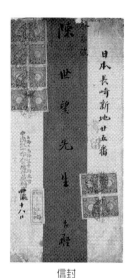

信封

證明書

信封

（7）中國紅十字總會名譽贊助員的證明書（1913）

信封

（8）中國財政總長給的褒獎執照（1915）

表紙

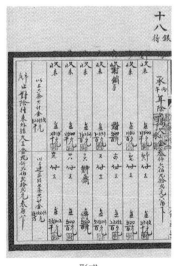

形式

製造商周德泰標記

（9）泰益號的帳簿：表紙、形式、製造商

（10）泰益號的結算帳簿—結彩豐盈　資產負債表（1907）之１

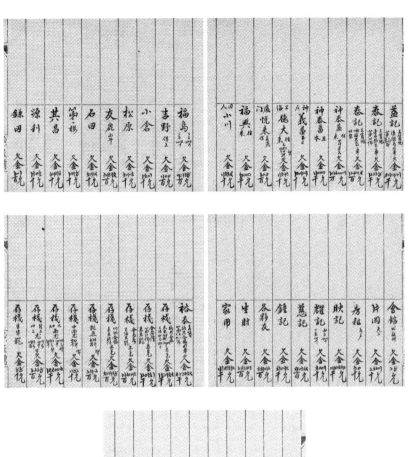

泰益號的結算帳簿—結彩豐盈　資產負債表（1907）之 2

（11）泰益號的結算帳簿—結彩豐盈　損益計算表（1907）

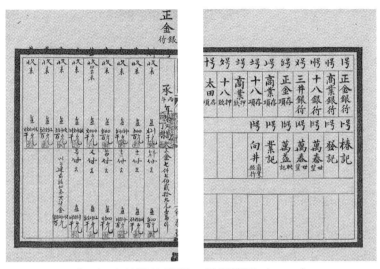

（12）泰益號的總帳—銀行總簿（1907）

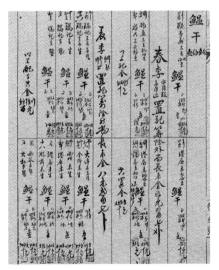

（13）泰益號的總帳—置配查存（1907）

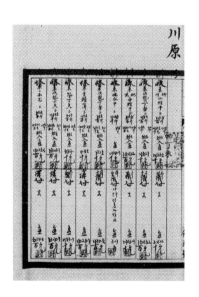

（14）泰益號的總帳—海味總簿（1907）

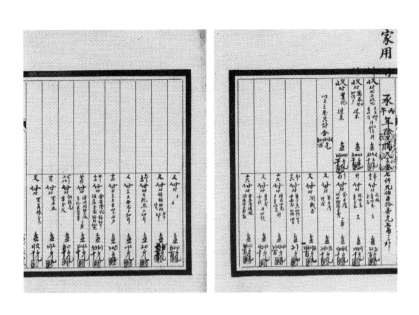

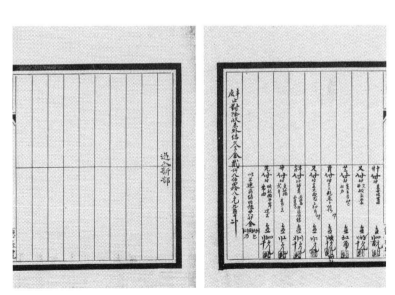

（15）泰益號的總帳—各費總簿（1907）

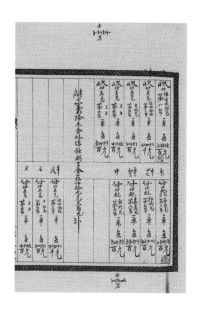
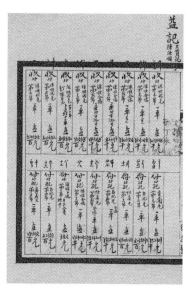
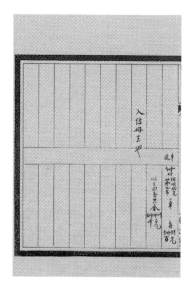

（16）泰益號的總帳—台灣總簿（1907）

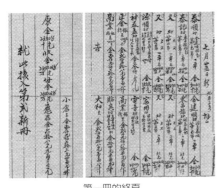

第一冊的始頁

第一冊的終頁

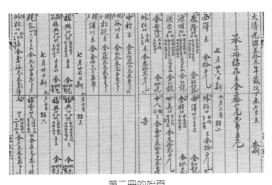

第二冊的始頁

（17）泰益號的分錄帳―滾存（1907）

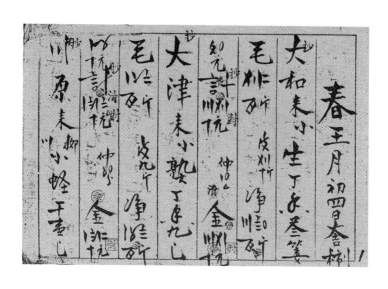

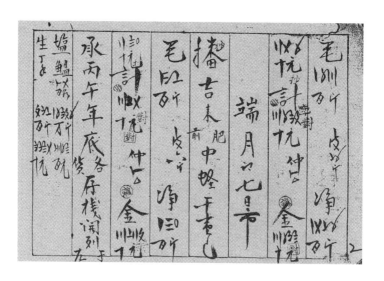

（18）泰益號的進貨帳—進碼（1907）之1

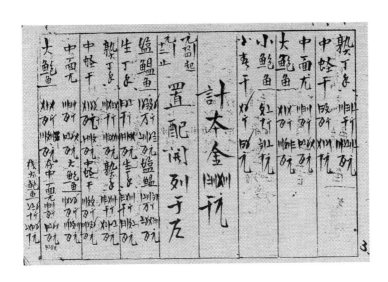

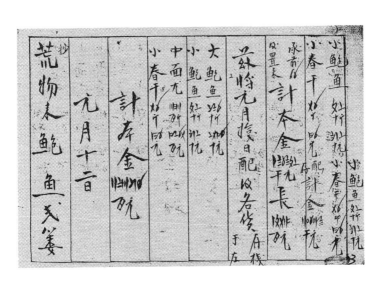

泰益號的進貨帳—進碼（1907）之 2

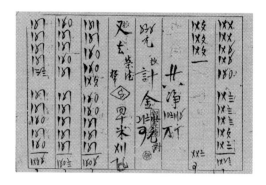

（19）泰益號的銷貨帳—出碼（謄正）（1907）

（20）泰益號的進貨帳─各郊來貨（1907）

（21）泰益號的銷貨帳─各郊配貨（1907）

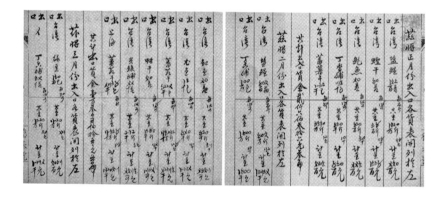

（22）泰益號的分類明細帳─出入口各貨表月結總登（1907）

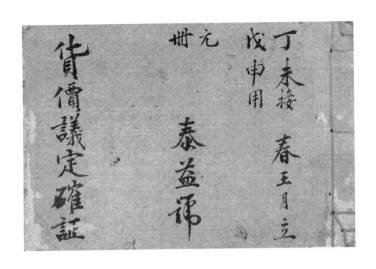

（23）泰益號的分類明細帳—貨價議定確證（1907）

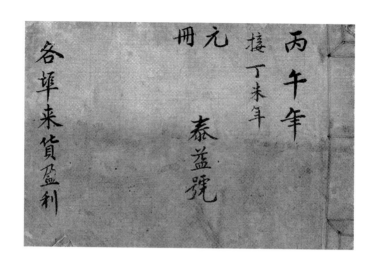

（24）泰益號的分類明細帳─各埠來貨盈利（1907）

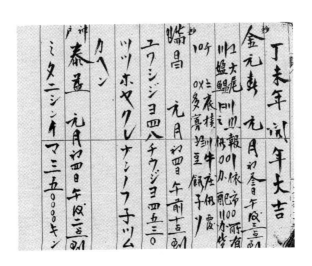

（25）泰益號的收信電報—來電留踪（1907）

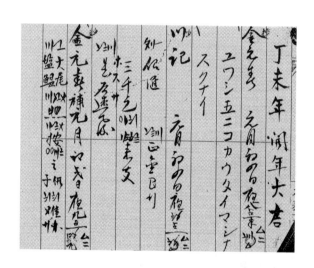

（26）泰益號的發信電報—去電留跡（1907）

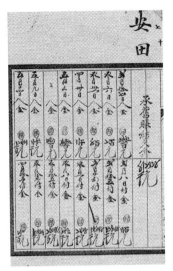

（27）生泰號的總帳—銀行各項來往總帳（1943）

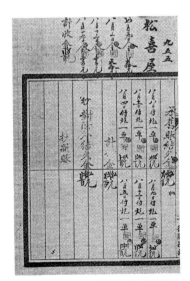

（28）生泰號的總帳—長崎至佐賀總帳（1940）

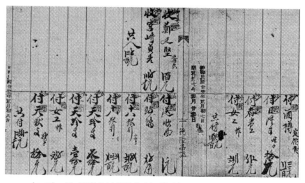

（29）生泰號的現金出納簿—川流（1942）

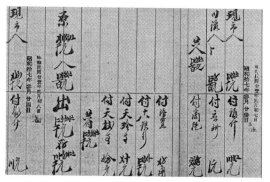

（30）生泰號的日記簿—日清（1942）

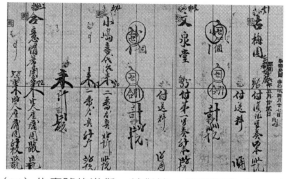

（31）生泰號的進貨、銷貨簿—外島暫登（1941）

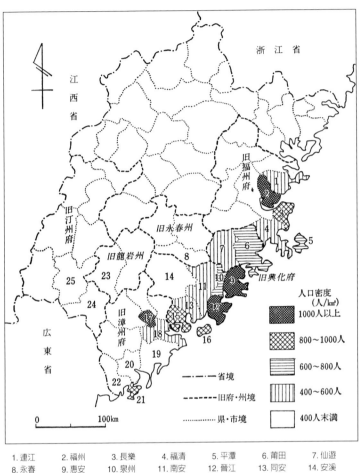

1. 連江	2. 福州	3. 長樂	4. 福清	5. 平潭	6. 莆田	7. 仙遊
8. 永春	9. 惠安	10. 泉州	11. 南安	12. 晉江	13. 同安	14. 安溪
15. 廈門	16. 金門	17. 漳州	18. 龍海	19. 漳浦	20. 雲霄	21. 東山
22. 詔安	23. 龍岩	24. 永定	25. 上杭			

註：1. 圖中的界線為 1982 年的界線。
　　2. 人口密度是《中華人民共和國人口密度圖》中國統計出版社 1986 年的統計。
　　3. 資料來源：山下清海〈福建省における華僑送出地域の地理學的考察〉頁 26。

（32）福建省主要的僑鄉以及人口密度（1982）

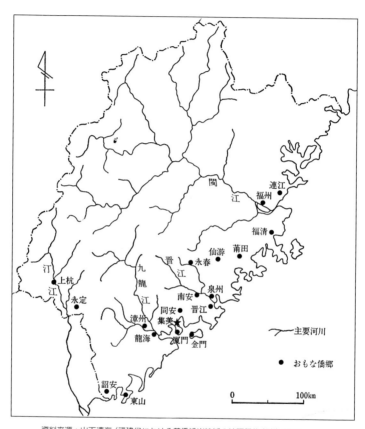

主要河川

おもな僑郷

閩江

連江
福州

福清

仙游　莊田

晉江　永春

九龍江

江　上杭

永定

南安　泉州

漳州　同安　晉江

集美

龍海　厦門　金門

詔安

東山

0　　　　100km

資料來源：山下清海〈福建省における華僑送出地域の地理學的考察〉頁26。

（33）福建省主要的河川與僑鄉

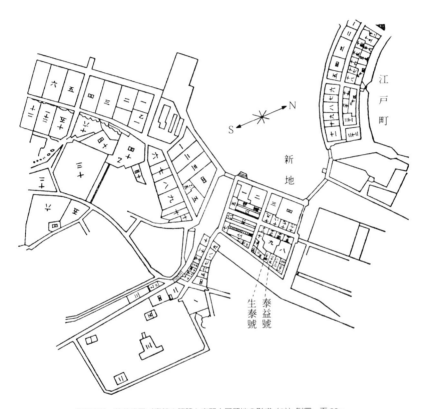

資料來源：菱谷武平〈唐館の解體と支那人居留地の形成（3）〉附圖，頁33。

（34）長崎居留地圖

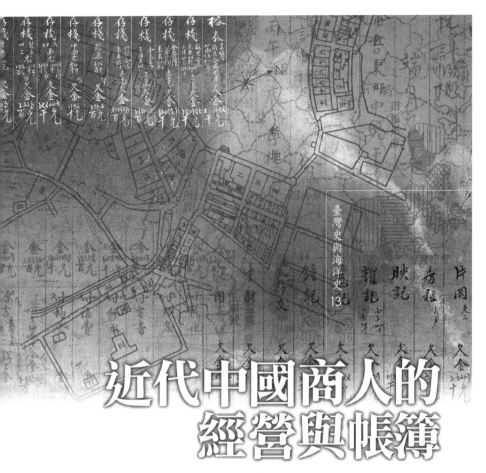

臺灣史與海洋史 13

近代中國商人的
經營與帳簿

長崎華商經營史的研究

許紫芬◆著

財團法人曹永和文教基金會◆策劃

遠流出版公司◆出版

【臺灣史與海洋史】系列叢書緣起

財團法人曹永和文教基金會

　　財團法人曹永和文教基金會成立於 1999 年 7 月，其宗旨主要在與相關學術機關或文教單位合作，提倡並促進臺灣史與海洋史相關之學術研究，並且將研究成果推廣、普及。因此，有關臺灣史或海洋史之學術著作、國外優秀著作的譯述及史料編纂等相關書籍的出版，皆是本基金會的重要業務。

　　曹永和文教基金會成立以來，本於前述宗旨，多次補助出版與臺灣史或海洋史相關的學術著作、史料的編纂或外文學術著作的翻譯。諸如《東臺灣叢刊》、《臺灣重層近代化論文集》與其續集《跨界的臺灣史研究——與東亞史的交錯》、《曹永和先生八十壽慶論文集》、荷蘭萊登大學與中國廈門大學合作編輯之海外華人檔案資料《公案簿》第一輯、第二輯與第四輯、荷蘭萊登大學包樂史教授（Leonard Blussé）主編之《Around and about Formosa》、韓家寶先生（Pol Heyns）與鄭維中先生之《荷蘭時代臺灣相關史料——告令集、婚姻與洗禮登錄簿》。接受補助出版或由基金會出版的書籍，有不少作品已廣為學術界引用。本會也贊助相關的學會活動、邀請外國著名學者作系列演講，提供研究者交流的場域。諸如，1999 年 11 月與中央研究院合辦「東亞海洋史與臺灣島史座談會」，2000 年 3 月於臺灣大學舉辦日本東京大學東洋文化研究所濱下武志教授演講「談論從海洋與陸地看亞

洲」，2000 年 10 月與中央研究院及行政院文建會合辦「近代早期東
亞史與臺灣島史國際學術研討會」。此外，為了培養臺灣史及海洋史
研究的人才，本會與中央研究院臺灣史研究所合辦「臺灣總督府公文
類纂研讀班」之推廣活動。

　　為了使相關學術論述能更為普及，以便與更多讀者分享臺灣史和
海洋史的研究成果，本基金會決定借重遠流出版公司專業的編輯、發
行能力，雙方共同合作，出版【臺灣史與海洋史】系列書籍。每年度
暫訂出版符合基金會宗旨之著作二至三冊，除了國內的學術研究成果
之外，也支持翻譯出版外文學術著作或相關史料。本系列書籍於 2005
年以許佩賢副教授之《殖民地臺灣的近代學校》，與陳國棟教授之
《臺灣的山海經驗》、《東亞海域一千年》為首；2007 年翻譯出版歐
陽泰教授（Tonio Andrade）所著的《福爾摩沙如何變成臺灣府？》。
同年又出版林玉茹研究員所著《殖民地的邊區：東臺灣的政治經濟發
展》。2008 年出版陳翠蓮教授《臺灣人的抵抗與認同：1920-1950》
及林正慧博士《六堆客家與清代屏東平原》。2010 年出版黃紹恆教授
《臺灣經濟史中的臺灣總督府》。2011 年出版洪紹洋博士《近代臺灣
造船業的技術轉移與學習》及曹永和院士手稿重編復刻本《近世臺灣
鹿皮貿易考——青年曹永和的學術啟航》。2012 年翻譯出版《利邦上
尉東印度航海歷險記——一位傭兵的日誌（1617-1627）》及出版葉淑
貞教授《臺灣日治時代的租佃制度》，出版成果可謂豐碩。

　　冀盼【臺灣史與海洋史】系列書籍之出版，得以促使臺灣史與海
洋史的研究更加蓬勃發展，並能借重遠流出版公司將此類研究成果推
廣普及，豐富大眾的歷史認識。

自序

　　二次大戰後，以美國為中心展開的廣義的經營史學，乃是引用經濟學、經營學、社會學等社會科學各領域的研究方法，推展企業經營歷史的綜合性研究，其研究成果同時也影響了社會科學的各領域。亦即經營史學是以「跨領域」的學門而展開的。

　　在中國，經營史學研究的方向，首先是以洋務運動期展開的新興產業為對象，對促進其工業化的企業家的評價開始的。此時期的研究，對地域性商人、小商人的關心比較缺乏，乃因研究資料採集的困難而導致的。本書使用在日本長崎的福建商人經營史料，對「生泰號」和「泰益號」兩商社的經營歷史，詳細嚴謹地說明和分析。特別是將研究重點放在其經營帳簿，論述帳簿的體系和其所反映出的經營實態的經營史研究，可說是作者獨創性的研究。

　　中國傳統收付簿記法的研究，在 1980 年代以前其研究成果的累積，在學術界可說並不多，因而作者將它視為當務之急，並且闡述「生泰號」和「泰益號」簿記史料的貴重性。這些簿記史料，對以往認定的、一般常識化的通論，亦即認為「中國簿記的後進性」作了再檢討，也作了反駁。一般認為複式簿記、合理的計算為基礎的帳簿組織，在中國沒有發展起來的通論，乃與中國的海上企業沒有充分地展開相連結。可是，宋、元至明代初期，海上企業經營展開之後，明代

中、後期至清代，公私合辦的海上企業或私人經營的海上企業，實質上是持續發展的。屬於廈門商人的地緣，20世紀初經營東亞、東南亞貿易的「泰益號」商社的帳簿組織，實質上已經發展出會計學上複式簿記的水準，這也讓我們要對明清以來，中國海上企業的成長重新評價。

本研究長期以來受到許多教授、親友的栽培與支持，在此誠懇地表達我最大的謝意。首先，要感謝長時間給予我指導的恩師斯波義信教授，以及接續的濱島敦俊教授，兩位教授給了我做學問、做研究的啓發、鼓勵，以及研究方法的引導。再者，求學於大阪大學大學院文學研究科碩博士課程時，曾在大阪大學經濟系選修日本經營史的課程。期間特別得到作道洋太郎教授的關愛和指導，他曾經受邀來台灣大學講課，是日本關西經營史學界的泰斗。西洋經營史則受教於小林袈裟治教授，他開啓了我對美國企業經營史的興趣，至今一直以此為教學的樂趣。

完成「泰益號」論文，投稿於經營史學會時，審查委員的京都大學高寺貞男教授告知我的指導教授斯波義信先生，他認為我會計的概念與日本學界略有出入，願意給我指導，修正後再投稿，因此我有機會赴京都大學受教於他。他在會計史上的指導與研究上的助言，構成本書的基底。上述諸位教授之外，還有東京大學東洋文化研究所的佐伯有一和濱下武志兩位教授，也給了我諸多的指導和協助。本書研究過程與資料的分析、整理過程，濱下武志教授給予最大的協助。

透過許淑眞教授的引薦，1978年「外國居留、移民と文化摩擦」研究班訪問長崎華僑總會會長陳日峰先生時，大阪大學得到複印「生泰號」帳簿資料的機會。許淑眞教授是台大歷史系的前輩，一直親切地指導、解答我在研究過程上碰到的問題。本研究透過先學、同行的論著、論文得到很多的學習和啓示，在此也對他們表達謝意。作者就

讀博士課程時，幸運地得到日本扶輪社的米山獎學金，因此得以專心地求學，也開啓了本人成爲研究人員的途徑。

　　本研究所使用的「泰益號」帳簿群，乃是 1983 年「泰益號」的後裔陳東海、陳東華代表家族寄贈給長崎市立博物館的。之後在杉村邦夫館長手中完成資料的分類和目錄，再歷經兩年也完成往返商業書信的分類和複印。感謝長崎市立博物館歷任館長杉村邦夫先生、鬼塚謹吉先生、原田博二先生，允許讓本人借閱此資料，1983 年 8 月起在長崎居留 2 個月時，對本人提供的協助。在進行長崎華商「泰益號」資料研究的過程，也得到長崎華僑研究會的重藤威夫先生、宮田安先生，以及諸位會員在學問上的刺激和啓發。同時也要對提供原始經營資料的「生泰號」的後裔桃華園的陳日峰先生、「泰益號」的後裔陳東海先生、陳東華先生表達感謝，因爲此貴重資料的公開，才能有本研究的成果。

　　本研究於 1990 年、1991 年得到甲子園大學的特別研究費。感謝日本甲子園大學的久米利男董事長、河村洋二郎校長、渡部浩太郎院長、市橋英世教授，讓我有機會在此任教，開啓我研究與教學的第一步。

　　本研究也是 1992 年日本文部省（教育部）提供的科學研究費（一般研究 C）的研究成果。同時也獲得平成 5 年度（1993）日本文部省科學研究費補助金（研究成果公開促進費），因而可以將此研究成果出版公諸於世，以山岡由佳，《長崎華商經營の史的研究—近代中國商人の經營と帳簿—》出版。最後，更要感謝位於京都的ミネルヴァ出版社，出版後推薦此書於日本經營協會，榮幸地獲得平成 7 年度（1995）「經營科學文獻賞」的獎勵。頒獎典禮於 1996 年 1 月 23 日在東京千代田區的如水會館舉行，由日本經營協會會長三鬼彰主持，本人獲得頒贈獎牌和二十萬日元獎金。這次受獎讓本人 15 年來學術研

究領域上的孤寂、辛苦，化爲喜悅和肯定。

　　此書是日文版《長崎華商經營の史的研究—近代中國商人の經營と帳簿—》的中文譯本。1995 年之後，運用泰益號史料相關的研究陸續出版，有朱德蘭、廖赤陽等的著作，本書也引用了其研究成果。也感謝陳東華先生，指出日文版陳世望族譜的錯誤以及幾處人名的錯誤，本書均已加以修正。最後，感謝黃紹恆教授鼓勵我出版中文版，更感謝曹永和文教基金會的協助，由遠流出版公司將此中文版問世。

許紫芬

2015 年 9 月 1 日

國立暨南國際大學歷史學系

目錄

第Ⅱ部　　經營管理的手段 ——中國式收付簿記法——

卷首圖版一覽表

圖表目錄

第 I 部

長崎華商的經營形態

序　文

　　近代中國經濟史研究之特色之一，在於重視使用個別經濟體內部經營資料，分析其具體的經營活動、經營內容，嘗試重新檢討那時代經濟狀況的全貌。這種研究取向在怡和洋行、上海匯豐銀行等一次史料的使用上，得到金融史緻密的研究成果。❶在中國方面，收集個別企業史的一次史料、經營史相關文獻❷集結成書的有榮家企業史料、南洋兄弟菸草公司史料、❸上海錢莊史料、啓新洋灰公司史料等都陸續被編纂出版，都可以做進一步的研究。❹中國經營史的研究在楊天

---

❶ 石井摩耶子，〈19世紀後半の中國におけるイギリス資本の活動―ジャーヂィンマセソン商会の場合―〉《社会経済史学》45巻4號，1979年。
　　濱下武志，〈19世紀末における銀價變動と上海金融市場―中國通商銀行の初期活動に關連して―〉《一橋論叢》87巻4號，1982年。
　　石井寬治，〈イギリス殖民地銀行群の再編―1870、80年代の日本、中國を中心に―〉東京大學《經濟學論集》45巻1、3號，1979年。

❷ 中井英基，《中國近代企業者史研究―張謇と通海墾牧公司》1979。〈清末の綿紡績企業の經營と市場条件―中国民族紡における大生紗廠の位置―〉《社会経済史学》45巻5號，1980年。〈清末中國における『清流』と企業者活動―張謇の生涯とその役割―〉阿部洋編《日中關係と文化摩擦》（東京：巖南堂書店，1982年）。

❸ Sherman Cochran, *Big Business in China: Sino-Foreign Rivalry in the Cigarette Industry 1890-1930* (Harvard U.P. 1980).

❹ 楊天溢，〈近代中國の經營史文獻、資料について〉日本經營史學會編集《外國企業及び企業者、經營者史綜合目錄》1979年，頁559-567。

溢❺、全漢昇❻、中井英基❼、中村義❽、山上金男❾、上妻隆榮❿、安達生恆⓫、嚴中平⓬、林善義⓭、章開沅⓮、波多野善大⓯、北村敬直⓰、Chu, Samuel C.⓱、Feuerwerker, Albert⓲等先學之手下展開，從各種不同角度分析。特別是洋務運動以後，近代工業、產業發展過程中，棉紡織

---

❺ 楊天溢，〈中國における企業者活動〉《經營史學會》4卷1號，1970年，頁55-79。
　　──〈東南アジアにおける企業者活動〉《アジア研究所紀要》創刊號，1974年。
　　──〈中國の家族原理と企業者活動〉土屋守章、森川英正編《企業者活動の史的研究》（東京：日本經濟新聞社，1981年）。
　　──〈中國における日本紡績業『在華紡』と民族紡との相剋〉阿部洋編《日中關係と文化摩擦》（東京：巖南堂書店，1982年）。
　　──〈東南アジア華人の經濟倫理と企業活動の樣態〉《アジア研究所紀要》第10號，1983年。
❻ 全漢昇，《漢冶萍公司史略》（香港：香港中文大學，1972年）。
❼ 中井英基，《張謇と中國近代企業》（札幌：北海道大學圖書刊行會，1996年）。
❽ 中村義，〈立憲派の經濟的基礎〉《史潮》67號，1959年。
　　──〈清末政治と官僚資本〉《中國近代化の社會構造─辛亥革命の史的位置─》教育書籍，1960年。
　　──〈帝國主義形成期における中國社會構造〉《歷史學研究》303號，1965年。
❾ 山上金男，《浙江財閥論》（東京：日本評論社，1938年），頁214。
❿ 上妻隆榮，《中國資本家の足跡》（京都：法律文化社，1966年），頁234。
⓫ 安達生恒，《商業資本と中國經濟─中國經濟近代化に關する研究─》（東京：有斐閣，1953年）。
⓬ 嚴中平，《中國棉紡織史稿1928-1937從棉紡織工業史看中國資本主義的發生與發展過程》（北京：科學出版社，1955年）。翻譯本，1966年。
⓭ 林善義，〈張謇の實業思想〉《名古屋學院大學論叢》社會科學篇17卷1號，1980年。
⓮ 章開沅、田彤合著，《張謇與近代社會》（武漢：華中師範大學出版社，2002年）。
⓯ 波多野善大，《中國近代工業史の研究》東洋史研究會（京都大學），1961年。
⓰ 北村敬直，〈招商局史の一局面─旗昌公司買收事件について─〉《東洋史研究》，20卷3號，1961年。
⓱ Chu, Samuel C., *Reformer in Modern China, Chang Chien:1853-1926* (Columbia U.P.,1965).
⓲ Feuerwerker, Albert, *China's Early Industrialization:Sheng Hsuan-huai (1844-1916) And Mandarin Enterprise* (Harvard U.P.,1958).

產業、鋼鐵製造業的個別企業史，中國的家族原理與企業家活動的關係，官僚企業家（盛宣懷、晶緝槻），近代企業家（張謇、榮家兄弟、簡家兄弟）的研究，資本家集團的分類，浙江財閥論等等，都有了詳細的考證與累積相當多的研究成果。

　　但是，舊中國明清時期商業最盛期活躍的傳統商人的經營、資本、金融、組織等商業機能的解明，還需要盡其可能地發掘其經營內部資料，在研究方法上，若非有獨自的功夫與努力，是不容易知其眞相的。❶❾

　　因此本書呼應上述研究取向，使用日本幕末期以來，在長崎進行貿易的華僑貿易商「泰益號」與「生泰號」所留下的龐大經營資料。特別是運用其經營帳簿，從企業家的歷史與經營史的側面分析其經營實態，如此讓中國商業經營的不透明性，給予光照，也補足其研究上

---

❶❾ 明清時代商人及び商業資本についての研究，參照下列研究成果：

藤井宏，〈新安商人の研究〉《東洋学報》36 卷 1-4 号，1953-54 年。

傅衣凌，《明清時代商人及商業資本》（北京：人民出版社，1956 年）。

佐伯富，《清代鹽政の研究》東洋史研究叢刊 2，1956 年。

西嶋定生，《中國經濟史研究》第 3 部（東京：東京大學出版會，1966 年）。

西行喜行，〈清末の寧波商人について―浙江財閥の成立に関する一考察―〉（上，下）《東洋史研究》26 卷 1、2 号，1967 年。

寺田隆信，《山西商人の研究》東洋史研究會刊，1972 年。

葉顯恩，《明清徽州農村社会佃僕制》（合肥：安徽人民出版社，1983 年）。

張海鵬、王廷元主編，《徽商研究》（合肥：安徽人民出版社，1997 年），頁 17-82。

張正明，《晉商興衰史》（太原：山西古籍出版社，1995 年），頁 57-107。

劉建生、劉鵬生、燕紅忠等著，《明清晉商制度變遷研究》（太原：山西人民出版社，2005 年），頁 140-161。

濱島敦俊，《明代江南農村社会の研究》（東京：東京大學出版會，1982 年）。

――〈明代中期の『江南商人』について〉《史朋》第 20 号，1986 年。

今堀誠二，〈16 世紀以後における合夥（合股）の性格とその推移―とくに古典的型態の成立と擴大について―〉《法制史研究》8 号，1957 年。

斯波義信，"Ningpo and Its Hinterland" in G. W. Skinner (ed.) *The City in Late Imperial China* (Standford U.P.,1977).

的空白。本書使用的史料，在舊式企業、中小規模商社經營實像的分析上，是最爲有力的實證材料。泰益號帳簿史料的特點在於，在中國商業經營史中，至今能反映其經營內容的舊式帳簿，是唯一且在數量上最大的。作者曾經利用長崎華商生泰號 95 冊帳簿，復原、分析其商業活動。❷⓿同樣在長崎新地的華商泰益號的經營帳簿資料，在質、量上都比生泰號更龐大，單是帳簿就有 2304 冊。❷❶

　　有關的日華商的研究，已經有寧波出身住在神戶的吳錦堂（1854-1926）的經濟活動與社會活動的研究。吳錦堂是清末民初去日本的貿易商，以「怡生商號」的經營累積資本，之後設立東亞水泥公司（1907）、吳錦堂合資會社（1925）。吳錦堂作爲貿易商，其經營不只在商業資本上，也擴及產業資本、土地資本、金融資本等，多層次的展開。他積蓄了巨大的財富，是日本華僑社會的中心人物。❷❷吳錦堂發展的軌跡，可視爲寧波商人發展的類型之一。

　　但是，依據斯波義信教授的研究，他認爲在日華僑的特色是「商人型移住類型」。亦即華僑的大多數，上層是貿易商、購貨批發商、銷貨批發商、銀行、商社買辦等，中下層則是內地行商、雜貨業、加工職人等廣義的商人集團所構成。這是與美國、東南亞海峽殖民地的情況大大不同的特色。❷❸

❷⓿ 許紫芬，〈帳簿を通じて見た長崎華僑貿易商生泰號の活動〉《社会経済史学》49 卷 5 號，1983 年。

❷❶ 1983 年 2 月 12 日陳世望的後裔將泰益號經營相關資料寄贈給長崎市立博物館。《長崎華商泰益號關係資料》第一輯，長崎華僑研究會刊行，1985 年 3 月 15 日發行，頁 14。

❷❷ 山口政子，〈在神華僑吳錦堂（1854-1926）について〉山田信夫編《日本華僑と文化摩擦》（東京：巖南堂書店，1983 年），頁 257。

❷❸ 斯波義信，〈在日華僑と文化摩擦─函館の事例を中心に─〉山田信夫編《日本華僑と文化摩擦》（東京：巖南堂書店，1983 年），頁 45。

在日華僑的出身地，大致是三江、閩南、閩北、廣東、山東等。
❷❹以上五個商人集團，其進出日本有盛衰消長的現象。可是各種商人
的企業如何經營？個別商業資本家的系譜、財產的形成、投資的傾向
等的內容的具體分析，是至今華僑研究比較少的部分。❷❺

在日華商所面臨的問題點，特別是從宏觀的視角觀察的社會組織
分析、經濟分析，以及文化摩擦或兩社會之間政治、經濟變化的對應
等的研究，已經在前人的研究中，累積不少緻密的研究成果。❷❻本書

❷❹ 內田直作，《日本華僑社会の研究》（東京：同文館，1949 年），頁 145-168。
　　斯波義信，《日本華僑と文化摩擦》，頁 106-110。
❷❺ 山岡由佳，〈在日中國商人の商業活動─長崎華商『泰益號』の事例 1901-1931〉
　　《甲子園大學紀要》18 (B) 19 (B) 合併號，甲子園學院創立 50 周年記念論文集，
　　頁 77-79。
❷❻ 游仲勳，〈學界展望、日本における華僑研究〉《アジア研究》13 卷 2 號，1966
　　年 7 月。
　　──《華僑政治經濟論》（東京：東洋經濟新報社，1976 年）。
　　內田直作，《日本華僑社会の研究》，1949 年。
　　──《東洋經濟史研究》（1、2）（東京：千倉書房，1970/76 年）。
　　內田直作、塩協幸四郎，《留日華僑經濟分析》（東京：河出書房，1950 年）。
　　須山卓、日比野丈夫、藏居良造，《華僑─改訂版》（東京：日本放送出版協會，
　　1981 年）。
　　須山卓，《華僑經濟史》（東京：近藤出版社，1972 年）。
　　鴻山俊雄，《神戸大阪の華僑─在日華僑 100 年史─》（大阪：華僑問題研究所，
　　1979 年）。
　　菅原幸助，《日本の華僑》（東京：朝日新聞社，1979 年）。
　　──《華僑─商才民族の素顏と實力─》（東京：日本經濟新聞社，1981 年）。
　　山田信夫編，《日本華僑と文化摩擦》（東京：巖南堂書店，1983 年）。
　　陳德仁、安井三吉，《孫文と神戸》（神戸：神戸新聞總合出版センター，1985
　　年）。
　　涂照彥編著，《華人經濟圈と日本─アジア新秩序への底流─》（名古屋大學國際
　　經濟動態研究センター出版，1998 年）。
　　日本孫文研究會、神戸華僑華人研究會編，《孫文と華僑─孫文誕生 130 周年記
　　念國際學術討論會論文集─》（東京：汲古書院，1999 年）。
　　飯島涉編，《華僑、華人研究の現在》（東京：汲古書院，1999 年）。
　　上杉允彥、小島庸和、謝清宏，《華僑社会と經濟活動の研究》（東京：高千穗商
　　科大學研究所，2000 年）。

乃是從微觀的視角，想重新建構福建商人的具體實像。

神戶華僑華人研究會編，《神戶と華僑——この 150 年の步み》（神戶：神戶新聞總合出版センター，2004 年）。

第 1 章
幕末開港與華商的進出

1. 日本開港與自由貿易的衝擊

　　幕府末期、1850-60 年代，是西歐出現典型的市場經濟的時代，也是以英國「世界工廠」為中心，自由貿易達到最高潮的時期。同時期的日本，也是在安政開港中捲入國際分工的體制。❶

　　安政元年（1854）3 月，在美國的武力威脅要求通商之下，日本與美國締結「日美親善條約」。又於安政 5 年（1858）7 月在江戶（今東京）簽訂「日美友好通商條約」及「貿易章程」（通稱江戶條約）。之後英國、荷蘭、俄國、法國四國也於同年秋天，先後與日本簽訂內容相似的「友好通商條約」，稱之為「安政條約」或「安政五國條約」。此後，葡萄牙等國亦接踵而至，與日本簽訂商約。於是，日本於安政 6 年（1859）開橫濱、函館、長崎港，慶應 3 年（1867）開神戶港，明治元年（1868）開大阪、新潟，與歐美諸國通商。上述的條約給予締約國領事裁判權、議定關稅權和在開放地區的永久居住

❶ 荒井政治《経済社会史入門―日本と西洋―》（東京：東洋經濟新報社，1980年），頁 154。

權及自由貿易權。❷伴隨世界資本主義進出而來的歐美諸國自由貿易的要求，幕府的態度起初很消極，堅持傳統的長崎會所貿易體制；統籌收購銅和海產品等重要的出口產品，交由中國與荷蘭商人出口。安政 5 年（1858），荷蘭與日本締結通商條約，脫離幕府的長崎會所貿易體制之後，中國商船與會所體制的貿易，仍然持續了一段時間。此時長崎的中國商人從廢除的「唐人屋敷」，轉移到外商居留地附近，成爲外國商社的買辦，實質上享有貿易的利益，迎接著一個大好的商機。❸

　　文久 2 年（1862），德川幕府感到有必要於中日兩國之間締結正式的通商條約，以視察中國情勢爲目的，派遣貿易船千歲丸由長崎出發赴上海。這是從寬永 12 年（1635）的海禁政策禁止日本船前往中國貿易以來，經過了 220 年才再重啓的貿易之門。❹

　　一直想突破中日貿易獨佔體制的歐美外商，於萬延元年（1860）要求函館奉行將交給長崎會所之外的海產品自由買賣給外商，至此幕府獨佔貿易的防線已崩解。其次，以薩英戰爭（1863）爲契機，到了慶應元年（1865），海產品貿易全面自由化，慶應 2 年（1866）長崎御用銅的貿易也自由化了，幕府的貿易防衛策略至此已完成崩解。此時中國商人終於失去了幕府時代以來貿易出口的獨佔權。到明治 4 年（1871）中日締結「中日修好條規」和「通商章程」爲止，中國商人處於無條約狀況下，從事貿易活動。「中日修好條規」是中日關係史上的一件大事，它引領中日關係進入近代條約爲基礎的新階段，從此

---

❷ 林明德，《日本近代史》（台北：三民書局，2002 年），頁 26-34。
❸ 斯波義信，〈明治期日本來住華僑について〉《社会経済史学》47 卷 4 號，1982 年。
　　——《函館華僑関係資料集》大阪大學文學部紀要，第 22 卷，1982 年，頁 4-15。
❹ 佐藤三郎，《近世日中交涉史の研究》（東京：吉川弘文館，1984 年），頁 67-96。

華商也和外商一樣可以名正言順地在日本從事貿易。❺明治 4 年（1871）中日締結修好條約之前，中國因尚未與日本締結通商條約，長崎的中國商人仍處於無條約保護的狀況之下。他們要在日本國內居留，必須依附於與日本有條約國家的洋商（番行）之下受其保護。中國商人在法律上不被承認，但依附於洋商後，就取得了合法的居留地位。❻於是許多華商乃依附於洋商，以「異人牙保」名義向日本政府登記，依交易額的 3.5％繳交牙保費給洋商。雖然如此，長崎的中國商人仍然享有實質貿易之利。

在此激變之時開港口岸中，產業立地條件優良的橫濱、函館急速地成長。橫濱在生絲、蠶繭、茶、棉製品的出口上壓倒其他港口，函館則是出口海產品的集散地，成為佔有當時海產品出口貿易額 80-90％ 的專門港。海產品中又以輸往缺乏食鹽的華中內地，佔有廣大市場的昆布（海帶），出口了德川幕府時代平均年額 3,000 石的 6 倍。腹地缺乏產業的長崎港，只得往農林產物、雜貨的進出口發展，加上兵庫、大阪開港的競爭，長崎的出口規模比起興盛期已大大衰退。❼

明治初期（到明治 10 年左右）貿易的一般特徵為：（1）進出口額的增加速度全體而言並非急速地增加，而出口額又比進口額增加緩慢。（2）上述特徵導致持續地入超。（3）出口商品以原料用製品、原料品、食品等初級產品為主，進口商品則為製成品為主。（4）因先進國商社的掠奪性交易，導致日本的貿易掌握在他們手中，極為不利。❽

---

❺ 羅晃潮，《日本華僑史》（廣東：廣東高等教育出版社，1994 年），頁 180-184。
❻ 朱德蘭，《長崎華商貿易的史的研究》（東京：芙蓉書房，1997 年），頁 26-28。
❼ 荒居英次，《近世海產物貿易史の研究》（東京：吉川弘文館，1975 年），頁 409-585。
❽ 玉城肇，《現代日本產業發達史》（支詢社出版局，1967 年），頁 46。

　　明治 17-18 年（1884-85）日本關東開設日本郵船，關西有大阪商船會社與西南戰爭後設立的三菱汽船，均開拓了大陸直航的航路。中國也於光緒 12 年（明治 19 年，1886）與之呼應，計畫要成立大沽汽船會社、招商局的中日航路，但是終究沒有實現。日本趁勢開啓對大陸的自主貿易，甲午戰爭、日俄戰爭之後的貿易更加擴大，京阪神地區興起輕工業、港灣、倉庫、金融、貿易等各行業。北海道漁業也進入工廠生產的方式，開始母船式遠洋漁業。如此工業化的步伐與經濟的好景氣，促成多數華商來日本的各港口，迎接中日貿易的全盛期。❾

　　自由貿易開啓後，對中日兩國關係的影響，從貿易面來看，有很明顯的變化過程。首先，在進出口的商品構成上，江戶時代日本從中國進口生絲、藥材、砂糖等，大致說來是手工業品的進口國；另一方面也是銅、海產品的原料、食品的出口國，反映了中國是先進產業的經濟構造。不過自從與諸外國展開自由貿易，撤除諸貿易障礙後，日本快速地轉換成爲生絲、茶出口到歐美，一時之間變成與中國的出口品項目相同構造的競爭國家。由於交通工具的發達，中國的棉花、大豆、豆粕等，紡織品原料以及食品原料出口到日本成爲可能，中日進出口商品的構造就此改變。從中國進口原材料之增加，也造就了日本產業發展的基礎。甲午戰爭之後，漸漸地洋傘、陶瓷器類的雜貨，以及紡織品、地毯、水泥、麵粉等的輕工業產品；大正年間，開始人造纖維、化學藥品等的化學製品；昭和年間，開始鐵路的鐵軌、電線、機械等的重工業製品出口到中國，漸次地看到出口商品構造的變革。中國由農業體質的國家要轉變爲工業構造的國家所費時間甚久。期間

---

❾ 斯波義信，《函館華僑関係資料集》，頁 11-12。

日本已經以近代產業國的身分在貿易領域發展起來了。❿

2. 華商的商業團體（商幫）的形成

　　華商、華人到其移民社會，均非常重視地緣、血緣的聯繫。考慮此特色，下面將運用在日華商主要活動地的各貿易港，華商所組成的會所、會館（同鄉、同職團體）的資料，來考察華商商幫團體的形成、變化、興衰等。

（1）江戶時代

　　在《通航一覽》卷 347，有記載「唐方通事役」的沿革。

　　　中古以來唐國船隻來航很稀少，翻譯人士也少，慶長寬永之際，華夷商船輻輳於平戶、長崎等港口。

　　日華間交涉關係的沿革已久，過去常有使節的交換、兼及貿易的交易。⓫其往來多少是持續的進行，華商、華人開始定居，乃在德川初期的長崎貿易時代之後。在這之前日明「勘合貿易」時期，遣明船之外的往來一概禁止。雖有海禁，但是日本銀向中國流出，中國生絲、絹織物流向日本為主軸的走私貿易，仍然繼續擴大進行。⓬明朝

---

❿ 內田直作，《日本華僑社会の研究》（東京：同文館，1949 年），頁 146。

⓫ 宮本又次、內田勝敏，《日本貿易人の系譜》（東京：有斐閣選書，1980 年），頁 1-17。

⓬ 明朝中國海商的走私貿易，參照以下的研究：
　小葉田淳，《金銀貿易史の研究》（東京：法政大學，1976 年），頁 49-64。
　田中健夫，《倭寇》（東京：東京教育社，1982 年）。
　佐久間重男，《日明關係史の研究》（東京：吉川弘文館，1992 年），頁 221-346。
　張維華，《明代海外貿易簡論》（上海：上海人民出版社，1956 年），第 4 章。

鎮壓倭寇之後，海上貿易沉寂一陣子，在日本的慶長年間（1596-1614）明朝商船往長崎、平戶的數目達到數十艘，1631 年時達到 70-80 艘。[13] 還有為了躲避滿族人的入侵，避開戰禍的流亡者來日。《長崎誌》對期間發生的事情的記載：

> 至明朝萬曆崇禎年間（相當於日本的天正慶長）兵亂大起，人民甚為困厄，逃難不限於商家，帶著雇僕者希望來長崎定居者眾。

但是日本於天正年間起，開始有禁止基督教的傾向，到寬永 12 年（1635）為了調查、取締基督教信仰，將日明貿易限定於長崎一港。來港的華商為了因應幕府基督教調查，迴避政治性的宗教摩擦，自發性地建立唐三箇寺，表明自己不屬於基督教的門派，努力保持貿易關係的安全。因為是在禁基督教的緊迫情勢下建立起來的「唐寺」，本質上可視為明治年間在橫濱、神戶、函館等地設立的中華會館的前身，在日華商團體的先驅。長崎的唐三箇寺，並非如在橫濱、神戶、函館三地所見的中華會館，是集合各地方出身的華僑全體的組織，而是由各幫別團體，亦即三江、福州、泉漳等地出身的商人所建

陳文石，《明洪武嘉靖間的海禁政策》（台北：台灣大學文史叢刊，1966 年），頁 42。

林仁川，《明末清初私人海上貿易》（上海：上海華東師範大學，1987 年），第 6 章。

張增信，《明季東南中國的海上活動》（台北：東吳大學中國學術著作獎勵委員會，1988 年）。

張彬村，〈16 世紀舟山群島的走私貿易〉《中國海洋發展史論文集（1）》（台北：中央研究院三民主義研究所，1984 年），頁 71-95。〈16 至 18 世紀華人在東亞水域的貿易優勢〉《中國海洋發展史論文集（3）》（台北：中央研究院三民主義研究所，1988 年），頁 345-368。

[13] 佐久間重男，《日明關係史の研究》，頁 368。

山脇悌二郎，《長崎の唐人貿易》（東京：吉川弘文館，1964 年），頁 8-9。

立，住持也由同鄉人擔任。首先，元和9年（1623）南京地方的船主建立興福寺（俗稱南京寺）。繼之，寬永5年（1628）泉州地方的船主建立福濟寺（俗稱泉州寺，後又稱漳州寺）。之後，寬永6年（1629）福州地方的船主們建立崇福寺（俗稱福州寺）。如此一來，長崎的華商之間，就有了三江（南京）幫、泉漳幫、福州幫，三幫別的唐三箇寺所形成的華商團體。❹唐三箇寺雖是佛教寺廟，但也有祭拜航海神天后聖母的媽祖堂，以及祭祀關帝的廟。這些祭祀一點也不馬虎，成為各出身地的商人宗教、祭祀、社交等相互扶助的團體。❺

　　再者，建立唐三箇寺的明末清初，抵抗明朝海禁的中國海商和沿海鄉紳層結合的走私貿易很興旺，明朝在無法抑制之下，終於在永祿10年（1567）之後，除了日本之外，允許東西洋的出海貿易。約二個世紀的禁止「下海通蕃」解除了，但是對日本的通商，因警戒與倭寇的關係，還是禁止中國人前往日本。❻到了清初，直到以台灣為根據地的鄭成功一族，降服於康熙的康熙23年（1684）實施開海政策為止，這些來長崎的貿易商都不是政府許可的貿易商。為什麼沒有政府許可還會來日本呢？這就要說明當時日本貿易政策的背景。日本在織田信長、豐臣秀吉鼓勵與外國貿易的政策之後，德川家康取得政權，對外關係也是很積極，獎勵通商，鼓勵中國船的來航。因此中國雖然禁止，但日方是歡迎的，所以中國商船的來航年年增加。德川幕府面臨中國實行開海政策，蜂擁而來長崎的唐船，為恐金銀貨幣無限量的流出，遂立即於1685年實行「定額貿易法」，限定一年的交易額為白銀六千貫（一貫是銀一百兩）。超過定額時，唐船就不能再進

---

❹ 同業者在異地從事商業或勞動，為了避免當地原住民的壓迫，保住自己的利益而結成幫，建立會館。「幫」有商幫、手工幫、苦力幫三種。
❺ 內田直作，《日本華僑社會の研究》，頁69。
❻ 佐久間重男，《日明關係史の研究》，頁366。

港。[17]但是已經來到長崎的船，不能在港口卸貨，於是就在港外與日商進行走私貿易。到了康熙27年（1688），唐船的入港合計達到192艘。日本為了預防金銀大量的流失，隔年的1689年只好限定唐船一年70艘的範圍內。[18]同時為禁止中日商人接觸，強制清商、船員進入「唐人屋敷」居住。

寬永12年（1635）日本頒佈鎖國令，但允許中國船和荷蘭船一如往常，入港長崎。[19]另一方面，中國與日本的外交關係在天文16年（1547）終止遣明船的派遣，約150年間，前後19次的勘合貿易，亦即朝貢貿易形態的外交關係也劃上休止符。到了清朝也是如此，中日之間沒有正式的外交關係。[20]因此從明末到清朝，中日貿易在沒有兩國正式國交關係之下展開，只是中國商船往長崎單方向的民間交易基礎下進行。

長崎的華商團體大致有以下介紹的四幫：

①三江幫（又稱為南京幫）

明治13年（1880），三江會所在興福寺內設立，由此也可清楚知道興福寺是三江幫系統的唐寺。三江會所的碑文記載：「三江者江南、江西、浙江是也，祠由是名，幫由是立」。由此可知三江是指江南（現在的江蘇、安徽兩省）、江西、浙江。亦即三江幫是長江下游地區三省系統商人的總稱，廣義的三江幫除此之外，也包括湖北、湖

---

[17] 朱德蘭，〈清開海令後的中日長崎貿易商與國內沿岸貿易1684-1722〉張炎憲主編《中國海洋發展史論文集3》，中研院三民主義研究所，1988年，中研院三民主義研究所叢刊24，頁370-377。

[18] 永積洋子編，《鎖国を見直す》（東京：山川出版社，1999年），頁82。

[19] 中田易直，《近世対外関係史の研究》（東京：吉川弘文館，1984年），頁64。

[20] 佐久間重男，《日明関係史の研究》，頁361。中田易直，《近世対外関係史の研究》頁31-37，75-80。

南等華中人，有時更把山東、河北、山西等的華北人也納入。再者，
興福寺俗稱南京寺，也因爲他們的船從南京省（現今的江蘇、安徽
省）出航的。㉑

②泉漳幫（又稱之爲福建幫、閩南幫）

　　泉漳人很早就往呂宋、爪哇、麻六甲、暹羅方面出航貿易。實施
海禁的明朝，也在隆慶元年（1567）允許福建漳州海澄縣的月港的
船，可以往日本以外地區貿易。㉒到了清朝雍正 5 年（1727）福建總
督在廈門設立洋行，允許出海往南洋貿易。在寧波成立的獨佔長崎貿
易的辦銅特權商人團體的額商之中，或是在廣州設立的廣東十三洋行
的商人之中，都可看到屬於泉漳系統的廈門商人。當時在長崎的唐通
事，泉漳人也較多。㉓

　　福濟寺是福建省除了福州之外的七閩籍的人，主要以泉州、漳
州、永春州的三府爲主。㉔依據清朝行政地域的劃分，舊泉州府有晉
江、南安、惠安、同安、安溪五縣以及廈門廳、馬巷廳，現在的金門
縣在清代屬於同安縣。舊漳州府有龍溪、海澄、漳浦、南靖、長泰、
平和、詔安七縣以及雲霄廳。鄰接舊泉州府北面的舊永春州，在清代
有永春直隸州以及德化、大田兩縣。這些地方均使用福建語（閩南
語）。㉕

㉑ 內田直作，《日本華僑社會の研究》，頁 54-55。
㉒ 林仁川，《明末清初私人海上貿易》，頁 142-152。
㉓ 內田直作，前引書，頁 59。
㉔ 內田直作，前引書，頁 60。
㉕ 山下清海，〈福建省における華僑送出地域の地理的考察—その地域特色と移住
　　先との結びつき—〉《シンポジウム華南，華僑，華人の故鄉》（東京：慶應義塾
　　大学地域研究センター，1992 年）。

③福州幫（又稱爲閩北幫）

舊福州府有閩侯、古田、長樂、平潭、福清、屏南、連江、閩清、羅源、永泰十縣，此十縣出身的人稱之爲福州人。這十縣總稱「福州十邑」，位於福建的北部。舊福州府使用福州語。

福州幫與泉漳幫不一樣，極少有從事貿易的貿易商。就《通航一覽》卷214所記載的福州船，其船長大多是泉漳人。例如貞享4年（1687）86番福州船的船長吳乞娘是廈門出身的，明和5年（1768）記載漂流到熊野置浦的福州船也皆是泉漳人。不過，另一方面船員當中，福州人佔極多數。寧波船或者南京船的情形，船主、財副等是江浙人，而船員中有多數的福州人。例如文化4年（1807）漂流到銚子浦的寧波船，船主與財副是江浙人，乘船者88名中，31名船員是福州出身的。也就是作爲貿易商人來長崎者，很少看到福州人，但是作爲船員來長崎的非常多。所以福州幫的崇福寺是福州出身的船員的依歸。❷⑥

④廣東幫

元祿2年（1689）允許中國船來航的額度，歲船（一年之間許可的船數）70艘之中，福建人經營由廣州發船的廣州船有10艘。正德新令（1715）的歲船30艘當中，廣州船只有2艘。乾隆初年以來，清朝官方許可的辦銅貿易的辦銅船，都是南京、寧波船，並沒有廣州船，大致上在對日的長崎貿易上，廣東幫的勢力是微小的。聖福寺原來是福建人的父親與日本人的母親所生的鐵心於1678年所建立的。聖福寺何時與廣州幫商人有關，成爲廣州幫商人的寺廟呢？這並不是很清楚。依據慶應2年（1866）的「重修聖福寺碑記」的記載，幕末

---

❷⑥ 內田直作，前引書，頁62-65。

廣東幫客商在聖福寺的修築上有所捐獻。也就是說，來長崎的廣東幫商人，沒有建立自己的菩提寺，而又與其他三個唐寺區域性不同，故以鐵山開創的聖福寺爲客商捐獻的寺廟，加強與寺廟的關連性，而被稱之爲廣州寺。❷⓻

　　到明末清初，辦銅貿易以擁有優秀造船術和航海術的福建商人爲優勢，一時獨佔長崎貿易的鄭氏也是福建省泉州出身的。❷⓼ 幕府在貞享 2 年（1685）頒佈「貞享令」，對中日貿易額加以限制。元祿 2 年（1689）限定中國商人居住於「唐人屋敷」。正德 5 年（1715）頒佈「正德新令」制訂辦銅的貿易需要「信牌」的許可證，因此國內福建商人與江浙商人抗爭的結果，近官府的江浙商人得到利權，在辦銅的貿易上居優勢。❷⓽ 之後，寧波港成爲對日辦銅貿易的港口，廣東將外國來航船的貿易由十三洋行辦理，廈門則爲出海往南洋貿易的港口。而唐三箇寺之一的福州幫商人則被關閉了對外直接的貿易，他們只靠其航海技術成爲船員，到了安政開國之後，來日本成爲吳服行商或販賣雜貨的業者。

（2）明治時代

　　到了幕末，清朝的辦銅貿易商人團體與日本方面的長崎會所以及俵物（鮑魚、海參、魚翅）會所之間所行的獨佔貿易，實質上已經消滅了。在強化限制貿易的船隻、貨品、數量、金額等的政策之下，中

---

❷⓻ 內田直作，前引書，頁 65-66。「聖福寺重修碑記」，1866 年建立。碑文記載於長崎市《長崎市史 地誌編仏寺部》下卷，1938 年，頁 562-563。

❷⓼ 林仁川，前引書，頁 111-130。

❷⓽ 松浦章，〈長崎貿易における江、浙商と閩商〉《関西大学史泉》42 號，1971 年。許淑真，〈留日華僑總会の成立に就いて〉山田信夫編《日本華僑と文化摩擦》（東京：巖南堂書店，1983 年），頁 122。

國的辦銅貿易也只有縮小一途。

明治 4 年（1871）清朝與日本訂定「日清修好條規」「通商章程」之後，清朝派遣領事赴日。長崎在慶應 2 年（1866）之後，對無條約國民的華商實施「門牌」「籍牌」的戶籍登記，來掌握華人的實況。明治政府實施「國人戶籍法」之後，神戶等港口也進行籍牌的調查。如此，在條約體系之下，長崎以外的各港，已經營運的非正式華商各集團也將組織公開化，並取得合法居留權。❸

「日清修好條規」締結後，正式承認兩國間貿易的往來。從中國新來的華商，居住在各開港都市的外人居留地附近，稱之為「雜居地」處群居，從事貿易。亦即中日兩國經濟、貿易政策，有獨佔與自由之區別，實質上還是與江戶時代一樣，以貿易關係為主軸展開。

①長　崎

廣東會所的設立：明治 2 年（1869）作為廣東幫眾商宴會的場所，在廣馬場四海樓附近設立「榮遠堂嶺南會所」，明治 17 年（1884）改稱為「合福堂廣東會所」。依據大正 4 年（1915）「重建廣東會所碑記」的記載，當時有晉恆號、均利號、萬昌和、致祥號、裕益號、永生隆、三和號、德源號八家商號。他們都是廣東省南海、新會、三水出身的商人，從事對香港的雜貨、海產品等的出口，有時也進口米穀，本店都在香港。❸

三江會所的設立：明治 11 年（1878）三江幫商人來日增加的同時，在興福寺內並設三江幫商人團體的「和衷堂三江會所」。光緒 9 年（1883）「重建興福寺碑記」的末尾記載恆生、鼎泰、泰記、信

❸ 斯波義信，《函館華僑關係資料集》，頁 7。
❸ 內田直作，前引書，頁 149-152。

記、豐記、坤記、順記、寶豐八家商號。這些商號主要從事向華中、華北出口海產品、雜貨等的貿易商，本店或交易對象都在上海。❸❷

　　三山公所（會所）的設立：閩北的福州幫的組織是三山公所，三山是福州的別名。與其他幫一樣在江戶時代成立唐寺的信徒團體，在明治年間也有成立三山公所的幫組織。只是在向官方提出登記的記錄是「三山公所（長崎市新地町 14 番地）爲了維持崇福寺，選出總代，由信徒捐獻維持費，也主持『盆祭』的儀式」。三山公所一方面強調是崇福寺的維持團體，乃自稱創立於明治 32 年（1899）。同年撤廢開港口居留地的治外法權，公布內地雜居令，承認勞動者以外的雜業者可以自由進出內地。三山幫（福州幫）不像貿易商爲主的廣東幫、三江幫、泉漳幫、北幫（華北、東北出身的團體），而是以福州府福清縣出身的吳服雜貨行商爲主體，加上供給這些行商中國雜貨的少數雜貨進口商。因此長崎之外，各開港都市都沒有成立福州幫獨自的公所團體。❸❸

　　福建會館（八閩會館）的設立：明治 30 年（1897）改建在長崎市館內町的福建會館，當時的碑文記載，此會館改建之際也將「八閩會館」改名爲「福建會館」。此「福建會館碑記」至今也還在該會館內，銘文卻已剝落。❸❹所幸內田直作氏在《日本華僑社會の研究》著作中複寫了碑文的全文，依據其內容「福建會館，八閩會館始建迄今殆百餘年之久，爲我幫商旅議公之區，良辰宴會之所由來久矣」。內田氏也推測建碑之年的 1897 之前百年的 18 世紀末，已經有福建會館供商旅議事，祭神宴會之所。不過內田氏也提到，在長崎名所圖繪以

---

❸❷ 內田直作，前引書，頁 154。

❸❸ 內田直作，前引書，頁 155。

❸❹ 福宿孝夫，〈八閩会館總簿の解読〉長崎華僑研究会編，《長崎華商泰益號関係資料》第 1 輯，1985 年，頁 29。

及長崎史料的唐館圖內，名稱能確認的是 13 間房屋之外，觀音（併祀關帝）堂、天后堂、土地公廟、踊師匠居宅，以及名稱不明的房屋兩三間，並沒有八閩會館的名稱出現。❸

　　長崎新地舊倉庫保管著泉漳幫「泰益號」保存的經營史料中，有福建會館的帳簿與文件，正好可以解開此矛盾。其中年代最早的八閩會館總簿（1888-1900），開始第 1 頁寫到「茲我八閩會所（會館）創自同治七年」。同治 7 年，也是明治元年（1868）創立了八閩會所，它是統合福建南北的組織。在 1888 年八閩會館總簿，記載著當時的商家有德泰、泰昌、森茂、昇記、大記、恆記、怡德、和昌、義記、益盛、盛隆、益隆、益生、生泰、忠和、美珍齋這 16 家。❸

　　此「泰益號」文書也保留了八閩會館（1888）規條、帳簿和相關史料。❸其中還有「長崎華商商會便宜章程（1907）」「長崎福建會所章程（1933）」「長崎福建聯合會定章」。不同時期的章程，可以看出日本長崎福建幫組織的變遷。❸

②大阪、川口華商

華商來大阪主要是從長崎移住來的，明治元年（1868）有 21 人。

---

❸ 內田直作，前引書，頁 134-135。

❸ 長崎市立博物館藏，《八閩會館總簿》分類號碼 I-5-1，1888-1900 年。

❸ 廖赤陽，《長崎華商と東アジア交易網の形成》（東京：汲古書院，2000 年），頁 348-349，35-66。
長崎華僑研究會，《長崎華商泰益號關係資料》第 1 輯（長崎：長崎華僑研究会，1985 年），八閩會館規條復刻（頁 29-42）諸團體章程、規約復刻（頁 43-68）帳簿目錄：（頁 99-101）。

❸ 許紫芬，〈日本華商商幫組織的變遷—以長崎福建華商組織為例〉張啟雄主編《東北亞僑社網路與近代中國》，中華民國海外華人研究會叢刊系列 6，中華民國海外華人研究會，2002 年。

❸從明治 4 年到 10 年（1871-1877），廣東、福建兩幫的人多數來大阪，擁有資金的三江幫來到大阪是明治 15 年（1882）左右，加上福建的行商，在留華人約有 200-300 人。依據記錄，明治 5 年（1872）川口在留華商有源慶、義昌、東成泰、成記、德泰、東原泰、廣裕隆、彙昌、同泰、廣元隆、萬順、源隆、慶隆祥、公和、同孚泰、萬源、廣源生、雲記這 18 家。❹

　　移住到大阪的福建、廣東集團，還是被制壓於三江集團，明治 15 年（1882）成立三江公所時，歸屬於三江公所。當時大阪的大陸貿易商品是出口海產品，而象牙、珊瑚、紅木、文具、農產品等乃經由長崎進口，福建集團就是販賣這些雜貨的。俗稱「風呂敷南京」的華人行商就是販賣雜貨、絹織品以及大阪周邊製作的家庭手工業品至日本內地各處行銷。❹當初最有力的三江幫的海產物貿易業者於明治 27 年（1894）中日甲午戰爭時，多數回國。國際航線從大阪移到神戶，廣東幫、福建幫的貿易商多數也跟著移往神戶，以致在大阪看到北幫的抬頭。

　　北幫在中日甲午戰爭後，多數來大阪，特別是在明治 22 年（1889）日本郵船開闢華北航路，明治 32 年（1899）大阪商船會社以大阪為起點，開拓往大連、北清、漢口、天津等各航路，與大阪的紡織業振興的同時，大舉來大阪。日本對華北、東北貿易增加，以往人數少數的北幫，也就是從華北、東北來日的華僑，變得多起來。

　　北幫於明治 29 年（1896）建立大清北幫商業會議所，從三江公

❸鴻山俊雄，《神戶大阪の華僑─在日華僑百年史─》（神戶：華僑問題研究所，1979 年），頁 18。
❹《阪神在留ノ華商ト其ノ貿易事情》（商工省貿易局，1938 年），頁 12。
❹《大阪在留支那貿易商及び其の取引事情》（大阪市役所產業部，1928 年）。
　《阪神在留ノ華商ト其ノ貿易事情》（商工省貿易局，1938 年），頁 1-22。

所獨立出來，而三江系的商人就建立大清南幫商業會議所。隨著銷往華北、東北棉製品、雜貨的興隆，華北、東北諸港口的華商本店派遣駐在員進駐稱之爲「行棧」的支店，大致在明治 20 年代左右進駐大阪的本田町。行棧業主的出身地山東、河北佔大多數，東北、寧波人也有加入。而大阪的福建集團，主要從事內地的行商，集中居住在市岡町與本田町一帶。[42]

當初，居住在外人居留地旁邊雜居地的華商，於明治 32 年（1889）條約改正後，許可內地雜居時，外國人移往神戶、大阪市內居住，其在大阪、木津川河口地區（通稱川口）的居留地，則由華商移入居住。俗稱川口華商的這群人是指黃河以北的北幫貿易業者，獨立的貿易商是少數，大多是住宿於行棧的出差員。這些出差員大多是本店的營業主或是出資者，接受了新式教育的年輕人。將家族放置於本國，自己單獨居住在行棧的一間房間，也在行棧內用餐，利用行棧做賣賣，固定時間歸國一次，進行結算。這種出差員也會輪替，長時間在留的是少數。[43]

行棧兼具貿易業與客棧的機能。精通日語、日本事物的來日久遠的業主，提供同鄉買賣出差員住宿，介紹日本的銀行和給予保證信用，交易時的翻譯工作，從接待、交涉、到解決苦情，貨物的運送、保險等業務的代理，食費與住宿費之外，領取交易額度的五釐（0.5%）到一步（1%）的口錢（手續費）。委託代買交易時，有慣例可以向賣主索取雜貨二步，加工棉布一步，白生地一步以下的口錢。[44] 昭和 3 年（1928）左右，川口貿易的本體是出口日本的棉絲布、諸

[42] 斯波義信，《函館華僑關係資料集》，頁 17-18。

[43] 《大阪在留支那貿易商及び其の取引事情》（大阪市役所產業部，1928 年），頁 10。

[44] 許淑真，〈留日華僑總會の成立に就いて〉，頁 127。

雜貨、海產物、砂糖、藥品、銅鐵、機械等，其中棉絲布、諸雜貨佔
最重要的地位。**⑮**

③神　戶

兵庫開港（1867）後，神戶也和大阪一樣，有做為外國人的廚師
或幫傭來神戶的。廣州、福建、三江幫華商大致是從長崎、橫濱移來
的，甲午戰後，又由大阪移往神戶。神戶的華商與大阪不同，來神戶
之時攜帶家族，借用倉庫，開設店鋪，是定住型的商人。廣州、福
建、三江三幫的貿易商，很早在中國本土之外，藉著血緣、地緣的關
係，開拓了東南亞地區的貿易市場。其交易的方式不是有危險性的投
機買賣，而是以海外來的委託買賣為基礎，拿 2% 手續費的慣例，因
此稱之為「九八行」。實際上的手續費依商品而不同，纖維是
3-3.5%，雜貨是 2.5-3%。**⑯**

華商群居於「外人居留地」西側海岸通到山手地區，稱之為「南
京町」。大半是住屋與商家一體的形態。亦即現在的海岸通、榮町、
元町、三宮、下山手、中山手之區域。期間，福建集團開他幫先河，
於明治 3 年（1870）在神戶建立「福建公所」。匯豐銀行神戶支店開
在 1 番館，之後在 2 番館開設的是泉漳幫的「復興號」。因為泉漳系
統的商人時常聚集於此商議，有謂明治 3 年「八閩公所」曾存在於
此，到明治 36 年（1903）移轉至北長狹通，成為「福建商業會議
所」。**⑰**

「三江公所」設立的年代並不詳，但知道在明治 4 年（1871）已

---

⑮《大阪在留支那貿易商及び其の取引事情》（大阪市役所產業部，1928 年），頁
17。

⑯ 許淑真，〈留日華僑總会の成立に就いて〉，頁 130。

⑰ 鴻山俊雄，《神戶大阪の華僑—在日華僑百年史—》，頁 137。

經存在。❹甲午戰後與北長狹通的福建公所一樣，建立了從大阪移轉來的「三江商業會議所」。浙江省出身者最多，其次是江蘇省。貿易業者之外，兩替商與洋服商也加入。有名的吳錦堂即三江幫出身，於明治 23 年（1890）從大阪來神戶，以資金 30 萬圓創設「怡生商號」，經營雜貨貿易業。❹

神戶的「廣業公所」，原來在川口本田町，於明治 29 年（1896）設立，神戶華商也有三、四名加入，因此也稱之為「神阪廣業公所」。明治 31 年（1898）春移轉至神戶海岸通 4 丁目，明治 32 年（1899）又從海岸通 4 丁目移到海岸通 2 丁目，明治 38 年（1905）再次移到海岸通 3 丁目，不幸二次大戰時毀於戰火。❺

福建幫與廣東幫因為血緣、地緣的聯繫在東南亞建立起來的各幫勢力範圍，也正是在日華僑在東南亞的商圈。

明治 11 年（1878）大清國理事府在神戶開設，處理神、阪兩地的華僑事務。當時神戶在留民人數有 357 名，其內涵為廣東幫 223 名，三江幫 84 名，福建幫 50 名。❺甲午戰爭前神戶的三江幫的貿易是向上海、漢口、天津出口海產品、砂糖、纖維、雜貨等，從中國進口大豆、棉花等。戰爭開始時，中國來的回國令讓約三分之二以上的華僑歸國。三江幫在本國設有本店者多，大部分都回去。日俄戰爭後，海產品的產銷為日本商社所掌握，三江幫的海產物生意就消退了。在中日二次大戰時，三江幫又大量回國，神戶的三江幫就被廣州幫完全取代。

---

❹ 許淑真，〈留日華僑總会の成立に就いて〉，頁 131。

❹ 山口政子，〈在神華僑吳錦堂（1854-1926）〉山田信夫編《日本華僑と文化摩擦》，頁 264。

❺ 鴻山俊雄，《神戶大阪の華僑──在日華僑百年史──》，頁 138。

❺ 鴻山俊雄，前引書，頁 25。

廣州幫移住長崎時間比各幫略晚，但是積極地進出橫濱、神戶、函館。其作為外國商社銀行買辦或翻譯員來日本的人也有，神戶廣州幫的勢力於是增大了。銀行買辦是在外國銀行與華商之間，用其相互間的人的信用來保證，從華商處獲得 0.1-0.25% 的仲介費，從銀行處獲得 0.125% 的介紹費。銀行或汽船公司的買辦組成洋行幫，也以紳董的立場參加會館的公議。❺❷神戶的華商貿易商從開港到日俄戰爭是其對華貿易的全盛期；日俄戰爭到日中戰爭是對東南亞的全盛時代。總之，甲午戰爭前後是其對華貿易的全盛期。

④橫　濱

安政 6 年（1859）與橫濱開港同時，在廣東、上海進出的歐美系商社也進一步向橫濱拓展，作為外國商社的買辦使用人的廣東人多數跟隨而來。之後在橫濱至今一直是廣東人凌駕其他各幫，佔壓倒性的多數。明治 5 年（1872）橫濱在留中國人有 963 名，到明治 10 年（1877）為 1,142 名，明治 15 年（1882）為 2,154 名，明治 20 年（1887）為 2,573 名，一直在增加中。明治 6 年（1873）在山下町創立「橫濱中華會館」。明治 13 年（1880）在日中國人總數 3,739 名之中，各開港地的華僑人數如下：橫濱 2,172 名，長崎 549 名，神戶516 名，大阪 115 名。❺❸當時約有 60% 的華僑集中居住在橫濱。

因為大正 12 年（1923）的東京大震災，橫濱中華會館的資料也沒有留下多少，其具體活動並不詳。橫濱中華會館之下，三江幫的三江公所在明治 20 年（1887）創立，廣東幫的「親仁會」在明治 31 年（1898）創立。到了昭和 15 年（1940）親仁會的會員數有 36 名，廣

---

❺❷ 許淑真，前引書，頁 132-133。
❺❸ 鴻山俊雄，前引書，頁 25。

幫系諸領袖都參加。業種別有貿易商、公司職員、餐飲業、雜貨商、兩替商等，幹事18名當中，貿易商有6名，佔第一位。相當於長崎、神戶的廣幫公所，但是並非純粹的貿易商團體。相較於阪、神方面，橫濱在對華貿易上的地位低，可以說是雜業者比貿易商佔多數的團體。再者，廣幫系在親仁會之下有「三邑公所」「四邑公所」「要明公所」出身地別的團體。三邑公所在大正10年（1921）創立，由廣州府南海、番禺、順德三縣的人組成，純粹的同鄉團體。四邑公所在大正8年（1919）創立，是廣州府新會、台山（新寧）、開平、恩平四縣人組成的同鄉團體。要明公所在大正9年（1920）創立，是由廣州府的高要、高明兩縣的人組成，在昭和15年（1940）年時的會員數有93名，大部分是餐飲業者，與前兩者不同，除了同鄉團體的面向之外，也是同職業的團體。

泉漳幫系的貿易商因為人數少，沒有組成公所，而是歸屬在三江公所之下。而福州幫是在昭和3年（1928）組織了「新興福建連合會」，昭和15年（1940）時會員數有85名，其業種為餐飲業、製麵業、雜貨商、吳服行商等，是雜業者團體而非貿易商團體。[54]

⑤函　館

安政6年（1859）開港的函館，因為控制著以往中日貿易主軸產品海產物的原產地而發展，貿易的八、九成均是海產品。尤其是將昆布（海帶）出口到缺鹽的華中地區。其出口額達到德川時代年平均額3,000石的六倍。日本的海產品的國外市場，貿易的七成是以中國大陸長江流域的內陸為市場，其餘三成出口到廣東及東南亞。由於開港不久，明治初期的日本商人，在近代運輸、資本金融組織、生產收

---

[54] 內田直作，前引書，頁165-167。

購、商況知識各方面都處於後進狀態，函館港的貿易偏重於出口貿易，其實權掌握在以廣東、上海爲據點，從事運輸的英、美船以及作爲「外國人附庸唐人」＝買辦的清商手中。[55]清商有比日商優越的資金周轉能力、買賣交易技術、分支店網組織網絡。他們住在函館爲外商設定的居留地及其周邊雜居地。例如附於英商 Blakiston＝Marr（1867年設立）的萬順號，向官廳提出的名義是爲英商的「異人牙保」，以英商地址爲寄留地，實際上是住在英商指定交易對象的日本中盤批發商家中，以事先融資的方式收購海產物。牙保每筆交易可以收取三分五釐的手續費，並且還徵收五釐的「看貫費」。所謂的「看貫費」是指買方自己稱重而取的手續費。慶應 3 年（1867）在上海有本店的廣東系批發商「成記號」，在長崎、神戶設置支店，之後也在函館設置支店，進行海產物的收購。廣東商人與英商關係密切，是開港後對外貿易的先驅，勢力相當雄厚。往後進入函館的寧紹、三江幫，尚且位其傘下，直到明治 10 年代末期爲止，廣東系的人在貿易上佔優勢，人們稱呼清國商人爲「廣東樣」，他的店鋪爲「廣東邸」。[56]海外華商的勢力，是國內商業勢力的延長，同時也反映了國內商人集團勢力的消長。

　　函館於安政 6 年（1859）開港以來，中國人也參與了港則執行。明治 4 年（1871）締結日清修好條約通商章程後，中國領事開始進駐日本。函館到了明治 25 年（1892）才正式派駐中國領事。在此之前，由橫濱領事兼領函館之業務。明治 7 年（1874）在函館的華僑開始被要求登記戶口。依據當時的記錄，英、美、俄、德、法等外國人

---

[55] 斯波義信，《函館華僑關係資料集》，頁 6-7。

[56] 田村謙吉，《風雪の碑 函館海產商同業組合概史》北海商報株式會社，1975 年，頁 72。

有 32 名，中國人有 40 名。

三江幫（集團）、寧紹幫在德川時代鎖國期的會所貿易，以買銅、俵物的交易活躍於中日貿易直到幕府末期，並在長崎建立興福寺（又名南京寺）。興福寺除了宗教的祭祀活動外，也有聯繫商賈、互通訊息的功能。開港之後，三江集團也進出兵庫、函館等港。

明治 3 年（1870），寧波幫的張尊三來函館，湖州府的潘延初也在明治 6 年（1873）作爲上海「成記號」的店員，經由長崎、神戶而來函館。明治 12 年（1879）和 19 年（1886）兩年度的籍牌有保留下來，依據其資料明治 12 年三江幫有 14 名，閩北幫有 3 名，廣東幫有 3 名，其他廣東幫的傭工 1 名。由此可知，在明治 12 年時三江幫系的人數已經過半，其中寧波出身者佔壓倒性。另一方面明治 19 年的籍牌，記錄三江幫 23 名，閩北幫 6 名，廣東幫 2 名。實際上三江幫特別是寧波幫在集團中居領導的地位，是到明治 19 年之前形成。明治 13 年（1880）成立清商眾幫連合的團體「同德堂三江公所」，從明治 19 到大正 5 年（1916）的董事職均爲寧波人張尊三，副董事職由湖州人的潘延初專任。❺⑦

草創期的明治政府於元年（1868）設立函館府，將幕府的「產物會所」改爲「生產方」，同時也在大阪、兵庫、堺、敦賀等處設北海道產物會所，在東京也設產物會所，繼承著幕府時代以來的生產及收購體制。明治 2 年（1869）廢「生產方」，將組織歸入「通商司」，並且邀請三井組、小野組、島田組等富商，著手於國策型的產業開發，設立「開拓使御用達商社」。北海道開拓使後來也掌管了通商司所轄之下的諸會所。其運送業務由政府的回漕會社（1870）、三菱會社（1874）及開拓使的汽船擔任。匯兌業務則由三井組（1873）擔

---

❺⑦ 斯波義信，《函館華僑關係資料集》，頁 8-9。

任。❺❽

　　另一方面，開拓使又於明治 5 年（1872）廢除產物會所，於東京、大阪、函館新設「貸付會所」，導入豪商的資金，欲求振興產業。同年設立第一個國策公司「保任社」，以資金十萬日幣創業。主要活動為生產資金的融資、匯兌業務及委託買賣等。在政府主導的殖產興業政策之下，展開生產銷售業務。保任社在函館、大阪設置交易所，在上海設立「開通社」執行委託販賣業務。❺❾目標在於將北海道的海產物的生產、收購、外銷等作業一貫化，使能直接出口到中國，獲取日本所需的外匯。命名「保任社」是因為從出資到運銷等，都有官方資金做保證。但是保任社開業不到一年七個月就解散了。因為在政府鼓勵直接出口的刺激之下，生產過剩，引起在上海的貨物滯銷而嘗到挫敗的滋味。

　　相較於日本的挫敗，本店設在上海掌握了上海商業網絡的廣東系「成記號」，從慶應 3 年（1867）設立時就出口二萬石的昆布，到明治 5 年（1872）急增為九萬二千石。由此可知，以中國長江流域為市場的昆布，從函館開港的 1859 到 1872 年，日本第一次設立保任社直銷大陸失敗的十三年間，其商業實權乃掌握在華商手中。到了明治 9 年（1876），在政府「直銷」政策之下，再接再厲，策劃了第二個國策公司「廣業商會」，由勸商局官員監督，以資金六十萬圓設立。除了函館總公司，在根室、東京、大阪、長崎則設置出張所，往後上海、香港也設立分公司。它將資金貸給生產外銷海產品的生產者，再加以收購。一方面以委託販賣的方式，另一方面也試著直銷。❻❿

❺❽ 斯波義信，《函館華僑關係資料集》，頁 9-11。

❺❾ 羽原又吉，《支那輸出日本昆布業資本主義史》（東京：岩波書店，1940 年），頁 124-133。

❻❿ 羽原又吉，前引書，頁 133-145。《函館市史・資料篇》第 2 卷，頁 879-905。

明治 10 年（1877）函館開拓支廳內成立「相場會所」，13 年（1880）於小樽也設立同樣的會所。明治 12 年（1879）國立銀行第百十三銀行在函館設立。此時，廣業商會初期的貿易量、貿易價格也順利地發展，恢復了一部分在外商手上的商權，並且某些年份貿易總額也有超過華商的。但整體看來，大半的年份乃停留在華商貿易額的三到四成。明治 15 年（1882）更落到外商營業總額的一成。之後每年遞減，明治 18 年（1885）廣業商會又面臨解散的命運。因為當時中國國內昆布等市場的消費量有七萬石左右，作為貨物進口轉運點的上海的消費量只有百分之一。因不熟習中國內陸的商況，加上日本國內的增產，引起上海貨物滯留，導致價格崩盤。並且又因在函館的華商巧妙地收購，生產產品低價流入華商手中，讓廣業商會走進窮途末路。[61]之後，商權再度地落入外商，特別是華商手中。不過，日本商人再接再厲團結起來，明治 17、18 年（1884、85）再度興起對抗外商。其方式是將生產單位、批發商、航運業組織化。包含北海運輸會社的共同運輸會社，於明治 15 年（1882）成立，18 年（1885）開設運輸合同會社。明治 17 年（1884）在農商務商令之下，公佈了同業組合的準則。依此明治 18 年正月在函館縣商業組合例則之下，水產商、物產商、仲介商、批發商成立了四個組合，並且宣稱這四組合是聯合的。在此團結的風氣之下，具代表性的物產商組合與華商團體進行交涉，希望改正以往華商獨自樹立、強制執行的商業慣例。抗爭的內容是在秤重時買方用西洋秤自己秤重，並收取交易額千分之五的手續費，稱之為「看貫料」，並要求提供一成的昆布樣本，而重量的尾數以五、十為基準，多餘的捨去等等不成文的慣例。當時華商由寧波人「萬順號」的刁永祥董事代表與之交涉，輾轉協調的結果，華商做

---

[61] 羽原又吉，前引書，頁 287-299。

出如下的妥協：（1）每月一次董事勘查確認洋秤，之後向縣廳報告。
（2）與物產商組合約定，秤重時改為昆布取三分二釐五毛，魷魚等海
產物取二分五釐，鮑魚取一分五釐的手續費。其他也在交易方式上做
了若干更正。此即有名的「看貫事件」。❻❷在此事件之後，刁永祥辭
董事職，改由「裕源成」商社的張尊三擔任。張尊三一族在函館的華
僑中資力雄厚。除了本身經營裕源成商社外，其子張俊卿經營「同康
號」商社，另子張正芳經營「惠昌號」商社。此外，「豐泰」「張泰」
商社亦為張尊三一族所經營。❻❸

　　明治 19 年（1886），廢開拓使而設北海道廳。北海道廳為了挽回
對中國貿易的商權，於 20 年（1887）派遣官員赤壁二郎、函館北海
道共同商會遠藤吉平會長、東京的實業家鹿島萬兵衛前往中國，詳細
調查上海、湖北、湖南、四川的商情。在此行之中，首次了解轉運港
上海與內陸背後市場的市況，日商之間競合的弊害，減少製造成本、
流通費的必要、商品品質的管理等。北海道廳於明治 22 年（1889）
又籌劃設置專賣昆布的公司，由民間共同出資金五十萬圓設立了「日
本昆布會社」。日本昆布會社總公司在函館，東京設出張所，上海設
立分公司，天津、芝罘、漢口設立代理店，並與三井物產會社訂合
同，上海市場的起貨、交貨，由其上海分公司負責和上海的 13 家中
國海產批發商交涉。日本昆布會社一方面將在北海道的 15 個昆布生
產業者的營業組合聯合起來，完備生產者的融資、收購體制。還和日
本郵船會社訂立特約，由函館港裝貨，經由日本內地汽船運輸，直接
銷往中國。如此地把生產、收購、輸送、販賣各部門組織起來。❻❹

---

❻❷《函館清商洋秤檢查報告》〈日支取引商人的紛議始末〉（土陽新聞，885、887
號）。
❻❸ 何瑞藤，《日本華僑社會之研究》（台北：正中書局，1985 年），頁 93。
❻❹ 羽原又吉，前引書，頁 145-212。

　　因日本昆布會社的設立，一部分華商回國，不過大部分仍團結起來與日商展開商戰。當時日本昆布會社蓄意的將生產、流通各領域組織起來，但組織尚不夠堅固。函館一部分物產商與生產者組合聯合的部分生產商，認爲日本昆布會社的收購獨佔體制終會崩解，而與華商結合開始擴大自由買賣。也就是華商的資金流向一部分的函館物產商，貸給未加入組合的生產者，而組合的加盟者也受其誘導，將收購的商品比日本昆布會社早一步賣到上海去。在張尊三董事之下聯合起來的華商，預期會社可能破產，積極往各地收購。明治 26 年（1893），日本昆布會社與張尊三董事間發生紛爭，終於在明治 27 年（1894）6 月，負債累累的日本昆布會社破產了，華商再次獲得勝利，迎接中日甲午戰爭。華商黃金時代持續到明治末年。❻❺

　　甲午戰爭、日俄戰爭之後，日本與中國大陸的貿易不斷增加、擴大，北海道漁業進入工廠式作業，母船式遠洋漁業也開始登場。還有日俄戰爭的結果，日本獲得樺太、千島、堪察加半島方面的北洋漁業權，被迫要轉換爲近代漁業的經營。可是昆布等水產加工品的中國內地需求依然強勁，在函館的清商享受了這時期的海產貿易景氣。起初在仲濱町、西濱町、幸町一帶，有七十至一百餘名居住，以年貿易額從 100 萬餘圓到 30-50 萬圓的大店爲中心非常繁華。❻❻在此繁榮的背景下，明治 25 年（1892）專任的清國領事開始駐留在函館，當初與在富岡町的三江公所在同一地點執行領事業務，此地亦可說是函館清商社會的文化中心。正好明治 40 年（1907）的大火，富岡町也受害，奉祀在三江公所的商業神關帝像，有一段時間置在中華山莊（墓地）。抓住復興之機，同富岡町 3 番地創建了正式的關帝廟，於明治

---

❻❺ 斯波義信，《函館華僑關係資料集》，頁 11。
❻❻ 斯波義信，《函館華僑關係資料集》，頁 12。

43 年（1910）竣工，這也成爲函館中華會館的地址，將舊的「同德堂三江公所」擴大、發展爲全北海道、樺太在留華僑聯繫之處所。這棟木造、純中國式樣關帝廟的建築，可以比美神戶中華會館，在後繼者妥善的保存下，它也許是日本現存唯一有中國式廟宇風格的。

20 世紀初期，中國經歷辛亥革命、五四運動、國籍法、國語教育、外國貨的排斥、民族產業的興起等，日本也經歷產業結構的改變、勞動問題的發生等。兩國都是在民族主義高昂中，以貿易業爲中心的華商勢力開始出現暗影，另一方面因日本經濟的盛況，從事中小雜業、商業、服務業而來日本的華人漸漸增多。

還有日俄戰爭後胎動的北洋漁業，從明治 40 年（1907）到大正 3 年（1914）在日魯漁業會社等公司之下，進行近代化的設備，生產量躍增。鹹鮭魚、鱒魚對中國的出口也開始增加。期間因爲原產地的證明和檢查以及包裝改良的需求，也向大海產商的華商集團呼籲，與日本海產商同步改進。1910 年北海道廳令第 57 條，公布水產物製造取締規則（1913 年實施），同時也實施重要物產同業組合法，加速了近代組合的步伐，日商以加入同盟爲契機，開始與華商的商戰。爭執點是外商同盟的加入，檢查的徹底與否。橫濱、神戶在此事件上採取允許例外的柔軟態度，北海道廳卻採取強硬的指導態度，引起華商一致的反對，此間「惠昌號」膽敢無檢出口，而在法庭引起訴訟。大正 4 年（1915）成立了海產物同業組合，此組合與華商交涉的結果，同年 6 月默認不加入組合亦可，附帶事項爲貿易業者要自己負擔檢查費用的妥協案。正好那年日本對袁世凱政權提出 21 條條約的要求，排日運動盛大，其據點即在上海。當時在上海有本店的函館中國海產商是裕源成、豐泰、張泰、同康、惠昌、予祥、裕春、新茂成、義記等各號。1914 年惠昌號的有罪判決下達，華商這邊於 1915 年採取不買同盟、連名休業廣告、部分商號回國的對抗方式。此衝突的雙方並沒有

得到滿意的妥協解決方案。初期的自由貿易港，俵物出口爲主展開的中日貿易關係到此告一段落，迎接下一個時代。

之後，昭和 7 年（1932）發生上海事變，以此爲契機，在函館七家的商號，除了裕源成、義記，其他五家都撤退回國。三江幫海產商撤退前後，福清幫的主要勢力的華商從大阪，或者直接從福建移住來函館，塡補了留下的空白。在中國內地移住過程也可看到先來的大族佔有好的地利，後來者或中小族佔據在其周邊；先住大族衰敗時，周邊弱小族就取而代之。函館的廣東、三江、閩北各幫的勢力消長也與本國移民的模式相同。**⑥⑦**

---

⑥⑦ 斯波義信，《函館華僑關係資料集》，頁 15-19。
有關明治期在日華商在各開港口岸活動的消長，請參考許紫芬，〈1880 年代東北亞地區華商的貿易活動〉《中國海洋發展史論文集》第 7 集上冊，中研院中山人文社會科學研究所，1999 年，頁 171-199。

第 2 章
廈門商家「泰益號」的經營形態

1. 泰益號經營者的系譜

　　泰益號存留的帳簿，記帳期的經營者是福建省泉州府出身的陳世望。從明治時期到昭和時期在長崎新地町 25 番地，經營海陸物產的進出口，販賣圈爲上海、台灣、廈門、香港、新加坡等，在當時是最堅實的貿易商，聲譽良好。

　　江戶時代日本與中國的貿易關係，長崎是唯一的對外貿易港，其最繁榮期是從貞享 3 年（1686）到寶永 4 年（1707），年平均有 70 艘「唐船」來長崎港。日本進口商品是生絲、絹織品、中藥、砂糖爲主，附加圖書、文具、陶瓷器、漆器、明礬、蘇木、香料、皮革、書畫等，是當時上流社會的必需品。出口商品大部分爲金、銀、銅；其他還有俵物、諸色（所天草、雞冠草、昆布、魷魚、茯苓、鰹節、乾蝦米、干貝、魚乾）、香菇、寒天、樟腦、銅器、小間物（婦女化妝品雜物）、吳服、蒔繪、伊萬里瓷器等等。❶安政開國後，長崎港失

❶ 山脇悌二郎，《近世日中貿易史の研究》（東京：吉川弘文館，1960 年），頁 113-146。

去特殊性，相較於以東京爲腹地的橫濱港、以大阪爲鄰的神戶港，其貿易港的地位隨著時間逐漸低下。幕末、明治初期隨著歐美人從香港、上海、廣州、寧波等開港都市來日本的中國人，住在爲歐美人所設置的「居留地」❷從事國際貿易的仲介活動。開國後的日本政府對來日的這些華商所期待的功能，是東亞貿易先驅所培養出來的商才和知識，商業活動的網路，這在明治期的日商，是無法做到的。❸

長崎縣擁有曲折的海岸線及豐富的漁場，又接近中國的海產市場，得到地利之便。明治期開放爲自由貿易港之後，歷史的傳承以致長崎華商從事海產貿易的仍然處於優勢。

依據大正 8 年（1919）年長崎商業會議所調查部的調查，長崎的海產貿易商（批發商）有入江米吉（入江商店）、中島榮三（大鶴商店）、松本庫治（松庫商店）、城島勝助（川原屋）、原眞一（富田屋）、西村重次、黑瀨秀太郎、松尾九十九（小松屋商店）、松延重吉、澁谷林次郎（大和屋）、前田駒一、的野喜代次（肥前屋）、高柳德丸、田中權三郎（播吉商店）、中村源太郎（村井海產部）、山口勝之助、中村德一（港屋）共 17 間。❹長崎商業會議所刊行的《長崎商業會議所 25 年史》對長崎港內的海產品貿易有如下的記載：

──《長崎の唐人貿易》，東京：吉川弘文館），1964 年，頁 210-246。

永積洋子編，《唐船輸出入品數量一覽 1637-1833 年》（東京：創文社，1987 年）。

❷ 菱谷武平〈長崎外人居留地に於ける華僑進出の經緯について〉《社会科学論叢》第 12 號，長崎大学学芸部，1963 年。

──〈唐館の解體と支那人居留地の形成─長崎外人居留地に関する若干の古地圖について（3）─〉《長崎大学教育学部社会科学論叢》第 19 號，1970 年。

❸ 斯波義信〈在日華僑と文化摩擦─函館の事例を中心に─〉山田信夫編《日本華僑と文化摩擦》（叢書アジアにおける文化摩擦）（東京：巖南堂書店），1983 年，頁 45-46。

❹ 長崎商業會議所，《長崎商業會議所 25 年史》，1919 年，頁 27。

　　長崎港的海產品出口貿易，向來經由中國商人之手，本邦（日本）商人甚覺不便，想要直接出口甚感困難。因為中國海產品貿易業者，在長崎、神戶等地設有分公司，或出張所、代理店，彼此連絡。如果聽到本邦商人試著要直銷，就馬上互相呼應不予採買，任其在倉庫內腐敗，或以極不利的條件，讓之不得不廉價出售。因此本港海產品貿易業者，主要作為收購批發商，再賣給華商轉手出口。也就是至今仍持續著所謂居留地貿易的習慣。❺

　　近世長崎貿易對中國的交易中，作為銅的替代出口品的俵物❻佔有極其重要的地位，因此幕府對此商品實施嚴格的控制。向中國出口的海產品是元祿 11 年（1698）德川幕府公定為銅的替代出口品，此後廣泛實施。海產品的海參、鮑魚、魚翅，在中國料理中佔有一席之地，也跟日本向中國廣泛推銷此海產品，透過貿易充足供應有關。

　　元祿之後的 50 年間，在幕府經營貿易的時期，海產品的出口額佔總出口額的 20-30%，是僅次於銅出口（40%）居第二的產品。海產品的出口數量，其中俵物佔全體的 20-30%，而以昆布為主的諸色佔80-70%。其後在「長崎商人俵物請方」時代以及「德川直轄集荷」時代前期，海產品的出口甚至凌駕基本品的銅，成為首位的出口品。德川直轄集荷時代中期，一般而言是次於銅的出口品，但凌駕銅的年度也不少。到了幕末期仍然保持在生絲、茶之後第三位的出口品。海產

---

❺ 長崎商業會議所，《長崎商業會議所 25 年史》，頁 16。

❻ 俵物指從長崎出口到清國的海產品，煎海鼠（海參）、乾鮑魚、魚翅、昆布、石花菜、雞冠草、魷魚等在出口時以俵物打包，故俗稱俵物。其中海參、鮑魚、魚翅稱之為「俵物三品」，平常指俵物時，常指這三品。到清朝康熙、雍正、乾隆全盛期，成為在中國餐飲中視為極品的材料。

品是近世向中國出口的重要貿易品。❼以往明治期的貿易都以生絲、茶爲中心來談論，小川國治的研究得知海產品的俵物依然是重要的出口品。明治 5 年（1872）包括俵物的飲食物類是出口品中僅次於纙絲及蠶卵類、製茶類、金屬，佔第四位，金額有日幣 1,270,579 圓（佔 7.6%）。明治初期各港口的盛衰，函館基本上持續保有幕末期海產品出口港的性格。橫濱港則是在明治期順利發展成爲在函館收購的海產品（昆布除外）的對外出口港。長崎則因舊幕府獨佔收購體制的崩壞，轉成地域性的海產品收購據點。兵庫、大阪則與長崎有相同的海產品出口規模。❽

其次，考察長崎外人居留地各國人與中國人的進出狀況（參考圖表 2-1：中國人在外人居留地的進出狀況）。依據重藤威夫與濱崎國男的研究，在文久 2 年（1862）以後，居留地的外國人數每年增加，大浦居留地在最

圖表 2-1　中國人在外人居留地的進出狀況

年次		白人	中國人	總數
1862	文久 2 年	91	116	207
1864	元治 元 年	111	145	256
1866	慶應 2 年	152	238	390
1868	明治 元 年	195	288	483
1869	明治 2 年	170	275	445
1870	明治 3 年	177	338	515
1878	明治 11 年	218	624	842
1889	明治 22 年	390	665	1,055
1899	明治 32 年	606	1,096	1,702
1900	明治 33 年	（未調查）	（未調查）	1,918
1902	明治 35 年	〃	〃	1,659
1907	明治 40 年	〃	〃	1,463
1911	明治 44 年	〃	〃	968
1913	大正 2 年	〃	〃	1,150
1915	大正 4 年	〃	〃	1,155
1917	大正 6 年	〃	〃	1,177
1921	大正 10 年	〃	〃	1,212

資料來源：浜崎国男《長崎異人街誌》。

---

❼ 荒居英次，《近世海產物貿易史の研究》（東京：吉川弘文館，1975 年），頁 589-594。
「長崎商人俵物請方」指由長崎商人承包俵物，「德川直轄集荷」指由德川幕府直接管轄收購。

❽ 小川國治〈明治政府の貿易政策と輸出海產物—明治期輸出貿易に占める俵物の位置—〉《社會經濟史學》38 卷 1 號，1972 年，頁 72-77。

盛期的明治 33 年（1900）約有 2,000 人的外國人居留。之後多少有變化，到大正後期也有 1,000 人左右。❾

在留中國商人依出身地不同結成「基爾特」（Guild）團體，在長崎有廣東幫、福建幫、三江幫等。他們選出幫的總代表，設立其自治的「會館」「公所」團體。除了保護中國商人之外也實行救貧事業、義地（共同墓地）、祭祀、融資等的互助行爲。❿

大正 8 年（1919）在新地町、廣馬場町、梅崎町等地開設店鋪的留日貿易商有 22 家。其店號爲萬昌和（潘達初）、裕益號（簡心茹）、晉恆號（李偉拔）、三山號（黃業堂）、致祥號（黃守庸）、永生號（葉堯階）、德泰號（歐陽仁）、崇記號（詹敏崇）、永記號（鄭永超）、豐記號（范茂桐）、泰益號（陳世望）、正昌號（錢鴻翔）、肇記號（葉肇忠）、祥茂號（翁榮綏）、源泰號（俞子常）、萬聚棧（朱秀山）、源昌號（※ 載戴？壽隆）、源豐永（汪印章）、隆昌號（陳錦堂）、寶大號（桑寶楚）、振利號（林芝英）、和昌號（梁肇輝）。⓫其中廣東幫的總代爲裕益號的簡心茹，福建幫的總代爲泰益號的陳世望，三江幫的總代爲豐記號的范茂桐。⓬

中日貿易歷史的推移中，經營泰益號的第一代陳國樑（1840-1908）來到長崎「唐人屋敷」的倉庫舊地（新地）附近經營起貿易。依據 1916 年日之出新聞社出版、爲紀念大正天皇就任大典而編的《大典記念名鑑》中，有關第一代陳國樑、第二代陳世望父子的記錄

❾ 浜崎国男，《長崎異人街誌》（福岡：葦書房，1978 年），頁 74。

❿ 內田直作，《日本華僑社会の研究》（後編）（東京：同文館，1949 年），頁 145-262。

⓫ 長崎商業會議所，《長崎商業會議所 25 年史》，1919 年，頁 28-29。

⓬ 日之出新聞社刊，《大典記念名鑑》，1916 年，有簡心茹，陳世望，范茂桐等華商的記錄。

如下：

> 陳世望君在留長達 46 年，貿易擴及上海、台灣、廈門、香港、
> 新嘉坡等地，乃堅實且有名的貿易商。陳君是福建省泉州府的
> 人，祖父歷代經營貿易業。陳君之嚴父國樑氏，於嘉永年間來到
> 日本，在長崎新地海岸開始經營貿易。介於中日商界，相當活
> 躍，且有德望。偶而有台灣人漂流至長崎，皆努力救助，施與衣
> 食，因而受到日本政府表彰。陳君繼承其遺志，頗富慈善心，也
> 精勵其業務，店鋪逐年繁榮。現任長崎在留中華商務總會的副會
> 長，福建省的正總代，為大有聲望之人。❸

　　依照此記錄得知陳國樑是繼承祖父的事業，從事海外貿易，在福
建海商的商圈內活躍，幕末在長崎開業，之後兒子陳世望幫助父親將
事業擴大。❹依照朱德蘭的研究，「泰昌號」於 1861 年由六名同鄉和
一間商號共同合資成立，當時的經營資金是洋銀 7,000 元，換算成日
圓是 3,990。而 1865 年時，陳國樑的名字出現於泰昌號的合夥人上，
且分配到 800 圓的利潤。故可知陳國樑於 1865 年以後，參與了泰昌
號的經營，❺建立起金門華商在日本、中國、台灣、東南亞的貿易

---

❸《大典記念名鑑》，記載位於長崎市新地町「泰益號」陳世望的記錄。此書乃陳世
　望的後裔陳東華寄贈與長崎市立博物館。

❹ 朱德蘭在《長崎華商貿易的史的研究》（東京：芙蓉書房，1997 年），第 26 頁
　中，質疑陳國樑氏（1840-1908）於嘉永年間來日的記載。嘉永是日本的年號。
　在弘化之後、安政之前。指 1848-1853 年間。這個時代是孝明天皇，江戶幕府的
　將軍是德川家慶、德川家定。當時陳國樑還是小孩，如何來日？

❺ 有關泰昌號與陳國樑的關係，泰昌號的貿易方式、交易商品、貿易網、職員、繳
　納福建會館的會費等的說明，請參照朱德蘭〈明治期における長崎華商泰昌号と
　泰益号との貿易ネットワークの形成〉《九州國際大學社會文化研究所》紀要第
　35 号，1994 年，頁 19-69。朱德蘭〈明治時期長崎華商泰昌號和泰益號國際貿易

圈。而且 1900 年泰昌號帳簿裡登錄的職員中，除了「發記」（陳國樑又名陳發興），還有陳國樑的長男「映記」（陳世望又稱陳媽映）、次男「耀記」（陳世焜又稱陳媽耀）、三男「登記」（陳世科又稱陳媽登）在其中。❶由此可知陳國樑與友人合資經營泰昌號貿易商號三十多年，累積了豐富的經驗，也讓其家族、親戚、同鄉人在店裡實習，獲取寶貴的經營技巧。

依據長崎福建幫結成的福建會館的帳簿資料，❶「泰益號」的店名初次記錄在福建會館是明治 34 年（1901）的秋天。亦即 1901 年泰益號繳納 30 圓的插爐金（會館加盟費），然後秋季繳交 24.29 圓，冬季繳交 18.75 圓，合計 43.04 圓的釐捐金（會館會員費）。隔年的 1902年，泰益號所繳納的釐捐金（120 圓），僅次於德泰（159.339 圓）、振泰（144.865 圓）、東源（137.786 圓），排名第四。福建會館會員的釐捐金係依照貿易額度的比例繳交，這表示泰益號出現時，在福建幫中已經是頗有規模的商號❶（參照卷末附錄 6：長崎福建會館釐捐金

網絡之展開〉《人文及社會科學集刊》7（2），1995 年，台北：中研院中山人文社會科學研究所，頁 53-75。朱德蘭《長崎華商貿易の史的研究》，頁 25-45。

泰益號史料保留了泰昌號不同名稱的會計資料：1863-1874「泰昌和記公司」，1875-1886「泰昌永記公司」，1887-1891「泰昌振記公司」，1892-1900「泰昌（泰錩）震記公司」。但是在福建會館的釐捐金的名稱，從 1888 年到 1891 年為泰昌號，1892-1901 為「泰昌、錩號」，1902-1908 為「太昌號」，名稱更改的實情及內容有待進一步研究。

❶ 泰昌號帳簿：《各友總登》光緒 25 年（1899），頁 368-379。轉引自朱德蘭《長崎華商貿易の史的研究》頁 30-31 和頁 46。

❶ 長崎華僑研究会編《長崎華商泰益號關係資料》第 1 輯，1985 年，頁 99-101。

❶「茲我八閩會館創自同治 7 年，己巳為始公議行號進出貨抽釐，店鋪按四季納費以充公項而備需」此乃明記於八閩會館的總簿。釐金又稱釐捐，取進出貨物額的千分之一。福宿孝夫〈八閩会館總簿の解読〉《長崎華商泰益號關係資料》第 1輯，頁 30。繳交釐捐的比率依場合、當時的實情而訂，函館三江公所的情形，參照斯波前書，頁 13-14。釐捐金是理解其會員結構、商品交易額、種類等變化的重要資料。

明細表）。

陳國樑（1840-1908）於 1903 年告老回鄉。[19]1901 年新成立的泰益號由第二代的陳世望繼承家業，精勵於業務，在長崎居留期間，成為福建幫海產品輸出入商的領導人物，到昭和 15 年（1940）逝世為止，於長崎華商中獲得龐大的資產與人望。

金門縣立社會教育館編《金門縣志》第 10 卷〈華僑志〉下冊，對長崎的華商有如下的記載：「旅日邑僑皆從事商業，最著者為清末，先僑陳發興之泰錩號貿易行，當時為吾閩旅居長崎之華僑首富，其子世望繼營泰益洋行，世科分號於神戶，規模更大。」[20]

陳世望（1869-1940）生平的經歷如下：

• 1869 年 12 月 6 日：中國福建省泉州府金門出生。[21]
• 1904 年 6 月 20 日：成為日本紅十字會的正會員。[22]
• 1905 年 3 月 3 日：日俄戰爭時，寄贈軍資金百圓，得到長崎縣知事荒川義太郎贈送記念木杯一組。[23]
• 1906 年 12 月 14 日：成為日本海員拔濟會的普通會員。
• 1907 年 1 月 12 日：由日本海員拔濟會的普通會員成為終身會員。[24]

[19] 朱德蘭，《長崎華商貿易の史的研究》，頁 46。
[20] 金門縣立社會教育館編《金門縣志》第 10 卷〈華僑志〉下冊，1992 年版，頁 1321。
[21] 長崎市立博物館藏，光緒 32 年（1906）11 月 14 日，長崎正領事官給福建金門分縣與福建興泉永兵備道的文書。
[22] 長崎市立博物館藏，明治 37 年（1904）6 月 20 日，日本紅十字會發行的會員證書。
[23] 長崎市立博物館藏，明治 38 年（1905）3 月 3 日，長崎縣知事荒川義太郎贈送紀念木杯一組的文書。
[24] 長崎市立博物館藏，明治 40 年（1907）1 月 12 日發行，日本海員拔濟會的會員證書。

- 1907 年 4 月 19 日：以捐納得到駐滬江南蘇州賑捐候選道給予監生和同知的官銜。㉕
- 1909 年 12 月 10 日：依據華僑選舉參議員法，被選爲長崎地區福建省諮議員。㉖
- 1910 年 11 月 16 日：就任長崎中華商務總會的董事。㉗
- 1911 年 8 月 17 日：就任長崎福建幫的副董事長。㉘
- 1912 年 6 月 6 日：就任長崎福建幫的董事長。㉙
- 1913 年 4 月 17 日：成爲中國紅十字會的名譽贊助員。㉚
- 1915 年 5 月 18 日：寄贈五百大圓，獲得內國公債局總理梁士詒與財政總長㉛周自齊的褒獎。
- 1923 年 9 月～ 1925 年 1 月：任長崎時中小學的董事。
- 1924 年 4 月 10 日：成爲中華學藝社第一屆募捐委員會的僑日華商阪神特別隊的名譽副隊長。
- 1924 年 10 月 20 日：依據中國政府農商總長的委任狀，就任長崎中華總商會的會長。㉜

㉕ 長崎市立博物館藏，明治 40 年（1907）4 月 19 日，駐滬江南蘇州賑捐候選道發行的文書，給予監生和同知的官銜。
㉖ 長崎市立博物館藏，宣統元年（1909）12 月 10 日，長崎華商商務總會發行的長崎地區的福建省諮議局參議院證書。
㉗ 長崎市立博物館藏，宣統二年（1910）11 月 16 日，農工商部給陳世望的文書。內容爲就任長崎中華商務總會的董事。
㉘ 長崎市立博物館藏，宣統三年（1911）8 月 17 日，欽差出使日本國大臣郵傳部左堂汪給陳世望的文書。
㉙ 長崎市立博物館藏，民國元年（1912）6 月 6 日與民國 2 年 9 月 12 日，中華民國駐長崎領事館給陳世望的文書，就任長崎福建幫的董事長。
㉚ 長崎市立博物館藏，1913 年 4 月 17 日，中國紅十字總會名譽贊助員憑證。
㉛ 長崎市立博物館藏，1915 年 5 月 18 日，駐長崎領事館發行的褒獎執照。
㉜ 長崎市立博物館藏，1924 年 10 月 20 日，中國政府農商總長發給委任狀。

　　明清時代進出各種商業部門的豪商，大多與國家權力有緊密的結合，這現象已經在諸位先進學者的研究中闡明。商業活動盡可能在政治的奪取中被保護，商人採取以下的幾種方法：❸❸（1）盡可能援助宗族鄉黨中有才能者進入官界，利用其關係。（2）讓自己的子弟成爲官僚，自己成爲官商。（3）以捐納的管道，自己成爲有官僚頭銜的人。（4）與相知的官僚親交，利用其權勢。

　　在此我們從陳世望的經歷來看，可以得知他依然有中國舊式官僚的價值觀：（1）自己就任長崎時中小學的董事，教育來自鄉里來的子弟。（2）以捐納的方式自己擁有監生（國子監學生的身分）和同知（官位的身分）。❸❹（3）與本國政府親交，成爲本國政府在長崎地區的福建省諮議員，還成爲長崎中華總商會的會長，以上述方式提升自己的地位。

　　第三代陳金鐘於 1889 年出生，在陳世望逝世後，繼續經營泰益號，直到 1959 年爲止。❸❺圖表 2-2：陳世望的族譜乃參考 1985 年出版的《長崎華商泰益號關係資料集》市川信愛製作後，經陳東華先生修正。依據朱德蘭 1997 年出版《長崎華商貿易の史的研究》，陳國樑別名陳發興、陳瑞椿，在家鄉金門娶何氏與蔡氏，與何氏之間育有陳世望（童名媽映）與陳世焜（童名媽耀），兩人均與父親到長崎從事貿易，在日本也領養日籍的陳世科爲養子在神戶開設分號，幫忙業務。而與蔡氏之間並無後裔。❸❻

---

❸❸ 藤井宏〈新安商人の研究（三）〉《東洋学報》36 卷 4 號，1953 年，頁 335-365。

❸❹ 捐納的研究請參考最具權威的許大齡《清代捐納制度》（燕京學報專號 22）。

❸❺ 依據福建會館的帳簿繳交捐金的記錄，1959 年的福建幫尚有泰益號、永興號、福源號、生泰號、瑞泰號、四海樓這六個會員組成，因此可以確認至 1959 年泰益號還在經營。

❸❻ 朱德蘭，《長崎華商貿易の史的研究》（東京：芙蓉書房，1997 年），頁 25-26。朱德蘭另有製作陳氏家族的家譜，頁 64，可參考。

圖表 2-2　陳世望的族譜

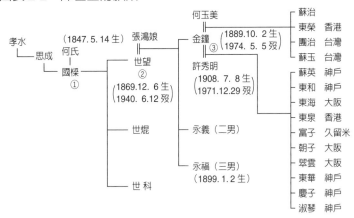

資料來源：《長崎華商泰益號關係資料》第一輯，頁 9。陳東華 2015 年 2 月修正。

2. 營業成績的變遷

　　1901 到 1931 年陳世望—陳金鐘跨越兩代的泰益號的營業狀況，依照泰益號結算帳簿《結彩豐盈》的利潤記載，依其營業利潤的增減將之分為五期。❸❼

創業期（1901-1906 年）

　　明治初期開始，日本政府一連串的對外貿易保護政策、獎勵政策與直接出口政策，貿易被外商獨佔的現象漸漸改變。日商的貿易量漸次增加的同時，到明治 20 年代，外商所佔的進出口額仍有 80-90%。外商所佔的進出口額下降到 70-60% 要等到中日甲午戰爭之後。❸❽日本

---

❸❼ 泰益號的決算帳簿《結彩豐盈》分類項目 A-24-1~3。長崎華僑研究會編《長崎華商泰益號關係資料》第一輯，1985 年出版。長崎市立博物館有將泰益號帳簿分類編號，本文所有的簿記編號均依照此書。

❸❽ 玉城肇，《現代日本產業發達史》（總論上），頁 418。

甲午戰爭勝利的結果，在經濟面的影響，是掌握了中國市場和朝鮮市場。因此對中國的出口額有年年增加的趨勢。進入明治30年代，中國的華商在外壓和內亂的困難中，位於不利的地位進行商戰。「泰益號」是數世紀以來，有經營國內外貿易傳統的福建海商所經營的，他們擁有組織與技術、廣闊的視野、資本的融資能力，以長崎爲根據地，在神戶設置分店，開拓中國大陸、台灣以至東南亞的市場。

圖表2-3　泰益號經營利潤的變化　（單位：圓）

營業時期區分	年次	干支	利益		平均利益
創業期	1901	辛丑	538.797		
	1902	壬寅	444.117		
	1903	癸卯	2180.756		
	1904	甲辰	2113.00		
	1905	乙巳	2248.00		
	1906	丙午	7578.295		2517.16
基礎確立期	1907	丁未	3261.543		
	1908	戊申	4213.861		
	1909	己酉	4469.257		
	1910	庚戌	1801.577		
	1911	辛亥	225.217		
	1912	壬子	2335.926		
	1913	癸丑	6372.114		
	1914	甲寅	6234.796		
	1915	乙卯	4009.703		3658.222
最盛期	1916	丙辰	14029.311		
	1917	丁巳	28599.414	最高	
	1918	戊午	17702.049		
	1919	己未	20895.484	次高	
	1920	庚申	10704.495		
	1921	辛酉	8987.009		15697.96
營業再編期	1922	壬戌	1618.35		
	1923	癸亥	5438.67		
	1924	甲子	10657.83		
	1925	乙丑	9584.67		
	1926	丙寅	12161.71		
	1927	丁卯	9641.704		8183.828
衰退期	1928	戊辰	-2568.18	次低	
	1929	己巳	4430.66		
	1930	庚午	6107.53		
	1931	辛未	-3168.864	最低	1200.286

資料來源：泰益號結算帳簿《結彩豐盈》1901-1931年

場。在同族、同鄉的團結之下，努力擴展商業，交易額顯著上升，從1901年的約日幣5萬圓到1906年的約32萬圓，利潤也由538.797圓擴展到7,578.295圓。時期的年平均利潤是2,517.16圓。

基礎確立期（1907-1915年）

此時期面臨日俄戰爭後的戰後不景氣和中國辛亥革命的動亂，營

業額受到影響，有下傾的趨勢，但之後又回復到上升的傾向。陳世望發揮其商才，以堅實的經營方針度過此時期，迎接第一次世界大戰的好景氣。此時期的年平均利潤是 3,658.222 圓。

最盛期（1916-1921 年）

日本各地在歐洲忙於戰爭時，迎接了一次大戰的好景氣，也是許多民族資本家成為「成金」（爆發戶）的時期。泰益號也在此時記錄下營業的高峰：1919 年營業額達到破紀錄的約日幣 53 萬圓，利潤也於 1917 年和 1919 年達到日幣 2 萬圓以上的高收益（參照卷末附錄 3、附錄 4 的泰益號損益表）。

1917 年收益的來源，主要是買賣手續費達到 6,374.87 圓，販賣差額的利潤也有 8,079.47 圓，仲介買賣的利潤有 7,191.07 圓，外幣兌換的差額收益有 6,207.715 圓。這裡值得注意的是，泰益號利用物價變動和禁止黃金出口的金融混亂中，獲取外匯匯兌的利益。1920 年獲得的匯兌利益有 5,440.185 圓，這種操作不斷地在進行。此時期的年平均利潤是 15,697.96 圓。

營業再編期（1922-1927 年）

1922 年的戰後不景氣、稻米的騷動、隔年的關東大地震等造成日本經濟的低迷，泰益號也不可避免地受到打擊。在中國則是興起反日運動和拒買日貨。泰益號的利潤降到接近最盛期的一半的 8,183.828 圓。此時期的經營受到社會經濟環境變化的影響，業績顯得不穩定。

衰退期（1928 年以後）

世界經濟恐慌（1929）與九一八事變（1931），中日戰爭接踵而來，在此最不利的環境下，泰益號的經營出現虧損，1928 年

的 -2,568.18 圓與 1931 年的 -3,168.864 圓。1928 年到 1931 年的年平
均利潤爲 1,200.286 圓。1940 年陳世望逝世後，在艱難的大環境下，
經營沒有再出現起色（參照圖表 2-3：泰益號經營利潤的變化）。

3. 經營形態

（1）組織結構

泰益號是家族獨資經營的商號。初期的陳國樑、陳世望父子，中
期的陳世望、陳金鐘父子的協力經營體制。因爲是陳氏獨資企業，故
當期利潤均編列爲出資者資本金的增加。出資經營者在帳簿的記錄裡
有薪水的支付記錄，家族有參與經營的也有支付薪資。家族各自設定
帳戶，家計的支出由此支付，收支有明確記錄下來。圖表 2-4，乃從
家族帳戶中列記人名，製作的家族支出明細表。家族的映記（陳世望
的童名爲媽映）、耀記（陳世焜的童名爲媽耀）、金鐘（陳世望之長
子）、永義（陳世望之三子）四人有參與經營。其他的元記、慈記，
與陳世望的關係不是很清楚，但從帳簿的組織來看，是以家族的科目
分類的。「家用」的科目是匯款給金門島的家族的款項。「映記」是
陳世望在薪水之外，在 1907 年還列記 2,500 圓的家計費用。「元記」
是在 1923 年以後才有支出的記錄，到 1931 年，1932 年轉爲映記帳
戶；金鐘於 1918 年開始有家族帳戶，轉入「金記」的科目。永義是
陳世望的日籍養子，在店鋪裡幫忙。[39] 1907 年以後的帳簿組織完整，
以下各數值的分析均以 1907 年以後爲例。

---

[39] 長崎華僑研究会編《長崎華商泰益號関係資料》第一輯，1985 年，頁 9。朱德蘭
《長崎華商貿易の史的研究》陳氏家族家譜圖，頁 64。

圖表 2-4　泰益號家族支出明細表

(單位：圓)

年度＼家族	映記	元記	金鐘	金記	永義	慈記	耀記	家用
1906 丙午 (M 39)			91 40				0 40.002	
1907 丁未 -40	240 2500		100 40					
1908 戊申	400 4750		100 50					4671.206
1909 己酉	400 2000		130 200				111.23 0	1000
1910 庚戌	400 2000		80 100					1300
1911 辛亥	400 800		130					0
1912 壬子 (T 1)	400 1000		120 30					1400
1913 癸丑	400 1000		120 120		142		0 40	1000
1914 甲寅	400 3000		156 150		168			1000
1915 乙卯	400 1500		180 220					0
1916 丙辰 (T 5)	400 1500		180 200			132.10		3000
1917 丁巳	600 2000		390 60					2000
1918 戊午	600 2000		360 100	1000			0 181.57	1600
1919 己未	1000 2000		600	1000				1000
1920 庚申	1000 1500		600	0				2500
1921 辛酉 (T 10)	1000 1500		600	775.717				2000
1922 壬戌	1000 1000		600	0				2000
1923 癸亥	1000 1500	2566.16		720	100			2000
1924 甲子	1000 1500	3677.68		720	30			2000
1925 乙丑	1300 2500	730.89		800 300	1000			4000
1926 丙寅 (S 1)	1200 1500	3915.03		850 274.77	150 (5-12月)			3000
1927 丁卯	1200 1500	12940.82		850	240			3000
1928 戊辰	1300 1500	8684.79		800	200			3000
1929 己巳	800 1500	無記錄		600	0			3000
1930 庚午 (S 5)	800 (11月半止)	1000		600	250 1500			4000
1931 辛未	2434.923	800 5147.693		600 1000	360			3000
1932 壬申	338.98	800		600	360			3114.93
1933 癸酉	無記錄	無記錄		600	360			
1934 甲戌 (S 9)	無記錄	無記錄		600	360			

資料來源：泰益號的《各費總簿》(分類項目 A-4-1~28)

註：(1) 上方為薪水，下方為獎金。(2) M：明治，T：大正，S：昭和。

（2）職員

　　1907 年的職員有九把（李九把：同鄉，1910 年回國）、世美（魏世美：同鄉）、嘉記、逸記（孫逸之：同業關係）、鐵記（謝毓鐵：同鄉）、尚記（蔡尚義：同鄉）、永頭（陳永頭：陳世望之甥，1910年回國）、永宰（陳永宰：陳世望之甥，1910 年回國）、水記、長慶10 名，加上世望與金鐘共有 12 人的陣容。❹ 1901 年到 1931 年，泰益號的職員人數、福食（在商號用餐的支出）、薪水的數額以圖表 2-5職員人數、給料（薪資）、福食費（給食費）的變化來表示。

圖表 2-5　職員人數、給料（薪資）、給食費的變化

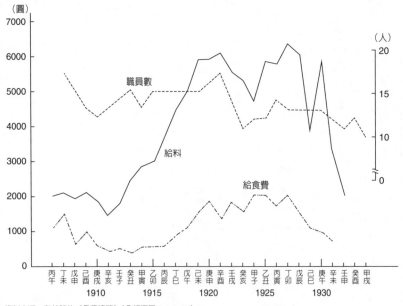

資料來源：泰益號的《各費總簿》（分類項目 A-4-1~28）

---

❹ 引用朱德蘭《長崎華商貿易の史的研究》，頁 45-47，表 7：泰益號創業初期所屬
　人員的姓名和關係。

　　福食費用沒有什麼變動，大致在 2,000 圓以下。薪水的支出在 1917 年後直線上升，表示經營人數的微增，以及一次大戰後的經濟恐慌，導致物價上升的影響。最高額在 1927 年達到 6,355 圓。

　　職員人數所表示的店鋪規模，與當時其他商號比較又如何呢？參照布目潮渢利用明治 11 年（1878）的《清民人名戶籍簿》資料，研究長崎華僑商號的組織形態與盛衰的成果，❹顯示明治 11 年長崎有 24 家商號，位於上位的商號、出身地、職員人數如下：

德泰號（福建、同安）	17 名		公安號（廣東、香山）	6 名
泰昌號（福建、同安）	5 名		泗合盛號（廣東、香山）	8 名
昇記號（福建、同安）	11 名		成記號（廣東、三水）	6 名
怡德號（福建、閩縣）	11 名		永吉祥號（廣東、香山）	8 名
大記號（福建、同安）	8 名			

　　泰益號的經營規模在華商團體中屬於上位商號的規模。在最盛期的 1921 年增加到 17 名職員，經營末期也有 10 名左右。1906 到 1934 年為止，在泰益號從業的人員共計 35 名，服務期間最長的是 19 年記錄的調記和勝庸兩人。服務 10 年以上的有 7 名，5 到 10 年的有 6 名，5 年以下的有 22 人。平均職員人數是 6-7 名，安定期的職員人數約 8 名。職員以外還雇有廚師和臨時幫手等。職員從事什麼工作，從帳簿的記錄無從得知，只知道宋勝庸是泰益號的會計，同時兼任福建會館的會計。

---

❹ 布目潮渢，〈明治 11 年長崎華僑試論─清民人名戶籍簿を中心として ─〉山田信夫編《日本華僑と文化摩擦》（叢書アジアにおける文化摩擦）（東京：巖南堂書店，1983 年），頁 189。

（3）薪資

泰益號職員的報酬，分爲薪資與獎金。金額如圖表 2-6：泰益號職員薪資明細表。薪水的計算是月付制，因爲帳簿使用舊曆（陰曆），潤年時支付 13 個月。明治 44 年（1911）職員的薪資如下：文泉 =20 圓，逸記 =12 圓，世美 =10 圓，水記 =10 圓，尙記 =10 圓，永宰 =10 圓，德和 =7 圓，添仁 =7 圓等的結構。相較於同期台灣中北部主要街市商號的職員薪資爲 3 到 12 圓，算是好的薪資。[42]職員的薪資除報酬之外，大正 11 年（1922）以前，年底營業損益計算之後，依照職員的工作良否給予「花紅」（獎金），1922 年之後取消此方式，改爲只給薪資。職員原則上寄宿於店鋪裡，三餐也在店鋪中，由店主負責供給和支付費用，在當時稱之爲「福食」。店主尙且有義務要供應寢具、蚊帳等，理髮費也由店主負擔。但是店員的衣服、鞋子則是職員本身負擔。

4. 販賣商品及商圈

泰益號販賣的商品可從《置配查存》帳簿的年底商品名單中得知。商品名單如下：魷魚、鮑魚、魚翅、海參、蟶干（蛤干、蜻干）、丁香脯、尖鯪脯、茯苓、石斛、紅茱、紫茱、百合、木耳、鹽鰮、鰮干、蚵干、干貝、桂皮、茴香、百果、黃柏、香菇、冰糖、紫茱、蝦米、棉花（片棉）、地瓜干、綠豆、大豆、鰮萍、白米（安南）、上白米、晚白米（台北）、鹽鰹魚、茱子油、牛油、豬油、牛骨、芝麻、淡茱、洋袋、干瓢等。

泰益號買賣的商品，依照品目、依照春夏秋冬四季做結算。1907年上記商品的銷售額與利潤，依照帳簿商品的分類，分爲四季所記錄

---

[42]《台灣私法》，第 3 卷上，臨時台灣舊慣調查會，1910 年，頁 211。

圖表 2-6　泰益號職員薪資明細表　　　　　　（單位：圓）

職員名	調記	勝庸	世美	逸記	水記	陳道生	董運籌
就職年數	19	19	16	13	14	14	10
年度＼出身地	同出身				同出身		同出身
1906 丙午 （M39）			130 66.28	130 60			
1907 丁未 （40）			120 50	160 80	40		
1908 戊申			120 100	144 120	84 50		
1909 己酉			130 100	156 150	104 60		
1910 庚戌			120 100	144 100	96 50		
1911 辛亥			130	156	130		
1912 壬子 （T1）	60 30	100 50	144 50	144 50	120 70		
1913 癸丑	180 180	120 140	144 80	144 200	120 130		
1914 甲寅	200 300	130 120	156 100	156 150	156 200		
1915 乙卯	200 160	180 120	180 80	180 120	180 200		
1916 丙辰 （T5）	300 240	180 300	180 160	180 200	100 280		
1917 丁巳	520 150	715.713	325 70	396 60	390 160		
1918 戊午	480 240	360 200	360 100	227.94 0	834.35		
1919 己未	650 400	440 260	390 200	0	180 100		
1920 庚申	1200	550 300	500		367.77 100	60	
1921 辛酉 （T10）	1200	700 9ヶ月	740.3		0	100	
1922 壬戌	1300	860 80	0			200	200 10ヶ月
1923 癸亥	1200	800				240	360
1924 甲子	1200	800				240	360
1925 乙丑	1300	910				260	500 10ヶ月
1926 丙寅 （S1）	1200	850				75 10-12月	200 4ヶ月
1927 丁卯	1200	850				300	600
1928 戊辰	1300	700 10ヶ月				330	650
1929 己巳	600	550 11ヶ月				300	500
1930 庚午 （S5）	600	200 3ヶ月				360	600 11.5ヶ月
1931 辛未	1251.494	1258.39				360	350 7ヶ月
1932 壬申					150 5ヶ月	0	151.59
1933 癸酉					240	240 8ヶ月	
1934 甲戌 （S9）						360	

資料來源：泰益號的《各費總簿》（分類項目 A-4-1~28）
註：（1）職員服務年數 10 年以上才列入。
　　（2）上方為薪水，下方為獎金。

的內容，製作圖表 2-7-1 是各商品的販賣金額與比率，圖表 2-7-2 是各商品販賣利潤與比率。

1907 年販賣金額合計 191,214.173 圓。其中魷魚為第一位，金額 52,220.685 圓佔全商品的 27.31%；其次為鹽鰮（干鰯），金額 32,448.357 圓，佔 16.97%；第三位是地瓜干，金額 19,600.99 圓，佔 10.25%；第四位是綠豆、黃豆，金額 18,291.312 圓，佔 9.56%；第五位是安南白米，金額 17,877.038 圓，佔 9.35%。

圖表 2-7-1 與圖表 2-7-2 的數字，均由《置配查存》的數字得來。此帳簿記載各種商品的購貨與銷貨的數量與金額，並且計算買賣的價

圖表 2-7-1　1907 年泰益號買賣的商品銷售額與比率　　　　單位：圓

商品名	銷售額					
	春季	夏季	秋季	冬季	合計	%
魷魚（するめ）	2840.885	5019.068	25111.902	19248.830	52220.685	27.31
鮑魚（あわび）	2730.919	4823.302	3284.000	5003.520	15841.741	8.28
鯉干（蛤干、蜻干）	2020.588	1967.675	4275.450	1279.240	9542.953	4.99
茯苓，百合	43.170	130.314	0	113.090	286.574	0.15
木耳（きくらげ）	無記錄					
海參（なまこ）	0	0	492.250	0	492.250	0.26
鹽鰮（いわし）	4772.673	4117.200	7472.59	16085.894	32448.357	16.97
鰮干（鮈仔魚）	28.574	54.05	881.820	1130.780	2095.224	1.09
丁香脯	4461.625	4100.397	679.45	2459.456	11700.928	6.12
桂皮（茴香）	0	0	53.76	0	53.760	0.03
百菓	0	0	466.92	0	466.92	0.25
黃柏（瓜呂根）	無記錄					
香菇，紫菜	無記錄					
蝦米（干えび）	0	28.670	675.16	0	703.83	0.37
棉花（片棉）	0	0	1271.99	507.36	1779.35	0.93
地瓜干	15510.01	4090.98	0	0	19600.99	10.25
綠豆，黃豆	1444.037	12592.335	1690.350	2564.590	18291.312	9.56
鰮泙（礦鰮）	0	4848.721	653.40	0	5502.121	2.88
安南白米	0	15973.608	1903.43	0	17877.038	9.35
鹽鯛魚	0	1310.62	12.33	0	1322.95	0.69
菜子油，牛乳	0	155.15	165.60	0	320.75	0.17
洋袋	0	208.00	0	0	208.00	0.11
蚵干（干がき）	0	0	0	458.44	458.44	0.24
年間合計					191214.173	

資料來源：泰益號的《置配查存》1907 年（分類項目 A-13-6）
註：「無記錄」表示當年沒有買賣此商品。

差。1907 年總利潤是 12,944.577 圓，最好的是鹽鰛 5,967.967 圓，第二名是地瓜干 1,462.541 圓，第三名是魷魚 1,255.169 圓。海參和桂皮是虧損的商品，不過金額很少。利益率（買賣總利潤 ÷ 買賣總金額）為 6.77%。

　　圖表 2-8：1907 年泰益號進出口明細表，乃當年商品的買賣，依照商品名稱、進出口地區、月份排列的。出口的貿易，台灣是主要的地區，其次是上海。出口品中，魷魚佔第一位，銷往台灣 14,837.30 圓，上海 11,664 圓。鹽鰛第二位，銷往台灣 13,939.40 圓。第三位是大豆，銷往台灣 10,247.10 圓。進口商品中，從台灣進口米 59,653.70

圖表 2-7-2　1907 年泰益號各商品販賣利潤與比率　　　　單位：圓

販 賣 利 潤				
春季	夏季	秋季	冬季	合計
22.913（一）	332.693	553.047	392.342	1255.169
127.629	343.426	182.340	143.370	796.765
77.476	56.317	206.362（一）	117.72	45.151
4.98	5.704	0	20.83	31.514
無記錄				
0	0	0.47（一）	0	0.47（一）
698.893	996.92	1406.59	2865.564	5967.967
5.474	8.270	61.59	153.422	228.756
18.674	497.815	15.82	164.286	696.595
0	0	0.05（一）	0	0.05（一）
0	0	0	27.57	27.57
無記錄				
無記錄				
0	2.920	0.95	0	3.870
0	0	36.86	2.42	39.280
1087.921	374.62	0	0	1462.541
50.447	469.165	16.370	4.96	540.942
0	1088.536	86.56	0	1175.096
0	280.511	97.35	0	377.861
0	274.24	12.33	0	286.57
0	1.61	3.00	0	4.61
0	0	0	0	0
0	0	0	4.84	4.84
				12944.577

資料來源：泰益號的《置配查存》1907 年（分類項目 A-13-6）

圖表 2-8　1907 年泰益號進出口明細表

輸出商品	輸出地域	輸 出 額				
		1 月	2 月	3 月	4 月	5 月
塩鯤	台灣	490	1323.40	84	2040	310
鯉干	台灣	187.50	324	1008	103.50	
鮑魚	台灣	448	459.20	470.40	336	714
丁香脯	台灣	570	1500	1134		
蕃薯干	台灣	940.80	4672.80	140	2218	
蚵干	台灣					
魷魚	台灣		1134	1320	720	
尖鮻脯	台灣		492.80			
綠豆	台灣			907.20	220	
魚脯	台灣				5125.50	632.40
安南米	台灣				5673	
蝦米	台灣				24	
塩鯤	台灣				270	
黃豆	台灣					3762
仰光米	台灣					6975
塩鯤魚	台灣					
鯤萍魚干	台灣					
白菓	台灣					
蕃薯干	上海		3609.30	906.50		
小鮑魚	上海			192		96
鯉干	上海					
魷魚	上海					
蝦米	上海					
海參	上海					
輸入商品	輸入地域	輸 入 額				
綠豆	上海				462	
棉花	上海					
糙米	台灣					795

資料來源：泰益號丁未年（1907）《出入口各貨表月結總登》分類項目 E-15

（單位：圓）

6月	7月	8月	9月	10月	11月	12月	合計
		469	795.60	5483.40	2944		13939.40
702	324	150	198	138	1396		4531
1785	756	246.40	357	595	2032		8199
378							3582
37							8008.60
					345.60		345.60
1650	2016	144	3289.50	2861	1702.80		14837.30
					3973.20		4466
1301.90							2429.10
			185.40	1530			7473.30
							5673
			236.25				260.25
							270
3833.50			1419.60		1232		10247.10
							6975
254.80							254.80
516	472.50	157.50		835.20			1981.20
			174.84				174.84
							4515.80
525	98	546			210		1667
567	135	930	594				2226
	1837.50	3828	5998.50				11664
		225	135				360
		377					377
						輸出總額	114457.29

6月	7月	8月	9月	10月	11月	12月	合計
842.10							1304.10
		330	2115	2244			4689
8403.10	10756.80	1828.50	16267.50	5987.20	15615.60		59653.70
						輸入總額	65646.80

圓，從上海進口綠豆 1,304.10 圓，棉花 4,689 圓。年度總出口金額是
114,457.29 圓，年度總進口額是 65,646.80 圓。

泰益號的商圈擴及日本、台灣、中國沿岸以及東南亞各港口。交
易對象的記錄，在日本地區的日商，依商品分爲山珍和海味，各在
《山珍總簿》和《海味總簿》設立帳戶；對華商的交易記錄，則依地
區分爲台灣地區的《台灣總簿》和台灣地區以外的中國沿岸以及東南
亞各港的《華商總簿》，各自設立帳戶。

1907-1936 年約 30 年間交易對象數量的變化，依台灣、日本、華
商三地域製作成曲線圖表 2-9：泰益號商圈各區域交易件數的變化。
其中台灣的家數最多，東南亞和大陸地區的華商其次，日本最少。

圖表 2-9　泰益號商圈各區域交易件數的變化

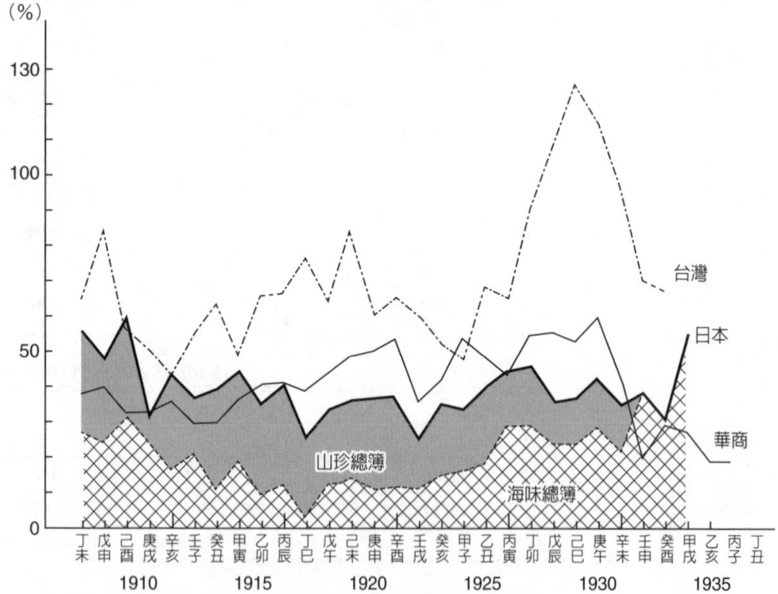

資料來源：由泰益號《台灣總簿》《華商總簿》《山珍總簿》《海味總簿》製作而成。

1931 年九一八事變之後，受到排日運動的影響，與台灣、東南亞的華商的交易家數，兩年之間由 61 家劇減爲 21 家。之後稍微回復至 30 家，但已無法回到最盛期的家數。

依據 1915 年的《客戶住所》（分類項目 A-25-10），其交易地區和家數如下：

日本：山口／門司：2 家，下關／函館：1 家，神戶：22 家，其他 56 家
台灣：129 家。朝鮮：2 家。
中國：廣東：1 家，香港：15 家，廈門：9 家，上海：12 家，大連：2 家
東南亞：新加坡：33 家，其他 14 家。

其詳細店號和負責人請參照附錄（8）：1915 年（乙卯）泰益號的商圈。

5. 貿易方法和貨款支付方式

此節將先考察佔出口商品大部分的海產品的出口過程，以及和華商交易的方式。俵物出口的過程，經過俵物生產者→仲介商人→出口批貨商→出口商（中國商人）的階段。下面以橫濱港出口海參、乾鮑（曬乾的鮑魚）爲例說明之。海參、乾鮑有直接從生產者賣給出口批貨商的方式，與經過仲介商人再賣給出口批貨商的方式兩種。地方生產者的貨主與出口批貨商之間，有訂定相關費用的契約關係，如委託販賣手續費、貨品交付時的人力車費、倉庫費、火災保險費、通信費、銀行匯兌費用等的負擔方式。委託販賣手續費大致是買賣貨款的 5%，其中 1% 稱之爲「看貫料」，要交付給中國商人，實際上只得到 4% 的利潤。而神戶港的委託販賣手續費只有 3%，其中還要支付看貫料，故橫濱港的委託販賣手續費是最高的。

雙方商談成立後，製品就送入中國商館的倉庫，由中國經理人秤

量檢查。檢查的費用是賣方金額的 1%，他港也有稱之爲「5 釐金
（0.5%）」的。這是由稱之爲「倉番」的負責人徵收，也就是前面所
說的看貫料。從泰益號帳簿的記錄得知，長崎港也有此習慣。泰益號
的看貫料只徵收海味（海產品），向日本的海味出口批發商徵取，而
山珍的商品則無。圖表 2-10 是 1907-1931 年看貫料的變遷圖。看貫料
每 9 年更改一次，從 3 釐增爲 8 釐。

圖表 2-10　泰益號看貫料的變遷（1907-1930）

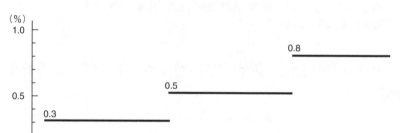

中國商人與海產品日商間，貨款是貨物送達時即結帳完了。年底
結帳簿的資產負債表裡賒帳的應付未付貨款科目並沒有山珍、海味的
日本商號，也就是說華商與日商之間尚未有信用融通的現象。

其次考察長崎中國商人與其他港口華商之間的販賣方式與貨款的
支付方式，以泰益號的例子來說明。在長崎、神戶的華商，從事貿易
的大致是接受華中、華南以及南洋各地的華商委託代買商品開始的，
另一方面也有代賣所送來的貨物的。泰益號是進出口都有交易的商
號。

販賣方式有 A：「直接」買賣；B：「委託」買賣（帳簿資料稱之
爲代辦、代採、託辦、託採、代兌、代售、代沽等）；C：「合謀」買

賣（帳簿資料又稱之為二合、聯合等）三種方式。

利潤計算分為幾個階段：（1）買賣總利潤，（2）CIF 販賣法從對方得到的運費、保險費、匯兌費用、稅金等的金額與實際支出之間的差額，（3）買賣仲介手續費，（4）販賣費用與一般管理費，（5）委託買賣和合謀買賣時，前記（1）到（4）利潤計算完之後，還要計算彼此分擔市場風險的損益（詳見第 4 章第 3 節：利潤的計算）。

在此以 1907 年「財神日結冊」亦即損益表的例子說明之（參照卷末附錄 3、附錄 4 的損益表明細）。1907 年的委託、合謀買賣，結算有盈餘的有 3 家，產生損失的有 19 家。為何委託、合謀買賣需要再次清算呢？要說明得先知道委託、合謀買賣進行的程序。以下的舉例是泰益號和源順號合謀，將貨物銷給益記，此交易在《台灣配貨》帳簿上的記錄。

益記源順合謀　第元幫　5 月 27 日配台北丸運去
6 月 30 日

收兌大豆　300 包　淨 40,722 斤　金 1,942.12 元		大豆　300 包	金 1,757.50 元
扣行仲 2 分	金 38.84 元	加行仲 2 分	金 35.15 元
扣運送每 0.15 元	金 45 元	加官釐會釐 5 釐	金 8.787 元
扣水揚	金 18 元	加駁力每包 0.1	金 30 元
扣小車	金 18 元	加水力每包 0.2	金 60 元
共　費 119.84 元		加平安水漬保險	金 14.4 元
		加匯水	金 9.5 元
		共費	金 157.837 元
		以上費用	共本金 1,915.337 元

除費外結兌實金 1,822.28 元
再除本金外尚欠 93.057 元　對半派虧金 46.528 元

賣給益記的大豆在 5 月 27 日用台北丸運送，其 CIF&C&F 的金額是日幣 1,915.337 圓。委託源順號代賣和收取貨款，其賣出價格是 1,942.12 圓，扣除應付給源順號的手續費和陸上運送費 3 件計 119.84

圓。6 月 30 日源順號送來 1,822.28 圓與損失負擔金 46.528 圓，此時合謀買賣的損益是雙方平均負擔的，故泰益號在結帳時得記錄其損失負擔金 46.528 圓。上述例子重新整理其收支的計算如下：

商品原價及損益的計算

進貨金額　　　¥ 1,757.5

（泰益號方面）			（源順號方面）	
手續費	¥	35.15	手續費	¥ 38.84
會館釐捐金	¥	8.787	代付運費 3 件	¥ 45
陸上運費	¥	30		¥ 18
船運費	¥	60		¥ 18
保險費	¥	14.4		
匯兌手續費	¥	9.5	小計	¥ 119.84
小計	¥	157.837		

成本合計　　¥ 2,035.177
銷貨價格　　¥ 1,942.12

損失　　　　¥　93.057

泰益號的負擔金額：46.528 圓
源順號的負擔金額：46.528 圓

　　上述的例子是泰益號與陳源順合謀，賣貨給益記的計算方式，損失由雙者平分。如果沒有合謀只是委託陳源順販賣時，也是如上述的計算方式，只是有損失時，則完全由泰益號自己負擔。因此無論是委託販賣或合謀販賣，泰益號都得負擔：（1）對方的手續費與運費，（2）買賣價差的風險，而這部分在「直接」販賣的利潤計算時並沒有計入，故年底要將委託販賣、合謀販賣交易的風險負擔，依交易對象將其年度金額列入，為盈餘時寫在上欄，為虧損時寫在下欄。1907年的總利潤是 3,261.543 圓。以「籌除開銷虧本以外結實盈來金」的

簿記用語記錄。以上是由會計帳簿資料所判明的泰益號的販賣方式與損益的計算方式。❸

　　朱德蘭在長崎市立博物館杉村邦夫館長整理好往返書信後，進一步運用泰益號的帳簿和書信資料，在中研院中山人文社會科學研究所主辦的一系列《中國海洋發展史論文集》中，對泰益號與在台北❹、基隆❺、上海❻、廈門❼、台南❽的客戶進行的貿易商品、交易方式、市場資訊的流通、同業信用資訊的提供，以及互相提供融資活動等，作了個別的實證研究。對理解中小企業的華商，如何在洋商、日商和其他商幫之中求生存，作了最詳細的分析。

　　和田正廣和翁其銀也利用上海最大海產品代理店「鼎記號」和長崎泰益號的往返書信，分析鼎記號與泰益號交易方式有：（1）代理販賣：泰益號運送海產品到上海，委託鼎記號代理販賣。鼎記號將賣出的貨款減去委託販賣的手續費，放入自家的「泰益號帳戶」中，以書信或電報向泰益號報告貨款的取得和存入。此時交易的盈虧與鼎記號無關。（2）委託購買：鼎記號以書信或電報，說明要購買的海產品的

---

❸ 山岡由佳，〈在日中國商人の商業活動—長崎華商泰益號の事例 1901-1931〉下《甲子園大學紀要》第 20 號（B），1992 年，頁 83-94。

❹ 朱德蘭，〈日據時期長崎台北貿易—以長崎華商『泰益號』與三家台商為例—〉《中國海洋發展史論文集 4》，中研院中山人文社會科學研究所，1991 年，頁 215-256。

❺ 朱德蘭，〈日據時期長崎華商泰益號與基隆批發行之間的貿易〉《中國海洋發展史論文集 5》，中研院中山人文社會科學研究所，1993 年，頁 427-466。

❻ 朱德蘭，〈近代長崎華商泰益號與上海地區商號之間的貿易〉《中國海洋發展史論文集 6》，中研院中山人文社會科學研究所，1997 年，頁 349-388。

❼ 朱德蘭，〈近代長崎華商泰益號與廈門地區商號之間的貿易〉《中國海洋發展史論文集 7》上冊，中研院中山人文社會科學研究所，1999 年，頁 201-231。

❽ 朱德蘭，〈長崎華商泰益號與台南地區商號之貿易活動（1901-1938）〉海洋史叢書編集委員會編《港口城市與貿易網絡》，中研院中山人文社會科學研究所，2012 年，頁 291-338。

品目、規格、價格、數量等，委託泰益號購買和發送到上海。此時鼎記號不用向泰益號報告其販賣結果，泰益號僅拿委託購買手續費2%。(3) 代理保管或代理運送：泰益號爲了方便通關的手續和節省運費，有時將相關的交易貨品與鼎記號貨品一起運送至上海。鼎記號確認物品、數量之後，放入自家倉庫，通知對方來拿貨。對方如果在廈門等外縣市，則代理運送到廈門。鼎記號拿取一定額的手續費，也發通知報告泰益號。❹

鼎記號與泰益號上述交易模式，泰益號背負很大的風險，只有在對方資金雄厚、信用度高、與泰益號關係密切之下才會進行。此時的鼎記號與泰益號互有融資的關係。

廖赤陽在《長崎華商と東アジア交易網の形成》著作中，也特別提到泰益號與廈門華商之間交易與匯兌的實例。他提到除了使用近代的金融機構如台灣銀行、高木銀行、橫濱正金銀行、匯豐銀行等進行貨款的匯兌外，還有使用傳統的金融網路如錢莊、民信局等支付貨款的。此外也有透過廈門商號合利棧、神戶商號建和隆、新瑞興，三家商號與泰益號就廈門地區進行貿易仲介兼匯兌服務。❺

6. 資本積蓄的過程

1914 到 1927 年間，可以看到每年利潤的增加，陳世望的資本每年累積從 1 萬到 4 萬、5 萬、8 萬圓直線上升。1927 年以後，開始減少。這表示泰益號的經營從創業起，經營即很穩定賺了不少錢，到了1928 年隨著世界經濟的波動，經營才大大地受到影響（參照卷末附

---

❹ 和田正廣、翁其銀，《上海鼎記號と長崎泰益號—近代在日華商の上海交易—》（福岡：中國書店，2004 年），頁 54-60。

❺ 廖赤陽，《長崎華商と東アジア交易網の形成》（東京：汲古書院，2000 年），頁91-107。

錄 5 陳世望資本的推移 1907-1932）。

（1）他人資本

泰益號的短期借款，主要利用銀行。短期資金主要利用的銀行資金有橫濱正金銀行長崎分行、國立十八銀行、佐世保商業銀行、高木銀行等。1907 到 1912 年間所使用的銀行與金額：正金銀行 14,000-42,000；十八銀行 13,000-32,500；佐世保商業銀行 9,000-22,000；高木銀行 20,000。1913 年以後有兩年主要利用高木銀行：1916 年的13,250 與 1917 年的 123,715。1918 年之後再回到正金銀行與十八銀行。1920 年以後，進入一次大戰後的不景氣，向銀行融資幾乎不可能，因此金額歸零。也有可能是泰益號本身積蓄了不少的資金，不太需要再向銀行融資（參照圖表 2-11（A）銀行短期融資的變遷 1907-1930）。

橫濱正金銀行：東京銀行（日本唯一的外匯專業銀行，獨家辦理日本政府外匯存款）的前身，1880 年根據國家銀行法成立，資本 300萬圓，三分之一由政府資助，總行在橫濱。於明治 32 年（1899）7 月開設橫濱正金銀行長崎分店。歷經合併今為三菱東京 UFJ 銀行。

十八銀行：本店在長崎縣長崎市，為區域性銀行。其成立於 1877年，乃依據國立銀行條例，故稱之為第十八國立銀行。二次大戰前陸續合併口之津銀行（1919）、長崎銀行（1927）、有家銀行（1929）、諫早銀行（1942）、長崎貯蓄銀行（1944）逐漸壯大，於1973 年在東京、大阪、福岡證券交易所上市。

高木銀行：前身為豐富銀行，大正 5 年（1916）改稱為高木銀行，存續到昭和 11 年（1936）。1916 到 1917 年正值一次大戰，歐洲列強各國忙於戰爭，正是亞洲日本、中國迎接民族工業興起的好時機。泰益號在大好景氣之下，居然可以向高木銀行短期融資到 12-13萬圓之金額，來增強其商業買賣的規模。

圖表 2-11（A） 銀行短期融資的變遷（1907-1930） （單位：圓）

銀行名 年度	正金 （長崎）	十八	商業 （佐世保）	高木	三井	匯豐
1907 丁未（M40）	42000.—	29000.—	22000.—			
1908 戊申	39000.—	18000.—	19500.—		5000.—	5000.—
1909 己酉	28000.—	10000.—	20000.—		0.—	——
1910 庚戌	18000.—	13000.—	8000.—		——	
1911 辛亥	17000.—	32500.—	0.—			
1912 壬子（T1）	18500.—	23000.—	9000.—			
1913 癸丑	14000.—	11000.—	0.—	20000.—		
1914 甲寅		6000.—	——	32500.—		
1915 乙卯		0.—		51569.—		
1916 丙辰（T5）		3000.—		130250.—		
1917 丁巳	0.—	12000.—		123715.—		
1918 戊午	14976.72	8000.—		18000.—		
1919 己未	0.—	15000.—		18000.—		
1920 庚申	0.—	0.—		0.—		
1921 辛酉（T10）	0.—	0.—		0.—		
1922 壬戌		——		——		
1923 癸亥						
1924 甲子	5000.—					
1925 乙丑						
1926 丙寅（S1）						
1927 丁卯						
1928 戊辰						
1929 己巳	0.—					
1930 庚午（S5）	——					

資料來源：泰益號《銀行總簿》分類項目：A-3-1~23

圖表 2-11（B） 銀行抵押融資明細（1908-1917） （單位：圓）

銀行名 年度	十八	商業 （佐世保）	高木
1908 戊申（M41）		16150.—	
1909 己酉			
1910 庚戌	4400.—		
1911 辛亥			
1912 壬子（T1）	3860.—		
1913 癸丑			
1914 甲寅			
1915 乙卯			
1916 丙辰（T5）	1680.—		4000.—
1917 丁巳			7500.—

資料來源：泰益號《銀行總簿》分類項目：A-3-1~11

由《銀行總簿》可知泰益號也有向十八銀行、佐世保商業銀行、高木銀行抵押融資，但金額並不多。1908 年向佐世保商業銀行抵押借款 16,150 圓，1917 年向高木銀行抵押借款 7,500 圓是比較高額度的記錄，理由應該是泰益號販賣的海陸產品市場行情變動大，大致上都能迅速賣出，故以商品抵押融資的情形比較少。參照圖表 2-11（B）泰益號銀行抵押融資明細。

有趣的是，泰益號與銀行往來時，很注重運用禮尚往來的手法增進彼此親密的關係，以利資金的圓融運作。1917 年間，泰益號贈與高木銀行鮑魚、魷魚、麥酒等共五次，合計 45.19 圓；中元節前後還招待高木銀行人員餐飲，所費不貲。泰益號在帳簿上記下對高木銀行和其他銀行的送禮，並沒有明記人員與銀行名。依日本的習俗，從年底致贈「歲暮品」的金額高達 300 圓來看，應該是所有交往的銀行都有照會致意。

（2）與友人的借貸關係

友人的借貸金額並不大，平均 3,000 圓，最高額度是 1906 年的 9,000 圓，1901 及 1902 年之間，比較多利用友人的資金，1918 年以後幾乎沒有與友人的借貸關係。

（3）資金的運用

①對外投資：從泰益號的《結彩豐盈》結帳簿的記錄，可以看到泰益號有投資一部分的資金於台灣的川記棧、金泰隆、陳源順、益茂隆等商號。

川記棧（台北）1906-1908 年：1,500 圓
金泰隆（台北）1905-1908 年：2,000 圓

陳源順（台北）1909-1910 年：1,500 圓
益茂隆（台北）1908-1910 年：1,000 圓

上述四件中，只有金泰隆有一次的配息，其他的商號並沒有配息的記錄。而神戶泰益號由陳世科掌管，其投資金額保持在 2,000 圓。

陳源順商行於 1888 年開創，經營主爲陳錫麟。泰益號除了與之有資金的往來外，也委託其提供市場訊息與同業信用的訊息。其商標上寫著「神戶香港海產雜貨貿易商」，1918 年擴展項目成爲「香港上海日本海陸物產洋紙罐頭貿易」，1921 年變更爲「香港上海日本海陸物產委託貿易行」，1928 年再改爲「海陸物產各種罐頭委託貿易商」。是以家族爲主體的合夥商號。**❺¹** 依據 1907 年的損益表，泰益號與陳源順、川記棧也有以彼此分擔成本、損益的合謀方式，進行委託買賣交易（詳見第四章利益的計算）。

②有價證券投資：泰益號從 1915 年開始將資金投資於債券、股票等有價證券。1918 到 1925 年爲止年年增加，最高達 13,981.12 圓，1926 年以後漸漸減少。投資上大體保持在有價證券在 1 萬圓上下。筆者的推測，營業最盛期的 1916 年開始，因利潤增加、資金充裕，所以投資了有價證券。1918 年之後的投資偏向股票，年年增加，最多時有價證券達到 13,981.12 圓。到 1929 年世界經濟恐慌時，也仍然有一萬多圓的投資。

有價證券大體上分爲四類：

1）金融業：長崎銀行股票 3,500 圓、十八銀行股票 1,837.50 圓、

---

❺¹ 朱德蘭，〈日據時期長崎台北貿易—以長崎華商『泰益號』與三家台商為例—〉《中國海洋發展史論文集 4》，中研院中山人文社會科學研究所，1991 年，頁 225-228，249-255。

圖表 2-12　泰益號投資金的推移（1902-1919）　　　　　（單位：圓）

年度 \ 銀行名	神戶泰益號	川記棧	金泰隆	陳源順	益茂隆	合計
1902 壬寅（M35）	2000					2000
1903 癸卯	2000					2000
1904 甲辰	2000					2000
1905 乙巳	2000		2000			4000
1906 丙午	2000	1500	2000			5500
1907 丁未（M40）	2000	1500	2686.256			6186.256
1908 戊申	2000	1500	2000		1000	6500
1909 己酉	2000	0	0	1500	1000	4500
1910 庚戌	2000			1500	1000	4500
1911 辛亥	2000			0	0	2000
1912 壬子（T1）	2000					2000
1913 癸丑	2000					2000
1914 甲寅	2000					2000
1915 乙卯	2000					2000
1916 丙辰（T5）	2000					2000
1917 丁巳	2000					2000
1918 戊午	2000					2000
1919 己未	0					0

資料來源：泰益號《銀行總簿》分類項目：A-3-1~13

　　　　　中華內國公債 374.65 圓、日本銀行國債 952.50 圓

2）運輸業：中國郵船股票 1,050 圓、天草造船公司股票 331.12
　　圓

3）製造業：西海漁業股票 50 圓、長崎製鐵公司股票 1,250 圓、
　　長崎油脂公司股票 2,250 圓、刷子公司股票 500 圓、紡織所
　　股票 5,600 圓

4）其他：朝鮮事業債券 310.37 圓、東亞館公司股票 262.50 圓、
　　呂宋益興公司股票 1,000 圓

　　上述公司的股票的配息：長崎銀行、十八銀行、長崎油脂公司、
紡織所等有順利地拿到股息，朝鮮事業債券、日本銀行國債、中華內
國公債等也有拿到債券的利息（參照圖表 2-14 有價證券股息收益明

細表 1921-1932）。

考察陳世望投資事業的變遷時，發現其在證券投資上的金額相當多。然而 1923 年以後，投資於股票的公司中有倒閉的現象，雖然有些公司部分資金有回收，也有損失的部分，還有無法回收的公司。因公司倒閉資金損失的情形如下：

	投資公司	回收	損失
1923 年	東亞館	¥ 65.25	¥ 197.25
	日華公司	15	47.50
1926	西海漁業		50
	刷子會社		500
1927	長崎製鐵	500	750
	長崎銀行	1,837.50	1,662.50
	呂宋益興公司		1,000
1930	中国郵船		1,050
1932	天草造船		331.12
	長崎油脂會社		2,250

以上 11 家投資對象中，沒有損失的只有 2 家（十八銀行和紡織所），其他的損失是大的，可以看出 1920 年代新興產業的經營是困難的，陳世望的投資也因而失敗（參考圖表 2-13，圖表 2-14）。

③定期存款：1919 年以後，泰益號得到銀行的融資減少，反而是在往來銀行的定期存款不斷增加。如圖表 2-15 泰益號銀行定期存款（1915-1932）所示：1919-1927 年，在正金銀行長崎分行的定期存款，由 1 萬圓升到 3 萬圓左右；十八銀行、長崎銀行也在萬圓上下變動；高木銀行則由 1 萬升為 3 萬，再降為 2 萬左右。這些金額表明泰益號的資金充裕，以定存獲取利息收入。值得注意的是 1928 年世界經濟恐慌之後，泰益號將資金移轉到正金銀行的上海分行，金額高達 16,700 兩。廈門商業銀行也存了 17,000 龍銀。

④**不動產的投資**：泰益號位於新地 25 番地，隔壁的 26 番地則作為倉庫使用。當其累積一定量的資金時，就將資金移轉到不動產上。泰益號購買了新地 12 番地、24 番地、29 番地的不動產和廣馬場 6 番地的不動產，並將其出租，收取房租。

圖表 2-13　有價證券投資明細表

年度	中華內國公債	西海漁業株	中国郵船株	朝鮮事業債券	日本銀行國債	長崎製鐵株	天草造船株
1915 乙卯	374.65						
1916 丙辰 (T5)	374.65	50					
1917 丁巳	374.65	50	1050	310.37			
1918 戊午	374.65	50	1050	310.37	952.50	1250	125
1919 己未	374.65	50	1050	310.37	952.50	1250	251.12
1920 庚申	209.65	50	1050	310.37	952.50	1250	251.12
1921 辛酉 (T10)	209.65	50	1050	310.37	952.50	1250	251.12
1922 壬戌	74.94	50	1050	0	952.50	1250	251.12
1923 癸亥	（＋）33.06	50	1050		0	1250	251.12
1924 甲子		50	1050			1250	251.12
1925 乙丑		50	1050			1250	251.12
1926 丙寅 (S1)		（－）50	1050			1250	331.12
1927 丁卯			1050			{ 500 / {（－）750	331.12
1928 戊辰			1050				331.12
1929 己巳			1050				331.12
1930 庚午 (S5)			（－）1050				331.12
1931 辛未							331.12
1932 壬申							（－）331.12

資料來源：1915-1932《銀行總簿》長崎市立博物館藏 分類項目 A-3-9~25

圖表 2-14　有價證券股息收益明細表

（單位：圓）

年度	朝鮮事業債券	日本銀行國債	中華內國公債	長崎銀行株	十八銀行株	長崎油脂会社株	紡織所株
1921 辛酉 (T10)	8.12	25		90			
1922 壬戌	55.87	25	203.79	122.50		88.74	
1923 癸亥		72.50		122.50		31	130
1924 甲子				122.50		110.50	360
1925 乙丑				122.50		60	360
1926 丙寅 (S1)				72		126	370
1927 丁卯					73.50		389.16
1928 戊辰							
1929 己巳					101.15		400
1930 庚午 (S5)					91.86		125
1931 辛未					91.86		250
1932 壬申					55.12		125

資料來源：1921-1932《銀行總簿》長崎市立博物館藏 分類項目 A-3-15~25

（單位：圓）

長崎銀行株	十八銀行株	長崎油脂会社株	刷子会社株	東亞館株	紡織所株	呂宋益興公司株	合計
							374.65
							424.65
							1785.02
							4112.52
25							6738.64
2500		1250	125				7948.64
3500		1250	250				9073.64
3500		1250	375	262.50			9016.06
3500		1250	375	{ 65.25 / (−) 197.25	3600		11326.12
3500		1750	500		3600	1000	12951.12
3500		2250	500		3600	1000	13451.12
3500		2250	(−) 500		4600	1000	13981.12
{ 1827.50 / (−) 1662.50		2250			5600	(−) 1000	9231.12
	1837.50	2250			5600		11068.62
	1837.50	2250			5600		11068.62
	1837.50	2250			5600		10018.62
	1837.50	2250			5600		10018.62
	1837.50	(−) 2250			5600		7437.50

圖表 2-15　泰益號銀行定期存款的變遷（1915-1932）

（單位：圓、兩）

年度＼銀行名	十八	正金	高木	長崎	上海正金	安田	廈門商業
1915 乙卯			3000				
1916 丙辰（T5）			3189.20				
1917 丁巳			3396.48				
1918 戊午	3000	5000	5000				
1919 己未	10000	10000	10000				
1920 庚申	5000	12386.73	15000	5000			
1921 辛酉（T10）	5154.38	13000	25000	5233.30			
1922 壬戌	0	14000	30000	12000			
1923 癸亥	3000	25000	30000	12766.62			
1924 甲子	7173.90	26123.73	10000	8144.54			
1925 乙丑	7836.87	27985.85	11152.54	8921.62			
1926 丙寅（S1）	7836.87	32485.85	14256.02	10261.62			
1927 丁卯	13941.57	24485.85	19256.02	0			
1928 戊辰							
1929 己巳						5000	
1930 庚午（S5）					16700 兩	5000	
1931 辛未					16700 兩	5000	龍銀
1932 壬申					16700 兩	5000	17000

資料來源：1915-1932《銀行總簿》長崎市立博物館藏 分類項目 A-3-9~25

第 3 章
福州商家「生泰號」的經營形態

　　生泰號的創立者是福建省福州府長樂縣鶴上村出身的陳尙智。❶
幕末、明治初期陳氏以唐船的船員身分來到長崎，❷之後在長崎新地
24 番地經營起中國雜貨的進口，店鋪名取爲生泰號，❸向日本全國
各地的批發商販賣中國的樂器、陶器、文具、茶道用品、絹織品、家
具、藥品（六神丸）、藥材等。❹因此陳氏的買賣早期是從專門進口
中國大陸產品的進口商開始的。

　　根據與陳日峰的訪談，到第二代陳天珍（1883-1943）時，景氣
好時與約有 1,000 店的日本商家與之往來交易，鮮少有店家不知生泰
號店名的，在長崎很有名（參照卷末附錄 7 生泰號 1936 年的商業
圈）。從大正 10 年（1921）起也經營起海產品的出口貿易，在長崎

---

❶ 作者與大阪大學斯波義信教授訪問長崎華僑總會會長陳日峰先生（1981 年 12 月
　10 日）。
❷ 福建省大部分是丘陵地，耕地較少。對過密的人口而言，資源是缺乏的，物產是
　不豐富的。不過受惠於天然的良港，沿海地區是對東亞、東南亞中繼貿易的好地
　點，住民克服資源的缺乏，積極經營海外貿易，以為生活的依據。
❸ 參照長崎縣立圖書館藏的資料所作成的圖表 3-2 明治 20 年長崎新地町商店街。
❹ 生泰號 1938 年的《盤價簿》詳細列出生泰號買賣的商品。

市商工會議所的海產品貿易商中，成爲日本商社 17 家、中國商社 22 家中之一員。❺一次大戰時本店更加繁榮，與長崎丸、神戶丸、上海丸等代表性船舶訂立契約，有時包船出貨到上海（參閱圖表 3-1 陳日峰氏家系）。

圖表 3-1　陳日峰氏家系

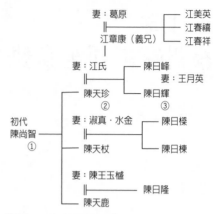

資料來源：此圖表的製作得到陳日峰氏的協助。

到了第三代陳日峰時，昭和 22 年（1947）新地、大浦一帶的大火災，將長崎中華街燒成灰燼❻，生泰號的倉庫的貨物也燒光了，受到很大的損害。中華人民共和國成立後，與大陸之間的貿易終止，生泰號也不得不停業。陳氏家族於是在昭和 23 年（1948）轉業經營中華餐飲店，取名「桃華園」（參閱圖表 3-2 明治 20 年長崎新地的商店街）。

1. 資本與營運資金

生泰號是家族共同經營的商店。第一代陳尚智開創店面，傳到第二代陳天珍時，是陳天珍、陳天杖、陳天鹿、江章康四人合夥經營的，其中前三人是兄弟，江章康則是陳天珍的大舅子。因爲是家族經營體，四人家計的支出在帳簿裡清楚地記錄、計算。圖表 3-3 是 1936

❺長崎商業會議所《長崎商業會議所 25 年史》海產物總說，1919 年，頁 27-29。
❻嘉村国男，長崎文獻社編《新長崎年表》，頁 204。昭和 22 年 4 月 24 日，新地町 16 的中國料理店著火，波及 101 家住戶，損害約 3000 萬圓。

圖表 3-2　明治 20 年長崎新地的商店街

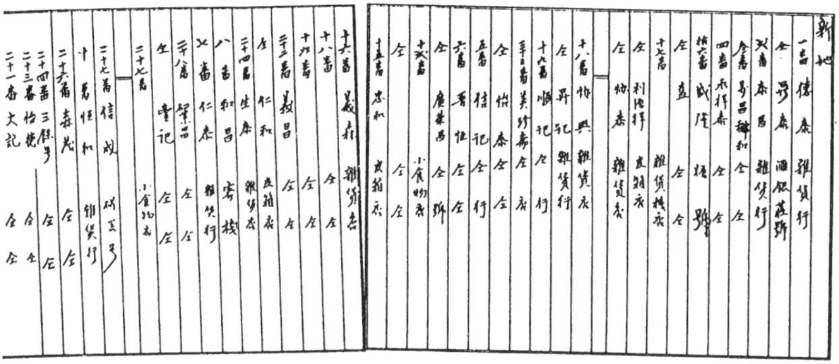

資料來源：明治 20 年新地街道圖，長崎縣立圖書館藏。

圖表 3-3　生泰號股東的家計支出　　　　　　　　　　　　　　（單位：圓）

年度		1936	1937	1938	1939	1940	1941	1942	1943
股東	家族								
陳天珍		1429.04	2888.06	2552.77	973.84	2097.92	5140.00	5139.58	3443.93
	陳日峰（子）	308.16	572.78	183.90	35.54	0.00	0.00	600.00	
陳天杖		2319.97	1896.89	1662.04	241.37	1705.39	2857.85	5243.64	7248.20
	陳日樑（子）						72.55	300.00	720.00
陳天鹿									
	陳日隆（子）	1430.55	2388.71	2386.33	4533.38	5955.14	4430.00	5407.14	
江章康		3099.59	2576.24	1677.00	2395.54	4211.57	3043.22	6955.67	9082.39
	江春祥（子）						200.65	546.75	949.55
	江春禧（子）				120.00	178.70	136.25	108.30	

資料來源：家計支出金額由《銀行各項來往總帳》作成

到 1943 年生泰號股東的家計支出金額。至於兄弟之間如何分配利潤，因為沒有留下年度結帳的記錄，故無法得知。❼

資金的調節乃向親戚和友人借款，以及民間的標會來籌措的。在帳簿的記錄上有長崎無盡會於昭和 11 年（1936）有日幣 416.25 圓，昭和 12 年（1937）有 575.52 圓；昭和無盡會於昭和 13 年（1938）有 628.36 圓，昭和 14 年（1939）有 395.60 圓的儲蓄。還有利用福州幫的崇福寺為會首的「賴母子講」❽，金額於昭和 11 年有 277 圓，昭和 12 年有 522.46 圓，昭和 13 年有 35.92 圓，昭和 14 年有 33 圓的支出，而於昭和 12 年有 753.90 圓的收入。其他長崎華僑貿易商之間所進行的標會有 10 件（萬盛會首、源森會首、官秉濂會首、張元彬龍頭會、崇記龍頭會、陳子騰會首、詹西官會首、陳佑南龍頭會、潘騰冰龍頭會、趙和記龍頭會），總額於昭和 11 年有 640 圓，昭和 12 年有 650 圓，昭和 13 年有 425.41 圓的記錄。在戰爭的影響下，金額並不多，但是在當時資金缺乏、金融機構不足的華僑社會裡，運用標會互相扶持籌措資金，是不可缺少的組織，此由生泰號所運用的 10 件標會可以證明。

在資金面的運用上，生泰號也有債券與股票的投資，八年內的總額如下：

❼ 生泰號帳簿《銀行各項來往總帳》1936-1943 年。
❽ 它是民間籌措資金的組織，日語稱之為「賴母子講」與無盡會社的「無盡講」，台灣人稱之為「標會」或「合會」。有一說指出起源於福州民間，會中的系統分為「會頭」（即發起人）和「會仔」（即會員），有些會員入會還需要有擔保人推薦。發起人一般是為了做生意做會的，而會員入會則是為了以防萬一，當急需用錢時，不需要向人借。這種融資的組織，參加的會員，依照抽籤或者競標的方式，每次出一定的金額，得標者依次取得全數金額。在生泰號的帳簿裡將此組織之發起人稱之為「會首」或「龍頭會」。

096

九州雜貨交易會社（股票）	¥	500.00
長崎華僑貿易協會（創立準備金）	¥	100.00
中華雜貨輸入協會	¥	4,982.08
日本鮫鰭配合組合（出資金）	¥	2,000.00
日本海陸產物輸出組合	¥	550.00
青果組合	¥	500.00
長崎漁業組合聯合會	¥	500.00
海產資本	¥	16,236.69
水產實績回金	¥	12,800.00
戰時債券	¥	287.50
存　券	¥	1,500.00

　　由以上的資料得知，生泰號有加入日本海陸產物輸出組合、長崎漁業組合聯合會、日本鮫鰭配合組合、中華雜貨輸入協會等，利用組織的力量從事貿易。

　　生泰號與金融機構銀行往來的狀況如何？其往來的銀行有十八銀行、安田銀行、郵局、萬國儲蓄會、通商虹口支行、中國銀行、交通銀行等，這些銀行都只是存款與匯款的交易。這些金融機構的年度交易總額，如圖表 3-4 的統計，「計收金」表示從銀行提款的金額，「計付金」表示存入銀行的金額，「對除外結欠金」是銀行的存款餘額，「承舊帳結欠金」表示前期結帳餘額。❾

2. 經營組織與營運

　　生泰號是家族經營的商店。股東的店主陳天珍擔任內務，陳天杖負責通關業務，江章康擔任外交業務。非股東的雇員有 19 名、會計 2 名（陳子騰、塏孫），倉庫管理（江喜官），文書（木屋、永田）和若干名店員。雇員之中福州出身的親戚或同鄉有 12 名，日本人有

---

❾ 生泰號 1936-1943 年《銀行各項往來總帳》。

圖表 3-4　生泰號銀行往來表 （單位：圓）

十八銀行		承舊帳結欠金	計收金	計付金	對除外結欠金	備註
1936	S11	783.29	33845.06	33926.23	81.17	完全記入
1937	S12	81.17	38469.08	38838.22	369.14	〃
1938	S13	369.14	22467.01	25616.61	3149.60	〃
1939	S14	3149.60	31117.94	31733.53	615.56	〃
1940	S15		21714.31	19692.03		不完全記入
1941	S16		86681.09	88642.95		〃
1942	S17		74660.63	70088.59		〃
1943	S18					
安田銀行		承舊帳結欠金	計收金	計付金	對除外結欠金	備註
1936	S11	4738.02	76634.15	79152.57	2518.42	完全記入
1937	S12	2518.42	85696.52	86125.40	428.88	〃
1938	S13	428.88	35021.68	39374.12	4352.44	〃
1939	S14		33679.58	31248.10		不完全記入
1940	S15		38239.50	35311.86		〃
1941	S16		42602.72	49063.07		〃
1942	S17	3767.98	18656.99	14700.80	1956.19	〃
1943	S18	5169.65	17897.25	15483.10	2755.50	〃
郵便貯金		承舊帳結欠金	計收金	計付金	對除外結欠金	備註
1936	S11	10.00				完全記入
1937	S12	10.00	500	1024.64	524.64	〃
1938	S13	524.64		500.00	1024.64	〃
1939	S14	1024.64		1525.77	2550.41	〃
1940	S15	2550.41		0.00		〃
1941	S16	2550.41	1300	1312.55	2562.96	〃
1942	S17	2562.96		2.00	2564.96	〃
1943	S18					
振替銀行		承舊帳結欠金	計收金	計付金	對除外結欠金	備註
1936	S11	99.88	11937.26	12085.54	148.28	完全記入
1937	S12	148.28	17042.46	19090.22	2047.76	〃
1938	S13	2047.76	11768.49	12171.06	402.57	〃
1939	S14		10271.76	11353.30		不完全記入
1940	S15		8700.05	6115.85		〃
1941	S16		18218.94	18297.87		〃
1942	S17		10988.26	11436.03		不完全記入
1943（福岡）		968.52	8920.55	8311.05	359.47	完全記入
1943（長崎）		4078.31	8918.89	舊年 4078.31	1052.47	〃
				本年 5893.05		

中國銀行		承舊帳結欠洋	計收洋	計付洋	對除外結欠洋	備註
1936	民 25	144.30		2.00	146.22	陳平順來存票洋 4500 第 26/3290 號 27 年 3 月 24 日期
1937	民 26	146.22	9500.00			陳光野來洋 5000 第 26/4918 號
1938	民 27	無紀錄				27 年 6 月 17 日期
1939	民 28	無紀錄				
1940	民 29	〃				
1941	民 30	〃				
1942	民 31	〃				
1943	民 32	〃				
萬國儲蓄會		承舊帳結欠洋	計收洋	計付洋	對除外結欠洋	備註
1936	S11					769.12 洋 16 年 3 月起認定 67869 号 全會按年交納
1937	S12	1440.00		144.00	1584.00	
1938	S13	1584.00		144.00	1728.00	
1939	S14	1728.00	769.12		958.88	
1940	S15	958.88	819.46			
1941	S16	無紀錄				
1942	S17	〃				
1943	S18	〃				
交通銀行		承舊帳結欠洋				
1936	S11	100				
1937	S12	無紀錄				
1938	S13	無紀錄				
1939	S14	無紀錄				
通商虹口支行		承舊帳結欠洋				
1936	S11	979.12				
1937	S12	979.12				
1938	S13	無紀錄				
1939	S14	無紀錄				

資料來源：由生泰號的 1936-1943 年《銀行各項往來總帳》製作而成。

圖表 3-5　生泰號職員薪資表　　　　　　　　　　　　　　　　（單位：圓）

年度			1936	1937	1938	1939	1940	1941	1942	1943
職員	職務	出身								
江喜官	倉庫管理	福州	338	312	480 (416)	480	540 (345)	780 (670)	840	1080 (1027.85)
鄭益忠	店員	福州	30 (2ヶ月)	192	(273)	312	384 (344)	585	600	900
陳子騰	会計	福州								
塏孫	会計	福州					90 (60)	650	720	900
下女	女中			130.50				189.50	82	295.80
木屋	文書	日本				147	165	195	240	216 (11ヶ月)
永田	文書	日本	144 (11ヶ月)							
郭尚文	店員	台灣	45 (4ヶ月)	156						
陳妹俤	〃	福州	351	336	429					
江孔秋	〃	福州	221	110.5 (6ヶ月)						
江宝瑞	〃	福州	338	312						
奧村		日本		96	117					
井手	〃	日本	47.20	12.00						
上村	〃	日本	16.67							
玉昆	〃	福州	325	315						
宗栄	〃	〃		125 (5ヶ月)						
則興	〃	〃	460							
貽明	〃	〃	182	140						
釘崎	〃	〃	24 (2ヶ月)							

註（1）　江喜官 1938 年的薪資 480 圓乃《日清》帳簿的記錄，416 圓乃由《銀行各項來往總帳》的記錄而得。
　（2）　1936 年的雇員有 13 名，1938 年戰爭之前有 8-9 名回鄉。
　（3）　生泰號的所有者陳天珍、陳天杖、江章康等，利益分配金以外，若干年也有薪資的支付記錄。

5 名，台灣人 1 名。職員的薪資如圖表 3-5 所示。

　　《現市》（零售簿）裡有店員飲食費的記錄。股東的家計也記錄在《川流》（現金支付簿）裡，結算時再轉記入總帳，計算各家的總額。年底店員依據其工作的良否與勤務狀態決定「花紅」（工作獎金）。家族成員也有依據營業成績而分發花紅的工作獎金。

生泰號的販賣商品是：（1）從中國各地集中到上海的商品，經由批發商（李霖記、祥和洋行、生祥公司等）進口，（2）從日本各地的批發商進貨的海產品以及特產品，向國內各地零售商出貨，同時也出口給上海的批發商。

商品販賣的手續是買方訂貨時，發送貨品同時在《外島暫登》（進貨、銷貨帳）上登錄一筆，製作貨品發送通知單，在帳簿與通知單上劃上騎縫章，表示出貨手續完成（參照卷首圖版 31《外島暫登》）。賒購的回收有由買方直接匯入帳號以及經營主江章康出差收取兩種方式。販賣網包括日本國內外，國外有 211 家與之交易（上海 73 家，朝鮮 43 家，香港 2 家，台灣 46 家，福州 20 家，天津 3 家，其他 24 家）；國內有 766 家（九州地方 347 家，中國、四國地方 265 家，近畿地方 93 家，中部地方 33 家，關東地方 28 家）（參照附錄 7 生泰號 1936 年商業圈，以及附錄 9 生泰號 1932 年客戶住址）。販賣商品有紅木、黃楊、陶器、金玉古玩、扇類、綢緞類、文具、化妝品、線香花炮、雜貨等，這些由年底製作的《盤價簿》可得知。

3. 營業成績的分析

海產品的出口從大正時代開始，與上海的批發商李霖記的交易額最大。從《崎商暫登》與《長崎華商總帳》可以知道海產品的出口額。1940 年之例，海產品的出口額，與李霖記有 169,240.95 圓，與生祥公司有 15,291.40 圓，合計 184,532.35 圓，佔當年長崎港總出口額 2300 萬圓的 0.8%。批發業是生泰號生意的主體，商業繁榮時交易商有上千家。國內批發商的家數與販賣金額，可以從各地總帳來知曉。請參照圖表 3-6 生泰號的國內販賣網與販賣金額（1937-1943）。販賣對象從九州開拓到東京，但交易對象的多寡也由南往北減少。販賣金額與交易商家數的比率：九州地方有 347 家佔 45.3%，6 年間的販賣

圖表 3-6　生泰號的國內販賣網與販賣金額

地域別			軒數	%	1937	1938	1939
東	京	都	22		16176.29		7341.86
神	奈 川	県	6		89.45		763.48
関	東	地　方	28	3.7			
静	岡	県	7		1844.86		412.31
長	野	県	2		68.85		142.80
岐	阜	県	8		4627.24		1078.09
名	古 屋	市	16		2201.00		685.55
中	部	地　方	33	4.3			
奈	良	市	4		340.21		0.
京	都	市	27		8108.42		1597.24
大	阪	市	47		15941.98		4041.29
兵	庫	県	15		4696.83		4963.19
近	畿	地　方	93	12.1			
香	川	県	14		594.01		6514.60
高	知	県	9		1368.09		0.
愛	媛	県	25		8201.08		2285.22
山	口	県	74		2806.25		1377.73
岡	山	県	64		6958.03		3599.42
広	島	県	79		2169.82		107.35
中 國 四 國		地　方	265	34.6			
長	崎	県	64		欠		2659.46
鹿	兒 島	県	10		2131.89		1834.02
福	岡	県	168		3323.28	(4342.09)	18806.68
大	分	県	41		0.		1386.05
佐	賀	県	18		欠		221.40
熊	本	県	40		5460.42		3037.81
宮	崎	県	6		欠	(264.12)	361.82
九	州	地　方	347	45.3			
小		計			87108.00		63217.37
合		計	766	100			

資料來源：各地域交易家數從 1936 年《人名簿》製作而來，各地域交易額從各地域進貨、銷貨總帳製作而來。

總額是 169,651.26 圓，佔國內販賣總額的 37.3%；中國四國地方有 265 家佔 34.6%，販賣總額是 92,065.92 圓，佔國內販賣總額的 20.3%；近畿地方有 93 家，佔 12.1%，販賣總額是 89,294.28 圓，佔國內販賣總額的 19.6%，中部地方有 33 家，佔 4.3%，販賣總額是 29,950.99 圓，佔國內販賣總額的 6.6%；另一方面關東地方家數有 28 間佔 3.7%，販賣總額 73,549.10 圓，佔 16.2%，家數雖不多但交易額

（單位：圓）

1940	1941	1942	1943	売上總額	%
3847.59	6027.66	7349.98	442.84	41186.22	
10656.66	995.31	12819.68	7038.30	32362.88	
				73549.10	16.2
181.00	263.58	467.50	0.	3169.25	
0.	66.00	4750.00	0.	5027.65	
2410.25	208.36	1370.67	6086.15	15780.76	
440.02	1866.58	780.18	0.	5973.33	
				29950.99	6.6
139.75	180.70	0.	67.95	728.61	
1003.40	2195.60	1513.77	2269.05	16687.48	
9355.33	6086.59	9487.55	2814.30	47727.04	
3931.15	3842.47	2040.16	4677.35	24151.15	
				89294.28	19.6
477.52	572.08	402.28	0.	8560.49	
0.	441.50	欠	欠	1809.59	
1863.60	805.36	316.85	81.25	13553.36	
8340.11	1966.72	13360.47	2604.85	30456.13	
2553.66	5508.00	2147.97	1951.70	22718.78	
2191.97	3352.35	6169.88	976.20	14967.57	
				92065.92	20.3
3893.02	2386.63	2101.98	1365.14	12406.23	
1768.60	411.67	5896.41	2229.28	14271.87	
23372.07	23806.57	23628.45	10391.95	103329.00	
4801.28	5123.25	2212.96	433.50	13957.04	
375.00	366.05	131.75	0.	1094.20	
5154.07	2492.35	4734.27	1264.60	22143.50	
785.41	37.85	193.60	1070.72	2449.40	
				169651.26	37.3
87541.46	69003.23	101876.36	45765.13		
				454511.55	100

相當多。

　　《人名簿》裡登錄的交易對象的店名和責任者名稱，依據各地域整理出來的是卷末的附錄 7 生泰號的商圈（1936），此充分顯示出生泰號批發商的販賣能力。

　　販賣商品中有人氣的商品是文具類、食品類（魷魚、海蜇皮、決明子茶）、花炮類、線香、葛蓆、日式坐墊、化妝品等。訂貨販賣時

所生的費用，如運費、包裝費等的支出，由買方負擔。

零售的交易記載入《現市》。1943年《現市》的零售額，統計如圖表3-7。舊曆年底（2月）零售額有2,885.73圓，達到最高額度，9月的零售額為754.37圓是最低額。2月的高額乃因線香以及花火等過年節的商品暢銷所致。❿

圖表 3-7　生泰號 1943 年每月的零售額

（單位：圓）

月	合計	日營業額	
		最高額	最低額
一	1,018.86	375.85	2.30
二	2,885.73	755.55	22.40
三	2,295.67	654.88	2.50
四	1,327.79	204.03	4.62
五	1,238.08	140.43	4.60
六	977.45	169.74	0.40
七	2,178.93	322.84	1.40
八	925.95	128.21	0.50
九	754.37	103.70	0.80
十	1,025.16	105.00	2.40
十一	1,157.23	155.24	0.95
十二	853.25	56.72	0.80
合計	￥16,648.47		

資料來源：由生泰號 1943 年的《日清》《現市》帳簿製作。

最後，生泰號的年度利潤有多少？留下的帳簿有 8 個年度，但是帳簿有記錄不完全的年度，在此取用最完整正確的 1943 年為例，計算其年度損益。

生泰號的 1943 年度收支結帳表，依照無錫萬大南北貨的損益表形式，從《長崎日商總帳》《各地域總帳》《銀行各項來往總帳》《各項雜耗彙抄》等帳簿的資料作成（參照圖表 3-8 生泰號 1943 年度的收支結帳）。

年度銷售總額將批發、零售與出口額合計達 91,309.49 圓，進貨金額為 50,615.16 圓，營業支出為 18,603.98 圓，得到的年度損益為 22,090.35 圓。⓫在來日華商之中，福州幫的生泰號從營業成績看來，

---

❿ 生泰號 1943 年《日清》帳簿。

⓫ 生泰號 1943 年《長崎日商總帳》《各地域總帳》《銀行各項來往總帳》《各項雜耗彙抄》。

圖表 3-8　生泰號 1943 年度的收支結帳　（單位：圓）

收　入　之　部	
本年度銷貨總額	￥91,309.49
支　出　之　部	
本年度進貨總額	￥50,615.16
本年度營業開支（營業支出）	
倉庫租（倉庫料金）	757.42
電話料金	164.40
保險料金	352.92
稅金	1,990.05
水費（水道稅）	47.32
出張費	210.25
電費（電器料金）	257.93
神社町費	131.70
商耗（營業費）	2,936.88
雜耗（雜費）	174.40
交際費	926.17
福食（賄費）	4,173.01
米麥‧薪炭	39.73
給料‧獎金	6,441.80
合計	￥18,603.98
純益	￥22,090.35

資料來源：由 1943 年生泰號的《長崎日商總帳》《各地域總帳》《銀行各項來往總帳》《各項雜耗彙抄》作成。

與泉漳幫的「泰益號」的營業最盛期（1916-1920）可以匹敵。以日本國內為主的販賣方式，使得生泰號在二次大戰中，也能繼續其商業活動。[12]

　　德川幕府以來，市舶會所制度下展開的中日貿易，已經有許多研究先進做過詳細、緻密的研究，也累積了豐富的成果。不過這些研究主要以近世日本經營史的立場來觀察，對來日中國商人經濟活動、經

[12] 許紫芬，〈帳簿を通じて見た長崎華僑貿易商生泰号の活動〉《社会経済史学》第49 卷第 5 號，1983 年 12 月，頁 54-66。山岡由佳，《長崎華商経営の史的研究—近代中國商人の経営と帳簿—》（京都：ミネルヴァ書房，1995 年），頁 59-70。

營狀況所傳達的中國經濟史、商業史的具體實情,則尚未充分研究。
這主要是研究的材料不易取得導致。幸好福州幫的生泰號與泉漳幫的
泰益號商號內部經營資料的文書與帳簿的一部分被保留下來,這是非
常貴重的史料。以這些會計帳本史料爲基礎進行的考察,正好可以補
足中國商業史空白的一部分。所存留的生泰號資料的年代有限,這回
的研究還留下許多的空白,成爲今後尚待努力的課題。

結　論

　　舊中國的經濟界所看到的顯著現象之一，是以同鄉關係爲紐帶的
地方商人的活躍。例如：明朝中期到清朝中期在中國的經濟界，以北
方爲基盤的山西、陝西商人和以華中一帶爲基礎的新安商人，形成南
北對立的兩大勢力。新安商人和山西商人以鹽商、典當商、票號開
始，進出各種的商業部門，而建立起一大勢力。可是他們與清政府是
一蓮托生的關係，嘉慶、道光以後的清政權的衰退與世界經濟的變
動，不得不迎接落日的命運。西歐東方貿易與中國沿海帆船貿易結
合，增加了營利機會，使既成的商業勢力崩解，商業霸權的舞台由內
陸往沿海的商業地區移動，而被以廣東貿易爲背景抬頭的廣東商人、
獨佔長崎會所貿易與接近上海之利的江浙商人和以南洋貿易爲基盤的
福建商人所取代。

　　新安商人是徽州商人（又稱爲徽商）的別名。在安徽省南部的舊
徽州府，由歙、休寧、婺源、祁門、黟、績溪六縣組成，是屬於新安
郡之地，因此多以古地名稱之，新安商人的名稱廣爲中國全地所知
曉。❶

---

❶ 徽州地區於 1988 年改稱黃山市。徽州的地名從明代到民國初年，跨越五世紀均
　稱之為徽州府。

　　新安商人幾乎進出中國各地，營業種類以鹽商、金融商開始，還有竹木商、陶磁器商、鐵商、米穀商、茶商、木棉商、絹商、飲食商等等，幾乎從事了所有的行業。❷

　　依據藤井宏的研究，新安商人的商業經營，其結論是立足於宗族鄉黨的結合關係。個別來看新安人商業資本的形成，明中葉以後由原始的累積往更高層次的資本發展，是平行的且多層次的。依據最原始的勞動資本，或是零細的資金而開始的個人單獨的商業活動也許不少，但經常是更高層次的共同、委託、婚姻、援助、遺產等各資本的結合，其基礎還是宗族鄉黨的結合。❸

　　其結合的內部構造又是如何呢？新安商人的商業活動分成幾個單位經營，單位與單位之間也是同鄉同族的聯合關係。一般性的常態是一個經營單位在「主人」的指揮下，同族的人以「家監」或「掌計」的名稱參與，非血緣的同鄉者以「客」或「門下客」的名稱參與。但並非所有的經營單位都具備上述的人員，也有缺少一部分的。主人、家監、掌計、客因實際參與各種實務或勞役各司其職，故有雇用僕人的現象。在徽州之地即是有名的「世僕」或者稱之為「伴當」的。❹掌計的工作類似「番頭」（經理），可以代替主人營運主人的資金，每件事都向主人報告，以主人的名義營業。原則上沒有給予獨斷向外借款的權限，但是有時可以代替主人擔任訴訟行為。有史料記載掌計的工作也有由稱之為「家監」的來實行。宗族內有血緣者成為掌計或家監，客則是由鄉黨關係構成。

　　《太函集》卷61明處士休寧程長公墓表上，記載了嘉靖年間的休

---

❷ 藤井宏，〈新安商人の研究〉《東洋学報》第36卷第2號，1953年，頁180-203。

❸ 藤井宏，〈新安商人の研究〉《東洋学報》第36卷第3號，頁346。

❹ 葉顯恩，《明清徽州農村社会與佃僕制》（安徽：安徽人民出版社，1983年）。
　江淮論壇編集《徽商研究論文集》（安徽：安徽人民出版社，1984年）。

寧商程鎖在溧水縣從事金錢借貸業的情形。

> 長公、程鎖，客溧水，其俗春出母錢貸下戶，秋倍收子錢。常公
> 居息，市中終歲不過什一，細民稱便，爭赴長公……乃部署門下
> 客，分地而居，息吳越間。

　　他將門下客配置於今江蘇、浙江各地經營錢業，在各地經營的門
下客，實際上是各自獨立經營，只不過在業務上會緊密地連絡。❺
　　以徽州商人的宗族結合爲基礎的經營形態是複雜且多角化的。在
諸史料中可以得知，有力的徽商運用宗族、鄉黨的關係，對集結於自
己周邊的子弟貸與資金，配置到各地從事商業。這時得到資金的子弟
的經營，與貸放資金的豪商的經營是個別獨立的單位。他們以豪商爲
中心，與受到其援助從事商業的諸子弟在業務上保持緊密的連絡。還
有兄弟在同一單位內，協力經營的例子也很多。
　　徽州的世僕使用於徽商的全國性商業活動中，接觸到全國各地的
風土人情，開闊了人文視野。受到主人的信任而從事商業經營，獲得
與家監、掌計同樣的自主性，在同一主人的指揮下，分隔數地的跨商
業活動，不少的世僕扮演了分店長的角色。還有不少史料傳達了徽州
世僕傲慢橫暴的行爲，也暗示著世僕在徽商的商業經營機構內所扮演
角色的重要性。新安商人的經營單位內，有才略的世僕在經營上得到
自主性，是不容懷疑的。❻
　　如上所述，新安商人在同一經營體內使用同族或同鄉或世僕，也
在「客商」（外地商人）和「坐賈」（有店面的商人）之間，或客商與

---

❺ 藤井宏，〈新安商人の研究〉《東洋学報》第 36 卷第 3 號，頁 348-351。
❻ 藤井宏，〈新安商人の研究〉，前引書，頁 351-353。

生產者之間，積極扮演「牙行」或「駔儈」的角色。❼

　　「山西商人」主要的出身地是山西的平陽府、澤州、潞安府、汾州府和大同府，以及陝西的西安府和延安府。他們遠離故鄉，到包含長江流域地方的華中諸省、北邊以及包含西域的華北各地做買賣。他們從明代到辛亥革命，一直作為鹽商活躍於商界，清代時又以「票號」（票莊），亦即作為處理國內匯兌的金融機構而佈局於全國。

　　山西商人的經營形態，依據寺田隆信的研究，大致上與同時代新安商人的經營形態雷同，亦即以共同資本、委託資本、援助資本這三者的範疇來擴大經營規模。❽一般在中國，商業資本並非都是個人獨資，也由多數人的共同出資以聚集資本。這種所謂的「合夥」經營，在當時是最普遍的經營形式。❾「夥計」是經營的負責人，也是讓資本增值的主體活動者，縱使沒有出資，也以「力股」或「身股」的名義，擁有分配利潤的權利。山西商人相關的史料中，有夥計存在的記錄，形成其經營的特徵。

　　再者，是否有夥計不得而知，但是有從大商人提供的資金成為商人的例子。李維楨的贈羅田令王公墓表《大泌山房集》卷106，陝西西安府高陵縣的王克倫作為鹽商成功後，給族人資金從商。

　　　其族能任賈者，與之本業，不問子錢，凡數十人皆以貲，雄楚蜀間。

❼ 藤井宏，〈新安商人の研究〉，前引書，頁 355。
❽ 寺田隆信，《山西商人の研究—明代における商人および商業資本—》（京都：東洋史研究會，1972 年），頁 265-266。
❾ 今堀誠二，〈16 世紀以後における合夥（合股）の性格とその推移—とくに古典的形態の成立と擴大について—〉《法制史研究》8，1957 年。

他的族人有能擔任商賈者，就給予本業，不問利息，大致有數十人，皆以此稱霸湖南、湖北、四川等地。這是富裕的同族人資助貧困的同族人，亦即援助資本的例子。❿

山西商人的經營形態，特別在大商人還有另一大特徵，亦即與官僚體系的關係，此非考察不可。這不但是山西商人的特徵，對新安商人也適用。正如幾份史料所記載的例子，山西及陝西出身的高級官僚，常常是商家出身且其周圍有很強的商家氣氛。亦即他本身並非商人，但是以一家或一族爲單位看時，「儒」與「商」是一體化的，並且透過婚姻與親戚關係更加強化。官僚在商家財力支援下誕生，商家以官僚擁有的實權爲背景追求財富，這種構圖最顯著表明的是「官商」的存在。⓫官商所擁有的特權，除了正規稅之外，對更大負擔的額外要求，他們是自由的，並且恩澤於宗族、親戚的範圍。官與商的結合現象，不單是爲了一個家庭產出官僚的社會性名譽，還與當時商業所處的政治性的、社會性的、經濟性的諸條件有關。⓬

德川時代鎖國期的市舶＝會所貿易，到二次大戰爲止，活躍於中日貿易的中國商人的商幫團體有三江幫、廣州幫、泉漳幫、福州幫、北幫等。

「生泰號」是福州幫的成員，創立者陳尙智當時是以船員的身分來長崎，並且在新地經營起中國雜貨的進口，將之販賣到日本全國各地。到第二代陳天珍，景氣好時，約有上千的店家與之交易，且進一步地，從大正10年代起，也有向上海出口海產品。採用家族經營的方式，由三兄弟家族和妻舅家族共同出資和實際分擔業務經營。職員

---

❿ 寺田隆信，前引書，頁 267-269。
⓫ 產生官僚的商人家庭稱之為「官商」。
⓬ 寺田隆信，前引書，頁 273-282。

聘有福州人和日本人。由泉漳幫和福州幫所結合的福建商人團體「八閩會館」的記錄，得知生泰號是屬於下位團體的一員，在明治 21 年（1888）到昭和 9 年（1934）之間，持續繳納定額的釐捐金。

建立長崎唐四箇寺的四商幫中，福州幫在清朝對外貿易採取區域的分離主義之下，被關閉與國外直接貿易之途。❸其來日的成員包括航海技術優秀的船員，以及福州府福清縣出身的吳服的行商爲主體，和爲了供應這些行商而進口中國雜貨的少數進口商。生泰號的經營者們，被認爲是福州幫中位於指導地位的商人。

「泰益號」屬於泉漳幫，是八閩會館上位團體中有資本且成功的貿易商社。以長崎港爲基地，傳承「會所貿易」俵物商品的貿易，經營基本上也是以血緣、地緣、鄉幫的結合而發展的，但隨著時代的變革，運輸技術的創新，作爲經營的手段得常常利用新的溝通機構，例如電信、電報、近代運輸網等。其經營規模在華商中是中規模的組織，平均雇用 6-9 名職員，預備餐食的人員有 1-2 名。採用雇用勞動制和薪津制，沒有傳統的學徒制和人力股（身股）的現象。爲個人獨資的商社，出資者與經營者乃同一人，經營決策是由經營主掌控的經營體制和家承體制。就資本結構來看，在華商中對內（華商內）、對外（銀行）融資能力都很強，比起同樣是福建出身的福州幫，相對優越許多。

就泰益號的盛衰來看，內部構造的組織並沒有太大的變化。可是受當時外在環境影響的營業成績，則變化很大，營業成績隨著景氣的變動而上下。還有中日關係的惡化，日中商戰下中國的敗北，特別在

---

❸清朝開海禁後於康熙 24 年（1685）設立江、浙、閩、粵四海關。乾隆 22 年（1757），規定歐洲來船限定在廣州一口交易，並規定海上出入的洋船都赴粵海關納稅。往日本的貿易由寧波出海。中國商人與南洋的互市由廈門出海。

海運、金融、流通組織、市場爭奪的不振等，都限制了其擴張，終於在 1959 年結束營業。無法擴大組織與市場，除了太依賴傳統經營的紐帶——血緣、地緣、鄉幫的結合——之外，對新時代所要求的商業創新活動很難自身蛻變而出也是一因。

前近代商人以血緣、地緣、鄉幫的結合爲經營基盤的現象，在明治時期的華商中都可看到。並且基本上各幫團體的消長，爲本國出身地社會經濟發展的延長，彼此是競合的關係。福建幫、廣東幫與東南亞的華人有血緣地緣的關係，東南亞各幫的勢力範圍，也成爲在日華商的商圈與勢力範圍。

明治 32 年（1899）的「內地雜居令」，限制勞動者的移住，故日本華僑爲廣義的商人團體，與東南亞華僑社會的構成大相逕庭。中日關係微妙變化中的華商，將商業利潤的一部分寄回家鄉，貢獻於出身地的社會經濟，一部分買居留當地的股票、土地。但像浙江商人吳錦堂，將商業資本轉入產業資本且成功的例子是很少的。甲午戰爭、日俄戰爭之際，多數華商爲了身家的安全紛紛回國。在此背景之下，從明治時代到二次大戰爲止，華商的經營停留在中小企業的規模，也持續著前近代商業的經營要素。

第 II 部

經營管理的手段
—中國式收付簿記法—

序　文

　　簿記是記錄、計算特定的經濟主體（個人、國家、公司等）所擁有財產的增減變化。日本江戶時代稱之爲「帳合」，明治初年複式簿記從英美移入時，改稱之爲「簿記」。它是從英文 Book-keeping 帳簿記入的意義省略而來。

　　但是簿記不單是帳簿記入的層次，也不單是事物發生的片段記錄。縱使是連續的記錄，也非單單是日誌。記錄在帳簿的內容得完成一定的機能，它反映財產的增減變化，並將之計算、整理，是爲了達到特定目的而做的會計資訊。因此，它必然在一定的原則下，進行有組織有系統的記錄、計算。簿記也是廣泛的家庭、企業、財團、國家等的收支記錄，以其綜合整理之後所作成的財務報表爲主要內容。營利事業的企業簿記，最重要的功能則是計算經營成果。

1. 研究簿記的觀點

　　從會計資訊的蒐集、分類、記錄、計算、整理到報告爲止，屬於技術面向的是簿記學的領域；而其理論的探討則屬於會計學的領域。簿記是會計學的實踐，會計學的具體像。15 世紀義大利誕生的借貸複式簿記法，經過改良、發展傳播到世界各地，現在是簿記法的主流。因此，簿記學研究的觀點，包括（1）複式（雙式）簿記的起源，

（2）複式簿記近代化的過程，（3）東洋諸國固有的簿記。

（1）複式簿記的起源論

　　有關複式簿記起源論之學說，有中世紀北義大利都市的義大利起源說與古羅馬的古代羅馬起源說兩種。兩種學說是對立的，但一般學界認同義大利起源說。義大利起源說又分為三種：其一為吉諾亞（Genoa）式簿記說，由 Fabio Besta 氏以 1340 年吉諾亞市政廳的財務帳簿為根據提出。此財務帳簿記載了人名、財物、帳目名稱等各會計科目，也實施了營業與結帳左右對照的複式記帳，以此論證為複式簿記的起源。其二為托斯卡（Tuscan）式簿記說，由 Castellani 氏提出，他以佛羅倫斯（Florence）的菲尼兄弟商會在 Castellani city 的會計帳簿（1296-1305 年），以交易的記載有借方、貸方的區別，作為論證複式簿記的根據。而對於左右對照的形式，認為在複式簿記上不是問題點。其三為倫巴路提亞（Ronbarutia）式簿記說，由 Tsuerubi 氏提出，他以 Catalonia 商會的帳簿（1395-1398 年）為根據。此帳簿對營業與結帳的記載，使用人名、財物、帳目名稱、資本金等各會計科目，也採用了左右對照的複式記載。他認為吉諾亞式簿記沒有現金和資本金的會計科目，以此為理由，否定吉諾亞式簿記說。此外也有以 1211 年佛羅倫斯地區的會計帳簿為複式簿記起源說。何者為正確？關鍵在於如何定義複式構造的本質。❶

---

❶ 小島男佐夫，《複式簿記發生史の研究》（東京：森山書店，1970 年）。
　　──《簿記史》（東京：森山書店，1973 年）。
　　泉谷勝美，《複式簿記生成論》（東京：森山書店，1980 年）。
　　岸悅三，《会計前史─パチョーリ簿記論の解明─》（東京：同文館，1983 年）。

（2）複式簿記近代化過程的展開

　　義大利北方都市15世紀初所實施簿記的記錄計算方法，在盧卡·柏喬利（Luca Pacioli）1494年出版的《數學大全—算術、幾何、比和比例全書》中被記錄下來，也因此廣爲流傳於各地。當時與義大利有商業交易的荷蘭、法國、英國等國，最早的簿記書都是從翻譯義大利的簿記書而來的。德國則比上述諸國稍晚引進義大利的簿記書。世界商業中心由地中海沿岸的義大利都市，往大西洋沿岸的荷蘭、英國都市發展時，簿記法有了新的進展。

　　16世紀後半到17世紀，漸漸地在前世紀義大利確立了基本結構的簿記法，也隨著交易規模的擴大、交易金額的增加，而改變了其形態。例如：分錄處理的統合化（會計科目的設立），總分類簿的採用，帳簿的分割化（特殊分錄帳簿制的出現），由「口別損益計算」到「期間損益計算」的計算思考的推移[2]，這些變化都在中世簿記往近世簿記蛻變的過程中出現。

　　17世紀後期，英國在經濟上的優異性更明顯。近代會計制度的諸問題也以英國爲中心展開。世界上最早發起產業革命，公司組織制度的發展，因工業化而產生的固定資產比重的增大等等的問題，都是促進會計發展的動因。[3]

---

[2] 口別損益計算是指出航的商船一次航行，一次的結算（one ship one account）；期間損益計算是指達到某個期間才計算損益。

[3] R. Brown, *A History of Accounting and Accountants,* Edinburgh, 1905.
A. Woof, *A Short History of Accountants and Accountancy,* London, 1912.
J. B. Geijsbeek, *Ancient Double-Entry Bookkeeping*, Denver, 1914.
W. L. Green, *History and Survey of Accountancy*, New York, 1930.
Analias Charles Littleton, *Accounting Evolution to 1900,* 1933. 片野一郎譯《リトルトン会計發達史》（東京：同文館，1952年）。
E. Peragallo, *Origin and Evolution of Double Entry Bookkeeping*, New York, 1938.
小島男佐夫，《英國簿記發達史》（東京：森山書店，1971年）。

（3）東洋諸國固有（傳統的）簿記法

西洋借貸簿記法普及過程中，歐洲各國都以義大利簿記法爲模型，加以改良，而發展爲本國的簿記法。但是東洋各國在現代西洋簿記傳來以前，因自古以來國內商業、遠距離商業都很發達，故都存在著本國特有的簿記法。東洋的簿記學者、會計學者，除了研究西洋的借貸簿記如何導入、普及之外，也考察、評價本國固有的、傳統的簿記法。剛導入時，他們評價的基準在於以西洋借貸簿記法爲尺度，議論兩者之間有多少共通點？固有簿記法發展的過程中，有否出現複式簿記的記帳法等等。

2. 和式簿記法

和式簿記法（又名帳合法）的研究，最初於 1936 年由平井泰太郎、山下勝治兩氏發表的《出雲帳合》，以原始帳簿資料爲基礎的實證性研究開始。戰後，一部分門外不出的商家史料，解禁向學術界公開，因而大學的研究雜誌陸續發表這些被公開史料的研究成果。滋賀大學小倉榮一郎 1962 年出版的名著《江州中井家帳合之法》是這時期研究出刊的單行本。其他如鴻池、三井等財閥的帳合法也曾被研究，發表於學術刊物上。❹

江戶時代日本商家的簿記法，是用「大幅帳式的簿記法」。一般人說到大幅帳式，其簿記法隱含後進的、因習的、非合理的、非組織

小島男佐夫編著，《簿記史研究》（東京：大學堂書店，1975 年）。

❹ 小倉榮一郎，《江州中井家帖合の法》（京都：ミネルヴァ書房，1962 年）。
作道洋太郎，〈鴻池兩替店の帳合法〉《社会経済史学》第 32 卷第 2 號，1966 年。
高寺貞男，《会計政策と簿記の展開》（京都：ミネルヴァ書房，1971 年）。
──《大企業会計史の研究》（東京：同文館，1979 年）。
河原一夫，《江戶時代の帳合法》（東京：株ぎょうせい，1977 年）。

的印象。果眞是如此的內容嗎？依據小倉榮一郎的研究，考察江州（今滋賀縣）的中井家，是擁有一定規模的商家，他們實施財產計算和損益計算，二系列的複式決算（結帳）。亦即從一個帳簿一個會計科目的各式帳簿中，巧妙地組合成決算簿（結帳簿），稱之爲「多帳簿制複式決算」的構造。計算結果呈現出來的結帳內容與西洋的複式簿記比較之下，一點也不遜色。因爲使用算盤的便利性，和筆、墨、和紙上記帳的制約，加上記帳用具的不同，而導致不得不採用「交易並置式記錄法」，而非如西洋複式簿記法的借貸二面形式的「交易對置式記錄法」。這種基本的簿記技術的差異，是和式簿記法不在形式上處理金額的借貸平均的原理。如此和式簿記法與西洋複式簿記法在記帳形式上有所差異，但具備財產計算和損益計算的複式結帳這點上，兩者是相同的。❺

3. 中國固有的收付記帳法

　　在世界歷史上，中國形成獨自的文化圈，持續繁榮的經濟，這些內涵在中國固有（傳統的）收付記帳法（以下稱之爲「中國式收付簿記法」）中具體地呈現出來。

　　中國簿記、會計史領域的研究，由少數會計史家開拓了先驅性的業績，但研究成果的積累並不多，除了幾個議題有討論之外，大體而言是尚未完全開展的研究領域。其理由爲：（1）商業經營的記錄，大部分都非公部門的資料，爲個人所持有，也就不容易保存下來。（2）因爲商業經營的非公開性，中國傳統的商業經營以個人投資或合夥投資爲主要形態，故商業經營資料對外是不公開的。（3）傳統歷史觀念，對此評價很低。商業經營的記帳方法不過是末枝小節，文人、學

❺ 小倉榮一郎，《江州中井家帖合の法》（京都：ミネルヴァ書房，1962 年）。

者或政府的編纂記錄中不被認爲有記錄、保留的價值。因此相關的記帳方法以及文獻就沒有存留下來。

商業會計與當時的社會、文化、經濟、政治有密切的關聯。最早有關中國式收付簿記法的研究，乃清朝末期開始。當時日本的法律、經濟學者爲了理解中國，進行了各式各樣的調查活動，其中也有商業簿記的調查。調查團在華北、華中、華南當地調查商業簿記的實態，發表於日本出版的《清國商業綜覽》《支那經濟全書》《台灣私法》《滿鐵調查月報》《支那研究》《會計》等，這些成爲今日研究清末商業簿記的重要文獻。❻

這些研究的共通點，乃是以西洋借貸複式簿記法的立場來理解中國式收付簿記法，並且判斷中國式收付簿記法的形式並非複式簿記，

❻ 根岸　佶，《清國商業綜覽》第 1 卷第 2 分冊（東京：東亞同文會，1906 年）。
　—《支那經濟全書》第 4 輯第 4 篇（東京：東亞同文書院，1907 年）。
　〈商事に関する慣行調查報告書—合股の研究—〉東亞研究所，資料甲第 23 號 C，1943 年。
　臨時台灣舊慣調查會，《台灣私法》第 3 卷上冊，1910 年。
　一条雄司，〈無錫に於ける商業帳簿調查〉《滿鐵調查月報》第 22 卷第 7 號，1941 年。
　—〈杭州に於ける商業帳簿調查〉《滿鐵調查月報》第 23 卷第 7 號，1942 年。
　戶田義郎，〈中国簿記の檢討〉《支那研究》第 33 號，1934 年。
　—〈南支系中国簿記の研究〉《支那研究》第 23 卷第 1 號（通冊 61 號），1942 年。
　—〈中国簿記に於ける計算目的〉《國民經濟雜誌》，第 83 卷第 1 號，1951 年。
　—〈中国簿記に於ける帳簿組織〉《國民經濟雜誌》，第 83 卷第 3 號，1952 年。
　有本邦造，《支那会計學研究》（東京：大同書院，1930 年）。
　—〈支那固有の会計制度沿革考〉《会計》第 32 卷第 1 號，1933 年。
　—〈廣東固有の商業簿記及其批判〉《会計》第 32 卷第 2 號，1933 年。
　—〈支那固有商業簿記及其決算批判〉（其 1、2）《会計》第 48 卷第 3、4 號，1940 年。
　中田謙二郎，〈支那固有の簿記法概說〉《会計》第 24 卷，1927 年。
　—〈上海に於ける貿易記帳單位の研究〉《会計》第 27 卷，1930 年。
　渡辺　進，〈台灣再來の簿記〉《会計》第 43 卷第 2 號，1938 年。
　西原政勝，〈台灣簿記及其の調查に就ソて〉（總督府稅務課）。

而是單式簿記（亦即交易的記錄不是複式兩面記錄方式）。西洋簿記導入中國以前的中國固有的收付簿記，並沒有發展到複式簿記的階段。這是二次大戰前日本學者的研究的一般見解。❼

但是，中國地域廣大，各地域間經濟發展的落差很大的清朝末期的資料，各地域的實例內容彼此相異，因此每份調查報告縱使顯示出各地域的某個現象，其表達中國傳統簿記的特質是有困難的。這也是戰前研究的限制。

引起中國會計學者關心中國式收付簿記法，是進入 1930 年代之後的事。清末西洋借貸複式簿記法傳來時，首先導入在官僚資本經營的鐵路、銀行、郵局等部門使用，最終才在中大型民族工商業中運用。進入 1930 年代時，隨著商品經濟的發達，導入了借貸複式簿記法的中國，傳統的中國式收付簿記法到底能否對今後的商品經濟的發展做出貢獻？並且是否該繼續採用收付簿記法？在會計學界引起很大的論爭。

與此同時，會計學界也有改良中國式收付簿記法的風潮。改良派特別支持沿用收付記帳法，他們認為中國式收付簿記法於理論上是合理的，也有科學性，從實用性來看是順應中國的商業習慣。改良派的議論是如何使各商店、以至各地域的會計科目，讓會計體系統一的問題。特別是徐永祚氏在《會計雜誌》第 3 卷第 1 號，發表《改良中式簿記專號》（1934 年 1 月發行），想推廣改良的中國式收付簿記法。當時工商業的狀況，中小企業規模占全體的 90%，他們還是在使用中國式收付簿記法。因此，這時期留下的文獻，對研究中國式收付簿記法而言，是中國人觀點的貴重文獻。

---

❼ 根岸　佶，《清國商業綜覽》第 1 卷第 2 分冊（東京：東亞同文會，1906 年），1-2頁。

　　戰後，對日本傳統簿記的研究，認爲江戶時代中期已經存在與複式簿記發展相同程度的簿記，也就是說，有複式決算構造的簿記的商家，一個一個被發掘、研究發表出來。對中國式收付簿記法的研究也和日本一樣，有達到複式簿記相等程度的簿記法也陸續被發掘、研究。❽

　　湖北財經學院的郭道揚，首先對中國會計發展作了通史性的敘述，於 1982 年出版《中國會計史稿》上冊（宋代爲止），1988 年出版下冊（中華民國爲止）。更於 1984 年在《會計發展史綱》上，介紹「三腳帳」「龍門帳」「四腳帳」等。❾郭道揚以洋式簿記的發展過程爲比較基準，來測定中國式收付簿記法的發展程度，認爲龍門帳、四腳帳確實爲複式簿記的一種。

　　在各種調查資料及華僑商社的殘存史料中，可以得知離開祖國的華僑在外地建立商店，也使用母語以及母國慣用的簿記法。❿本書要介紹和分析的是明治時代進出日本長崎的廈門系華商泰益號與福州系華商生泰號的經營簿記法。廈門系華商泰益號的殘存史料（1907-1934），寄贈給了長崎市立的博物館。因此契機，證實了中國式收付簿記法中複式簿記的存在。⓫本書以此實例研究中國式收付簿記法的

❽ Robert Gardella "Squaring Accounts : Commercial Bookkeeping Methods and Capitalist Rationalism in Late Qing and Republican China", *The Journal of Asian Studies* 51-2,1992.

❾ 郭道揚，《中國會計史稿》（北京：中國財政經濟出版社，1982 年）。
　　──《會計發展史綱》（北京：中央廣播電視大學出版社，1984 年），335-379 頁。郭氏介紹的龍門帳、四腳帳是清末民初的實例，以此實證收付記帳法的複式簿記的存在。

❿ Dr. M.G. Pernitzsch U. H. Tittel ; *Chinesische Buchhaltung* , 1927.
　　戶田義郎，〈南支系中国簿記の研究〉《支那研究》第 23 卷第 1 號，1942 年。

⓫ 許紫芬，〈帳簿を通じて見た長崎華僑貿易商生泰号の活動〉《社会経済史学》第 49 卷第 5 號，1983 年 12 月。
　　──〈収支簿記法としての廈門華僑簿記の事例研究─長崎在留の泰益號の簿記

本質，也闡明在世界簿記體系中，其所扮演的歷史角色。同時也再檢討 20 世紀初期，中國式收付簿記法所完成的歷史性任務。

第 4 章
「泰益號」帳簿的實例研究

1. 泰益號的帳簿史料

　　1983 年陳氏後裔將庫存於倉庫內的泰益號文物，轉移於日本長崎博物館的泰益號內部經營史料，乃從 1901 到 1939 年爲止，記載了約 40 年間的東亞區域貿易的帳簿、往返信件、會計憑證、客戶住址總錄、電報文、電報密碼等。泰益號的帳簿史料從 1901~1939 年爲止，帳簿合計有 1,305 冊，發函的貿易信件底稿裝訂成冊的有 285 冊，收函的貿易信件約有 40,336 封，其他還有未整理者約有 712 冊。❶

---

❶ 所有的泰益號史料初期在長崎博物館整理，由長崎華僑研究会出版目錄。長崎華僑研究会《長崎華商泰益號関係資料》（長崎：長崎華僑研究会出版，第 1-6 輯，1985-1990 年）。本章主要以帳簿的分析爲主。朱德蘭除了帳簿之外，也運用往返書信，其成果以《長崎華商貿易の史的研究》（東京：芙蓉書房，1997 年）發表，頁 9-12 有介紹此史料。
神戸学院大学人文学部《華僑商號泰益號文書に基づく神戸華僑の歴史研究》（神戸：神戸学院大学人文学部，2007 年），頁 25,175-288，也增加了之後整理的目錄。
目前陳氏家族後裔，已將泰益號的書信轉贈給台灣中央研究院台灣史研究所，數位化後即可廣泛利用。

　　從帳簿全體來看，1907 年以後到 1931 年爲止，帳簿組織做得井然有序，應該是當時擁有值得信賴的好會計師的成果。而 1907 年以前存留的帳簿是不完整的，帳簿的名稱也不統一，尤其是總帳的分類也不同。前後帳簿名稱的異同，推測有兩種可能性：其一投資者股東構造的變化，其二引進比較完善的會計技術而產生帳簿組織的變化。幸而 1901~1907 年的結帳記錄《一本萬利》，帳簿的結帳記錄轉移到《結彩豐盈》帳簿（1901~1910 年的結帳記錄），這兩本帳簿都保留下來，成爲檢證的線索。就筆跡來看，會計師雖然有換人，但是記帳的技術是相同的。從會計上表示業主權益的用語來看，1907 年以前是「萬興」「萬泰」「萬利」的名稱，但是在 1907 年以後，統一改用「萬泰世望」稱呼。也就是說，1907 年以後的泰益號，因股東的構造改爲萬泰世望獨資企業，而使用了新的帳簿組織體系。

（1）帳簿樣式

　　泰益號帳簿是使用從中國進口的帳簿冊子，打開封面第 1 頁印著帳簿製造者的商標。它是直寫的帳簿，用紅色印上 10 行的縱線，中央用橫線分隔爲上下。帳簿全體用絲線串起來。帳簿有長 24 cm 寬 16 cm、長 22.8 cm 寬 18 cm 和長 15.5 cm 寬 19.5 cm 的大中小三種。簿冊上下沒有留白的帳簿，常用來當作序時帳冊（日記簿）；簿冊上下有留白的帳簿，則常作爲總分類帳（簡稱總帳）使用。

　　帳簿之更新，雖常以每年正月初一，但是也有在正月初 5 的「財神日」更新帳簿的，從「接財神」的節日開始使用。❷帳簿的年份用

---

❷舊中國社會以農曆正月初 5 爲「財神」的生日，相信商業昌隆要靠財神的保守和庇佑。當天店前掛著燈籠，將財神從神龕迎出，放在大廳供奉。桌上左邊放著尺、剪刀、秤，右邊放著用紅紙包著的帳冊，正面放置供奉的牲品、茶、酒、水果等。從老闆到員工都拿著線香向財神跪拜。儀式完了之後，放鞭炮、敲鑼、打

干支表示，數字則是漢數字（壹貳參肆伍陸柒捌玖拾），略漢數字（一二三四五六七八九十）以及蘇州碼字（｜‖川乂8一二三夂十0）❸混合使用。金錢的表示，以日本的「圓」作爲表記單位，本文以「¥」或「元」表示。月份是：1月／春旺月、端月，2月／梅月，3月／桐月、桃月，4月／清和月、孟夏，5月／蒲月、蒲夏，6月／荷月、荔夏，7月／瓜月、巧月、巧秋，8月／桂月、仲秋，9月／菊月，10月／陽月，11月／葭月、仲冬、葭冬，12月／臘月、嘉平月表記。❹

（2）帳簿的分類

　　泰益號的帳簿資料中，在此僅就與會計相關的帳簿中，1907年以後帳簿組織變得井然有序時的帳簿組織加以說明。以下是丁未（1907）年的實例，茲列舉如下：

　　序時帳冊：亦即日記簿。係將泰益號之原始交易，按其發生之先後順序，以分錄之形態記入之帳簿。屬於銷貨帳的特種日記簿 special journal 有《出碼》《台灣配貨》和《各郊配貨》。屬於進貨帳的特種日記簿有《進碼》和《各郊來貨》。屬於現金收支的特種日記簿有《外櫃暫登》，而小額的現金出納，包括運費和雜費，則記入《駁力雜費》。

　　總分類帳：亦即依會計科目分類的分類帳和結帳。係依據日記帳的記載，將各交易所影響之會計帳戶分類、彙整、集中，定期計算各

鼓、迎財神，祈求一年的繁盛。

❸ 蘇州碼字：｜，‖，川，乂，8，亠，二，三，夂，十，0從蘇州地區開始使用，之後擴散到全國。經常使用在金額、數量上。兩位數時，為了防止混淆，｜，‖，川有時橫寫和縱寫並用。如 123 寫成｜二川。

❹ 資料來源：台北川記棧寫給泰益號書柬 42 封。

帳戶之餘額，備供編制結帳表。屬於總分類帳的，依會計科目分爲《銀行總簿》《萬商雲集》《萬寶朝宗》和《各費總簿》。屬於買賣客戶的明細分類帳有《山珍總簿》《海味總簿》《台灣總簿》《華商總簿》和《關門總簿》。屬於商品進貨、銷貨的明細分類帳的是《置配查存》。記錄損益表和資產負債表的結帳簿，稱之爲《結彩豐盈》。

其他的記錄：備忘錄、原始交易憑證、其他爲了管理財物而做的統計的記錄。這些有《納稅簿》《房租簿》《金錢判取簿》（金錢領收明細簿）、《匯票留底》《商船出價留底》（船運租金明細簿）、《報關留底簿》（通關費用明細簿）、《各埠留底》（米的進出口明細簿）、《各貨改梱》（輸出包裝明細簿）、《永見倉庫進出查存簿》（倉庫費明細簿）、《匯票簿》（票據統計明細簿）、《電費總登》（電報費明細簿）、《出入口各貨表月結總登》（各月的輸出入額的統計表）、《米貨收兌核結總登》（米的輸出入明細表和統計表）、《貨價議定確證》（買賣價格確認存查）、《各埠來貨盈利》（米的販賣利益的統計表）、《來電》（電報受信簿）、《去電》（電報發信簿）、《各貨轉口》（經由下關、門司港的買賣明細簿）等等。

2. 泰益號帳簿的結構分析

（1）中國簿記的記帳原理

傳統中國的商業簿記是以金錢（貨幣）的收入和支出爲基礎來記錄、計算的。貨幣的起源是在殷（商）王朝的後期，有遺留下使用貝幣作交易的記錄。[5] 在前漢時商業的發展帶動貨幣經濟的發展，會計計算的單位也從實物轉換爲貨幣。商業經濟有商品的流通和貨幣的流

---

[5] 郭道揚，《中國會計史稿》（北京：中國財政經濟出版社，1982年），頁50。

通二方面。前者商品的流通，亦即指商品的買賣以及庫存的記錄；後者貨幣的流通，亦即指貨幣的收付、利益的計算等。它們以貨幣計算時比以實物來計算的效率要好很多。前漢的《江陵鳳凰山漢墓簡牘》有留下銷貨記錄的帳簿，我們已知它乃依據販賣價格來計算的。❻

中國固有的收付簿記法，乃以「收」當作收入，「付」當作支出的記帳符號，作爲貨幣出入的記錄原理。收取貨幣時，亦即有收入時，記入日記簿的「收」欄，再轉記到分類總帳的「收」欄裡，年底結帳時再記入結冊「收」欄裡。交付貨幣時，亦即有支出時，記入日記簿的「付」欄，再轉記入分類總帳的「付」欄，年底結帳時再轉記入結冊的「付」欄。❼這樣「收」和「付」兩字，不僅與我們一般生活上的用語，收支的意義一致，也作爲中國的會計簿記用語，歷史悠久且普及各地。

至於日記簿的分錄方法又是如何呢？在日記簿的收欄中記錄的項目是收入的原因和金額；它是資本科目、負債科目的增加以及資產科目的減少，利益科目的發生。日記簿的付欄中記錄的項目是支出的原因和金額；它是資本科目、負債科目的減少以及資產科目的增加，費用科目的發生。

明治初年英人 Alexander Allan Shand 指導日本銀行業，銀行會計使用現金式分錄法。Alexander Allan Shand 式現金式分錄法，乃是在借貸簿記法的範圍內，現金出納帳除了現金交易的分錄之外，更進一步擴張其機能，將無現金收付的轉帳交易也以擬現金交易方式分錄，讓全部的交易均可以分錄的處理法。分錄帳分割爲現金出納簿和普通

---

❻ 郭道揚，《中國會計史稿》，頁 229-240。
❼ 徐永祚，〈改良中式簿記問題〉《改良中式簿記專號》，會計雜誌，第 3 卷第 1 期，1934 年，頁 17。

分錄帳,再結合爲一的方式。❽

　　下面用實例解釋,以現金分錄法爲基礎,說明一般借貸的分錄法、現金式分錄法和 Alexander Allan Shand 式簿記分錄法,以及中國式收付簿記的分錄法,其形式上的異同。

　　交易內容:

(1) 從東商店賒帳買進 3,000 元商品。

(2) 從西商店買進 3,000 元商品,支付 1,500 元現金,餘額 1,500 元以賒帳買進。

(3) 拿 2,000 元的應收帳款支票到銀行貼現,扣除貼現費用 100 元,收到支票款現金 1,900 元。

一般借貸的分錄法

(借方)		(貸方)	
(1) 進貨	3,000	賒買	3,000
(2) 進貨	2,500	現金	1,500
		賒買	1,000
(3) 現金	1,900	支票	2,000
折扣額	100		

現金式分錄法

(借方)		(貸方)	
(1) 現金	3,000	賒買	3,000
進貨	3,000	現金	3,000
(2) 現金	1,000	賒買	1,000
進貨	2,500	現金	2,500
(3) 現金	2,000	支票	2,000
折扣額	100	現金	100

(借方) 英國 Alexander Allan Shand 式簿記分錄法 (貸方)

(借方)		(貸方)	
(1) 賒買	3,000	進貨	3,000
(2) 賒買	1,000	進貨	2,500
現金支付	1,500		
(3) 支票	2,000	折扣額	100
		現金收入	1,900

中國式收付簿記 (直寫)

	(3)	(2)	(1)	
收入欄	收支票二千	收現金一千五	收賒買一千	收賒買三千
支付欄	付現金一千九百 付折扣一百	付進貨二千五	付進貨三千	

❽ 井上達雄,《現代商業簿記》(東京:中央經濟社,1986 年),頁 232-238。

　　從形式上看，現金式分錄法的借方記錄意味著現金收入，記載現金收入相對應的科目；相反地，貸方記錄意味著現金支出。從形式上看，中國式收付簿記法的現金式分錄法是將 Alexander Allan Shand 式簿記法的借方作為「收入」欄，貸方作為「支付」欄，並且從橫式書寫換成直式書寫。

　　中國式收付簿記法對現金科目的收支記錄方法有兩種。一種是設立現金科目（泰益號的簿記用語為「外櫃」），現金收進時，收入欄的記載科目是說明有關現金收入的對應會計科目；而表示現金科目外櫃額度的增加，則記入支出欄內。與此相反，在支出欄裡，記入有關現金支出的對應會計科目；而表示現金科目外櫃額度的減少，則記入收入欄內。

　　還有另一種書寫方法，是不設現金科目，省略現金科目增減的記入，沒有現金收支的交易，如賒買、賒賣，以蘇州碼字記入，而現金交易以略漢數字記入，每日現金增減的額度則由日記簿的結帳額度掌握。❾這種現金科目增減的記錄，與現金增減發生原因的會計科目的記錄，只記錄一次的方法，乃為二次大戰前日本學者因此稱呼中式簿記為「單式記帳法」的理由。

　　從日記簿轉帳到總分類帳時，日記簿收入欄的會計科目轉記到總分類帳同一會計科目的收入欄內，支付欄的會計科目轉記到總分類帳同一會計科目的支付欄內。總分類帳乃依會計科目分類。最後製作結帳報表時，收入欄的餘額的合計和支付欄的餘額的合計將是一致的。

　　結帳報表的製作，乃將總分類帳的會計科目加以區分、分類為收益科目、費用科目、資產科目、負債科目、資本科目等等（這些用語

---

❾ 郭道揚，《會計發展史綱》（北京：中央廣播電視大學出版社，1984 年），頁 366-370。

是西方借貸簿記法引進之後才使用的）。收益科目記入損益計算表的上方「收入欄」，費用科目記在下方「支付欄」。資本科目和負債科目以及當期利潤等記入資產負債表的上方，資產科目記入資產負債表的下方。

這收付簿記法的理論基礎是，從收入扣除支出得到的餘額即為當期利潤。亦即可用如下的數學方程式表示：

收入−支出 ＝ 利潤 ·· ①

利潤的計算為會計簿記的基本目的，也是應有的使命。

在上述方程式 ① 之外，表示財政狀態的資產負債表，能用

業主權益＋負債＝資產 ·· ②

的等式表示。它也稱之為會計基本方程式。

業主權益（又稱為資本）和負債的增加，可考慮為貨幣收入的形態。資產的增加可考慮為貨幣支付的結果。相對的，業主權益和負債的減少，表示貨幣還回業主或者是償還債主債務的結果，亦即視為貨幣支付的形態。資產賣掉時，亦即資產的減少，可視為貨幣收入的形態。「業主權益＋負債＝資產」，是表示財務狀態的恆等方程式。業主權益和負債是貨幣收入的泉源；資產是貨幣運用的形態。

回溯到宋代，商人互相出資本投資某事業，稱之為「連財合本」的經營。❿

在秦九韶《數書九章》卷 17 第 9 章第 2 題「均貨推本」中，有從事南海貿易的商人，計算利潤分配的方式。「主家」準備船、貨物等，由甲乙丙丁四人組成商人團「合本」出資，乘船到海外貿易。此

---

❿ 斯波義信，《宋代商業史研究》（東京：風間書房，1979 年），頁 459-460。
吳文俊主編，〈數書九章均貨推本題分析〉《秦九韶與數書九章》中國數學史研究叢書之 2（北京：北京師範大學出版社，1987 年），頁 441-450。

134

個案是主家和商人合夥成員出船貿易。合夥的資金達 42 萬 4 千貫（將金、銀、鹽、度牒換算成銅錢）。故「博到」（買入）的貿易品中，一部分要納給主家，剩餘的由四人分配。個人分配額乃依照出資比例。從此史料中可以看出它們已經有「資本」和「利潤」的概念。

有了資本的概念，必然要對資本運用形態的資產有所記錄、整理。資本與資產是會計學上的對象作兩面分析的用語。[11] 經營者的出資金稱之為「資本」，它運用的狀態稱之為「資產」。因會計學對資本與資產做兩面的觀察、記錄、計算，故兩者有恆等的關係。戰前一般日本會計學者認為，西洋的借貸簿記法是對資本作動態的計算，而中國的舊式商業簿記法是屬於對資產作動態的計算（亦即以財產法來計算損益）。[12]

在中式簿記裡，收入項目有資本項目及負債項目，稱之為「該項」。支出項目是資產項目，稱之為「存項」。年度損益是存項與該項的差額。這種用財產法計算利潤時，必得將收項的資本與負債的所有交易都記錄下來，也得將支出項目的財產的所有交易都記錄下來。所有的記錄都沒有遺漏時，利潤才能得出，也貫徹了資本恆等式。

筆者認為不管是西洋的對資本作動態的計算，或是中國的對資產作動態的計算，兩者均是屬於兩重簿記體系中的簿記法，差別在於資本與資產著重點的不同，計算上的分類與綜合是相同的。

有了利潤的概念，在商業經營上必然要計算利潤。在中國，利潤的計算方法有兩種：財產法和損益法，兩者在收支簿記法裡都可以計算。各個商家的帳簿以及結帳方式上採用平衡概念，在形式上是不難

---

[11] 高寺貞男，《簿記の一般理論》（京都：ミネルヴァ書房，1976 年），頁 28-33。
[12] 戶田義郎，〈中國簿記の檢討〉《支那研究》第 33 號，1943 年，頁 220-229。

實現的。這一點，研究中國傳統商業簿記的學者戶田義郎也承認。❸

　　此文所介紹的泰益號簿記法，是以收付簿記法原理爲基礎，在形式上採用了平衡概念，因此資產負債表計算出來的利潤與損益表得到的利潤是一致的。如果兩者都計算而得到一致的利潤金額，我們稱之爲「複式決算構造的簿記法」。泰益號的簿記即爲日本學者戶田義郎、根岸佶所言，廈門複式簿記中少數的複式決算構造的簿記法的一種。❹

　　以上分析了中國式收付簿記法的原理及現狀，接下來要介紹泰益號簿記的會計科目的分類方式以及帳簿組織。

　　記載中國式收付簿記的帳簿，都有上下兩欄之區分。上欄是「收方」（收入），下欄是「付方」（支出）。本文中，上下之區分換成「T字形」形式說明。

(2) 分類與統合

　　處理會計事項生產的會計過程中，會計處理的對象不是物質而是會計資訊。統合企業資本運作相關的會計資訊的過程，也和汽車或船舶生產過程一樣，個別交易的會計資訊也一如零件，依照一定的基準分類，作出各種分類的會計資訊，於期末再加以統合，彷如作出工業完成品一樣，編出綜合的會計資訊，它本身需要有兩道的會計處理程序。

　　會計對象的企業資本的變動，由貨幣單位表示的價格集計的變動所構成。至少是以有價格的對象的集計，是一種量的計算；但是同時

---

❸ 戶田義郎，同上，頁 230-231。頁 28-33。

❹ 許紫芬，〈收支簿記法としての廈門華僑簿記の事例研究—長崎在留の泰益號の簿記 1907-1934〉《経営史学》第 23 卷第 3 號，1988 年 10 月，頁 29-47。

也有質的層面，包含著各種屬性。因此收付簿記法，不只是對企業資本的變動計算其貨幣單位的收入和支出，並且得配合其資本的屬性，加以分類、綜合的一種表記法。

　　那麼，下面將就泰益號的收付簿記法，就企業資本變動──質的標的──是如何分類的來加以探討。

①資本有關的會計科目的分類與記錄

　　泰益號是個人獨資的企業體，資本主陳世望同時也是經營者，其資本以「世望」的會計科目來記錄、整理資本的進出。營業開始時的原始資本和盈餘，銀行存款、放貸收取的利息，有價證券利息，有價證券股息等等，以「收」的記帳符號，記入世望資本主科目的「收方」。資本金取出時，例如世望個人家計的支出，匯款給出身地金門親戚等等，以「付」的記帳符號，記入世望資本主科目的「付方」。如此，資本主的「家計」支付，以「家用」會計科目，對映記（陳世望）資本主往來的金錢收支，以「映記」會計科目來整理。❶❺資本支出的科目如家用、映記在結帳時，各科目的餘額不轉到結帳報表的資本科目上，只是其結餘會轉到下個年度。「損益科目」所得到的本期純損益，轉入世望的資本科目裡。資本金取出時，付方的餘額（在泰益號的帳簿用語稱之為「結欠去金」）表示自己資本的減少，有付方餘額的資本金科目是負向的評價科目。其額度從資本金收方扣除，即可看出資本主的期末資本額。在期末報表──資產負債表──的記錄

---

❶❺陳世望是陳發興與金門出身的何氏的長子，童名陳媽映，在簿記裡以「映記」表示之。陳世焜是陳發興與金門出身的何氏的次男，童名陳媽耀，在簿記裡以「耀記」表示之。陳世科是陳發興的義子，又名陳媽登，在簿記裡以「登記」表示之。參考朱德蘭《長崎華商貿易的史的研究》（東京：芙蓉書房出版，1997 年），頁 25，45-47。

上，資本金取出科目的付方餘額，記錄在資本的反方向，資產的欄位裡（在泰益號的資產負債表的下方或叫「欠方」）。

上 （收方）	資本主權益科目	下 （付方）
資本主投資		資本主往來
純利潤		純損失
股票配息		營業外費用
有價證券利息		稅 金
一般利息收入		
營業外收益		

　　因爲泰益號是個人獨資的企業體，所以陳世望的個人財產營運有關的收支，設置「業記」會計科目來記錄。其個人財產營運的具體內容爲：收入的部分，他擁有長崎新地 12 番地、15 番地、24 番地、25 番地、26 番地、29 番地以及廣馬場 6 番地的土地建物、倉庫，和其出租所得到的土地租金和房租；支出部分有上述不動產的火災保險費、修繕費、地價稅、付加稅、地租所得稅、律師費、出租時的委託手續費等等。業記是陳氏家族財產運作的收支帳戶，因此家族的家計支出也從業記的付方提出，轉入家用帳戶。營業外相關的收益與費用，依照其性質，設置帳戶，加以記錄、整理，這些都屬於「資本科目」的帳戶。

②借貸有關的會計科目的分類與記錄

　　泰益號是經營海產品、雜貨的進出口商。其進出口買賣有批發的性質，賣出的時間點和收到貨款之間的國際匯兌需要一些時日。因此設置「應收帳款」和「應付帳款」來處理買方和賣方的債權和債務的增減。這些科目處理的債權和債務，以買方和賣方的人名或店名作爲

會計科目的帳戶來記錄、整理。爲了整理清楚這些人名或店名所代表的債權和債務，要設置整理人名或店名的銷貨總帳或進貨總帳。縱使這些人名或店名的客戶很多，它並不設置統合的總帳。因爲重視客戶的債權和債務的進出的過程和年度餘額，在製作資產負債表時，要求詳細地羅列各客戶債權或債務的年度餘額。

上 （收方）	人名或店名帳戶	下 （付方）
前期餘額		銷貨應收帳款
應收帳款回收的金額		（諸應收帳款）
銷貨退回的金額		
呆帳金額		
進貨的應付帳款		付清的進貨金額
（諸應付帳款）		進貨退出的金額
本期餘額		

　　依據買賣的各種情況，有些客戶是買方同時也是賣方，其記錄就以如上的方式整理。有關放款與借款交易的會計科目，以交易者的人名來記錄、整理其債權或債務。債務的產生（增加）放在收方（上方），債務的消滅（減少）放在付方（下方）的方式記錄。債權的產生（增加）放在付方（下方），債權的消滅（減少）放在收方（上方）的方式記錄。

上 （收方）	借貸往來人名帳戶	下 （付方）
前期餘額		
債權的減少		債權的增加
債務的增加		債務的減少
本期餘額		

③商品交易會計科目的分類與記錄

賣出商品時，商品的科目的金額會減少，現金科目金額會增加。現金是貨幣運用的前階段形態，與資本做區別屬於資產的一方。商品的增減屬於資產科目的變化，現金的增減也是。買賣交易引起的商品增減，在商家而言，是非常重要的記錄事項。泰益號的情形，商品的記錄，銷售時記入《出碼》帳簿，進貨時記入《進碼》帳簿，然後，在每天傍晚時再次依照商品的分類，將其數量、金額，轉記入記載庫存帳簿性質的《置配查存》帳簿。銷貨帳與進貨帳都是記載同一性質記錄的帳簿，沒有上方與下方之分，以縱書的方式，將每次交易數量、金額的變化詳細記載下來。但是整理商品庫存的轉記帳簿《置配查存》，則分為上、下方，銷售帳的交易額記入上方，是貨幣的收入（增加）；進貨帳的交易額記入下方，是貨幣的支出（減少）；因此《置配查存》是計算、記錄「買賣利潤」和「庫存」增減（動態的計算）的帳簿，上方與下方的數量取得平衡的記錄方式。其計算方程式如下：

$$銷貨金額 + 期末商品庫存 = 銷貨利潤 + 期初商品餘額 + 本期進貨金額$$

商品依照各種類來分類和記錄。並且依照四季計算各商品的利潤和庫存。因此泰益號的《置配查存》的商品科目混合兩種屬性，亦即作為資產的商品增減，和作為商品買賣時的損益計算，兩者在此帳簿中均呈現出來。

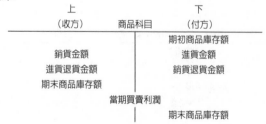

④資產會計科目的分類與記錄

土地：土地取得時，以當時購入價格記入付方（下方）。土地的固定資產不放在資產負債表內，是資本提出的形態。其資金由「世望」氏、「映記」氏、「鐘記」氏的資本金，「業記」（與固定資產的出租、修理、稅金相關的收支）的資金提出購買。❻上述形態購買的不動產，在當時並無折舊的考量和折舊的會計處理。

建築物：建築物取得時，不單是購買價格，還有仲介費用、登記費，和使用前的修繕費用等，都算是取得的成本，記入付方（下方）。這與土地科目相同方式處理，亦即屬於資本的提出，因此就無所謂的折舊計算，也不列於資產負債表的資產科目內，只是作為資本減少來處理。

設備：設備科目是處理店家使用的桌子、椅子、日式坐墊等等，營業用各項設備的科目。泰益號使用「生財」名稱表示此科目，包含商店的用具、設備。同樣地，也不計算其折舊，但是列在資產負債表的資產科目內。

投資、其他資產：泰益號在其經營過程中，有因各種不同目的而進行的對外投資。為了深化與某商號的利益關係而向其投資部分「資本金」。此種投資本金的會計處理，對投資的商號，設立人名或企業名的科目，詳細記錄出資金的進出（增減）。在人名科目旁邊記入「在本」的簿記用語。對有價證券的投資，也是設立每一種股票、債券名稱的科目，記錄其增減變化。有價證券並不設立統合的帳戶，統計總金額。縱使股價變動激烈，在帳目上，還是記錄取得時的價格，並沒有價格變動的追蹤記錄。

以上所說固定資產相關的交易，造成資產的增加時，記載在總帳

---

❻陳金鐘是陳世望的長男，在簿記裡以「鐘記」表示之。朱德蘭，前引註參照。

的付方（下方），造成資產的減少時，記載在總帳的收方（上方）。

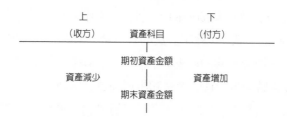

⑤金錢出納相關的會計科目的記錄

現金帳戶：收付簿記法是依據現金的收支為基礎發展出來的簿記法，因此非常重視現金科目的掌理。泰益號的現金科目稱之為「外櫃」帳戶。總帳有設置外櫃帳戶來記錄、整理現金的增減和餘額。現金的增加記錄於總帳的付方（下方），現金的減少記錄於總帳的收方（上方），餘額記載在付方，以「結欠去金」的簿記用語表示之。餘額轉入下一年度時，縱書記錄，沒有上下之區分。

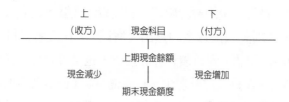

銀行帳戶：現金帳戶之外也設立銀行帳戶，泰益號存入銀行戶頭之款項記入付方（下方），開出匯兌支票付貨款時，亦即取出存款時記入收方（上方）。因此其銀行存款的餘額是在付方，以「結欠去金」的簿記用語表示之。銀行帳戶對有來往的銀行均設立銀行名稱之

帳戶，詳細記錄存款增減之細節。

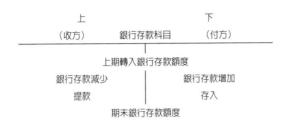

上　　　　　　　下
（收方）　銀行存款科目　（付方）

上期轉入銀行存款額度

銀行存款減少　　　　　　銀行存款增加
提款　　　　　　　　　　存入

期末銀行存款額度

　　泰益號設置稱之為《外櫃暫登》的現金出納帳，詳細記錄現金的收付。設置《銀行查存》來記錄和統合各銀行戶頭的提款、存款的進出明細。現金出納項目如運費、雜費等小額現金的收付，記入《駁力雜費》帳簿。《駁力雜費》只記運費和雜費，並且 10 日結算一次，再轉記入現金出納帳的《外櫃暫登》中。

⑥損益會計科目的分類與記錄

　　收益與費用的分類：經常損益的計算在商品販賣業，首先要有銷貨損益計算。泰益號設置稱之為「配置」的會計科目帳戶，依商品分類別計算各商品的年度總收益。另一個稱之為「餘價」的會計科目帳戶，只是計算 1906 到 1909 年米的年度總收益，1910 年之後就取消此科目。將各商品的年度總收益計算之後，扣除營業活動所需的販賣費用和一般管理費用，就可算出營業損益。泰益號製作稱之為《財神日結冊》的營業損益報告表。泰益號於 20 世紀初經營東亞、東南亞海域的貿易活動，與現代進出口貿易商有若干不同的方式，雖有收益與費用的分類，其詳細內容與利潤的計算方式，將於利潤的計算之節，再加以說明。

(3) 泰益號的帳簿組織

中國商號的帳簿組織，隨著地域、經營種類、規模大小而有諸多的變化。雖然各商號的帳簿有不同的名稱、形式，日本會計學者戶田義郎提出一個基本的帳簿組織圖，認爲所有的帳簿組織均由此單純化或複雜化。基本型的帳簿組織圖是記錄（1）商品的進貨，（2）商品的銷貨，（3）伴隨買賣而產生的金錢進出。除了按時記錄的日記帳之外，也有按會計科目的帳戶性質分類的轉記帳，以及結帳。泰益號的帳簿組織是比基本型更複雜化的。

有關貨物流向的日記帳，設有進貨簿與銷貨簿。泰益號的進貨簿，依交易性質分化爲記錄長崎本地的進貨，與長崎本地之外各港口的進貨。長崎本地的進貨，先記入《草進碼》，再整理、轉記入《進碼》，各港口的進口貨則記入《各郊來貨》中。這些都是屬於進貨簿的性質。

銷貨簿也與進貨簿的分類一樣，分爲長崎的銷貨與向長崎本地之外各港口的出貨。長崎的銷貨記入《草出碼》，再轉記入《出碼》。向各港口的出貨是泰益號的主要經營內容，依地區分化爲向台灣地區的出貨，記入《台灣配貨》；向台灣以外的中國沿海、東南亞地區的出貨，記入《各郊配貨》。

由銷貨簿與進貨簿的客戶內容，我們可知泰益號的商業網路。基本上是利用福建商人的血緣、地緣與業緣關係，拓展了東亞、東南亞的商圈。

有關金錢流向的序時日記帳有《外櫃暫登》和《銀行查存》。有關現金收支的交易記入《外櫃暫登》，有關銀行帳戶的進出記入《銀行查存》。《駁力雜費》是記錄運費和雜費，每 10 天一次小結，之後轉記入《外櫃暫登》中。現金的收支與銀行帳戶存款的進出，每日核對無誤後再轉記入《滾存》。《滾存》可視爲分錄日記帳，是泰益號

簿記組織有分錄行為的證據。這個分錄行為讓金錢的收支與其相對應會計科目的金錢數目一致，這是泰益號簿記的一大特色。日記帳登錄完後，轉記入分類帳內。泰益號的分類帳將一般總分類帳依交易性質分化為《銀行總簿》（銀行、股東、有價證券帳戶）、《萬商雲集》（現金交易、現金科目、人名帳戶）、《萬寶朝宗》（收益科目）、《各費總簿》（費用科目、職員的借貸帳戶）等，而有關貨物的分類明細帳則設有《置配查存》（依商品分類整理進出貨與庫存）；有關進出口貿易客戶交易的總帳，又依地區分割為《關門總簿》（下關、門司的客戶）、《台灣總簿》（台灣地區客戶）、《華商總簿》（台灣地區以外的華商）。長崎地區的日本客戶則依商品性質分割為《海味總簿》（海產品的客戶）、《山珍總簿》（山產的客戶）。這些帳簿是記載客戶與泰益號的債權、債務關係。

決算報表有製作「資產負債表」和「損益表」，記入《結彩豐盈》帳冊中，每 10 年集計為一冊，共有 3 冊存留下來。

分類帳明細：除了備忘錄、原始交易憑證、還有為了管理財物而做的統計記錄。分類明細帳有《納稅簿》《房租簿》《金錢判取簿》（金錢領收明細簿）、《匯票留底》《商船出價留底》（船運租金明細簿）、《報關留底簿》（通關費用明細簿）、《各埠留底》（米的進出口明細簿）、《各貨改梱》（輸出包裝明細簿）、《永見倉庫進出查存簿》（倉庫費明細簿）、《匯票簿》（票據統計明細簿）、《電費總登》（電報費明細簿）、《出入口各貨表月結總登》（各月的輸出入貨額的統計表）、《米貨收兌核結總登》（米的輸出入明細表和統計表）、《貨價議定確證》（買賣價格確認的存查）、《各埠來貨盈利》（米的販賣利益的統計表）、《來電》（電報受信簿）、《去電》（電報發信簿）、《各貨轉口》（經由下關、門司的買賣明細簿）等等。

1945 年台灣總督府外事部對中國上海地方及其附近地區所習用的

圖表 4-1　泰益號帳簿組織圖

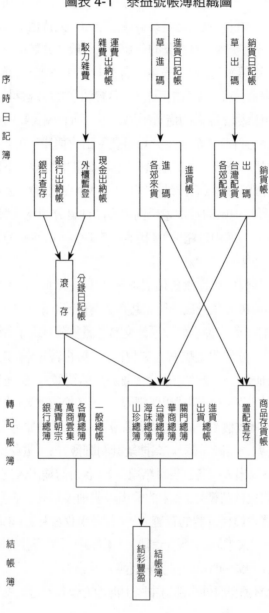

序時日記簿

轉記帳簿

結帳簿

商業簿記做了調查，出版「中國固有的商業簿記」第 203 號報告。泰益號的帳簿組織與此報告所示的華中簿記組織有何差異？大致上泰益號的帳簿組織與華中簿記的帳簿組織記載的要素大同小異，必要的會計科目，均有加以記錄、整理。泰益號作了更多的分類明細帳，對議價、報關、匯兌、船運等的原始資料的彙整更加詳盡。

　　最大的特點在於泰益號的決算報表有損益表和資產負債表，而華中商號大部分只製作資產負債表，而無相當於損益表的報告表。中國簿記不作損益計算表，而以財產系統為重，簿記之終極目標在於資產負債表的記帳法，一般批評者認為它缺乏探討損益原因之觀念。中國簿記的年結乃依據日記帳、總分類帳和分類明細帳，摘錄有關事項而作成。華中商號的年結時附有分配股東職工之利益處分。

（4）泰益號各帳簿的實例分析
（蘇州碼字記錄的部分以阿拉伯數字代替）

①《外櫃暫登》

《外櫃暫登》是屬於現金出納性質的帳簿，收入現金（事由與金額）記入上方，支出（事由與金額）記入下方。10 天一次計算收支的總額，以中國傳統的「四柱結冊」的方式記錄。所謂的「四柱結冊」就是：

$$\underset{\text{（期初金額）}}{\text{舊管}} + \underset{\text{（本期收入）}}{\text{新收}} - \underset{\text{（本期支出）}}{\text{開除}} = \underset{\text{（期末金額）}}{\text{實在}}$$

以此方式記錄現金增減和每天、每月、每年度的餘額。泰益號每 10 天計算一次現金帳戶，以「原金」「共收金」「共付金」「應存金」的簿記用語表示。

現金買賣的零售交易，其記錄的順序如下：賣出商品時，商品的「出」，依《草出碼》→《出碼》→《置配查存》之順序，記入其上方；現金的收入，依《外櫃暫登》→《滾存》→《萬商雲集》之順序，記入其下方。

②《銀行查存》

《銀行查存》是屬於記錄銀行存款增減變化的帳簿，存入銀行款項時，金額記入下方，提出存款時，金額記入上方。泰益號與正金銀行、佐世保商業銀行、十八銀行有往來。新曆的日期以阿拉伯數字表示，例如 218 正金銀行，表示與正金銀行於 2 月 18 日的來往，先記入《銀行查存》，再轉記入《滾存》，最後轉入《銀行總帳》。依《銀行查存》→《滾存》→《銀行總帳》的順序的記帳法。

記入例　丁未年（1907）《銀行查存》

正金銀行	承丙午年 12 月 30 日止				結存金 7729.14 元		
218	⑩商業	4500	元對	221	中和	500	元
又	⑩登記	110	元對	223	匯票	4748.53	元
225	⑩	400	元對	225	又	378.21	元
又	⑩押款	300	元對		共金 13355.88 元		
	共金	5310	元				
	除外當存金	8045.88 元					
227	⑩商業	4000	元對				
又	⑩荒物	499.17	元對				
又	⑩肥前	343.92	元對				
又	⑩大和	366.12	元對				
227	⑩□□	500	元對				
	共金	5709.21 元					
	除外當存金	2336.67 元					

③《駁力雜費》

這是有關運費、雜費等小額現金出納的明細帳，10 天結帳一次，依《駁力雜費》→《外櫃暫登》→《滾存》→《各費總簿》的順序，記帳、轉帳，最後轉入《各費總簿》的下方記入帳簿。「駁力」是指搬運、運送時發生的各項費用，如「女工」「夫工」「馬車」「草索」「箱」等的雜役費、捆包費、陸地運送費。「雜費」是指印紙、送別會、報紙新聞費、「崇福寺」的奉納金、炭薪、文具用品、「聖福寺」「興福寺」「三江寺」的奉納金、「琴平山」「宮地獄」的奉納金、交際費等等。《零星暫記》是《駁力雜費》只於 1907 年使用的帳簿名稱，之後均使用《駁力雜費》。

記入例　丁未春王月立《駁力雜費》

駁力　丁未年元月吉立				
元月初 6	付	對	女工 6 人	金 0.75 元
元月初 10	付	對	女工 6 人	金 1.75 元
抄				
元月初 10 止　結用			金 2.25 元	
元月 12	付	對	女工 3 人	金 0.75 元
元月 15	付	對	買上草 女工 2 人 0.25	金 5.77 元
抄				
元月 20 日止　結用			金 6.52 元	
⋮				

④《滾存》

《滾存》在現代帳簿的分類上是分錄帳的性質。現金交易記入上述《外櫃暫登》與銀行往來，上方記入《銀行查存》的來金；下方記入去金會計資訊的事由、金額的分錄帳。《滾存》對現金收支和銀行

存款增減所表達的現金交易，用略漢數字記錄；現金交易之外轉帳交易用蘇州碼字記錄。還有此帳簿是作交易分錄的工作，分錄的會計科目其金額是上下一致的。當分錄完後，《滾存》上方的交易記錄會轉記入《總簿》的上方，《滾存》下方的交易記錄會轉記入《總簿》的下方。《滾存》所記載的日期，因為是分錄的轉記帳簿，為了避免混淆，乃同時記載陽曆與陰曆。

記入例　丁未年《滾存》(參照卷首圖版 17《滾存》)

```
光緒 33 年　春王月　吉立
元月初 4　　新 2 月 16 日拜 6
　　抄　　　太昌永記　　　　　對　　　抄　　　　　　　　　對
① 中路地租對長壽兄手　　　　　　② 外柜對尚記
　　光緒 32 年 12 月止　　來金 30 元　　　　　　去金 30 元
元月初 6　新 2 月 18 日拜日
　　抄　　　　　　　　　　　對　　　抄　　　　　　　　對
　　　　　　　　4500 元
③ 正金銀行來　　　　　金 4610 元　　④ 商業銀行去　　金 4500 元
　　　　　　　　110 元
　　抄　　　　　　　　　　　對　　　抄　　　　　　　　對
⑤ 高田來　　　　金 58 元 2 角 9 分　⑥ 登記去　　　　金 110 元
　　　　　　　吉　　　　　　　　　　　抄　　　　　　　對
　　　　　　　　　　　　　　　十八銀行去　金 58 元 2 角 9 分

元月初 7　新 2 月 19 日拜 1
　　抄　　　　　　　　　　　對　　　抄　　　　　　　　對
⑦ 映記對皮鞋 1 雙來　　金 3 元 7 角　　外柜對尚記手去　金 3.7 元
　　抄　　　　　　　　　　　對　　　抄　　　　　　　　對
　　十八銀行來　2500 元　金 2500 元　　商業銀行去　金 2500 元
　　抄　　　　　　　　　　　對　　　抄　　　　　　　　對
⑧ 愛吉來　　　　　　　金 500 元　　　十八銀行去　金 500 元
```

交易的內容：

① 經由長壽收取到地租 30 元。

②「外柜」是「外櫃」的簡略字，代表現金帳戶。地租 30 元放入外柜裡。

③ 從正金銀行取出 4610 元。

④ 存入商業銀行 4500 元。

⑤ 從高田商店收到貨款 58 元 2 角 9 分，這筆錢存入十八銀行。

⑥「登記」是陳發興的三男陳媽登，又名陳世科，經營神戶泰益號的分店，向神戶泰益號的分店付款 110 元。

⑦「映記」是陳發興的長男陳媽映，又名陳世望。取得鞋子的 3 元 7 角，將此金錢置放入「外柜」中。

⑧ 從愛吉商店取得交易貨款 500 元，將之存入十八銀行。

⑤《出碼》

有關銷貨交易的記錄，依照交易對象地區而區分，現地長崎的出貨記入《出碼》，對台灣地區的銷貨記入《台灣配貨》，對中國沿海，東南亞地區的銷貨記入《各郊配貨》的帳簿裡。

下面將解說銷貨相關各帳簿的記入例子，長崎的出貨第一時間點記入《草出碼》或叫《出貨草碼》，之後再轉記入《出碼》。記帳用陰曆記錄日期。出貨人員首先記下買主名稱、貨物品名、貨物數量與重量，出貨時檢查正確與否。其次會計人員再將《草出碼》的訊息轉記入《出碼》，確認單價以及售貨總額。

記入例 1 《草出碼》或稱《出貨草碼》

交易事例：丁未年 1 月 22 日賣給「柳川」客戶白米 73 袋，將其各袋的重量寫入《草出碼》。「又去」是指對同一客戶的販賣行為。

丁未年元月 12 日《草出碼》

丁未年春王月 12 大吉利									
柳川去	古	白米	73 包						
151	150	149	150.5	147	152	145	150	151	150.5
143	148	150	149	145.5	144	139	148.5	149	141.5
147	146	134	145	149	149	149.5	148	146.5	149.5
145.5	128	149	149.5	148	150.5	140.5	148.5	150	149
149	148	148	149	149	148.5	148	146	148	150
150	145	146	148	148	147	149	138	143	147
144	144	145	145	150	148	148	148	149	147
149	149	149							
又去	S	糙米	42 包						
152	151	150	150	149	150	150	151	151	151
150	151	151	150	151	151	151	151	151	151
151	151	151	151	138	151	151	150	151	150

接　　　續

記入例 2 《出碼》或稱《出碼謄正》(參照卷首圖版 19《出碼》)

《出碼》記載客戶名稱、商品名、重量、單價、合計金額等，然後客戶依照買賣商品種類，轉記入《山珍總簿》；依照交易地區，轉記入《華商總簿》；少額現金出貨（「現戶」）則轉記入《萬商雲集》；家庭使用則轉記入《各費總簿》。

《出碼》的記號：

抄：從日記帳轉到總帳時，壓按「抄」字表示轉記完成。

對：指帳目的核對工作。從舊帳轉入新帳，或日記帳轉到總帳時，壓按「對」字表示核對工作完成。

印：轉記入《置配查存》帳簿。

◎：轉記入《山珍總簿》帳簿。

如數收清：金錢已經收清之意。

覆：相關帳簿檢驗對照之後，司帳人員，亦即負責的會計長再次詳細檢閱，轉帳有否錯誤？收支金額正確否？完全無誤時，再壓按「覆」字。

丁末年元月 12 日

春王月 12 大吉利										合計
柳川去	固源元幫	古	白米 73 包 ◎							
151	150	149	150.5	147	152	145	150	151	150.5	一 1496
143	148	150	149	145.5	144	139	148.5	149	141.5	一 1457.5
147	146	134	145	149	149	149.5	148	146.5	149.5	一 1463.5
145.5	128	149	149.5	148	150.5	140.5	148.5	150	148	一 1458.5
149	148	148	149	148	148.5	148	146	148	150	一 1483.5
150	145	146	148	148	147	149	138	143	147	一 1461
144	144	145	145	150	148	148	148	149	147	一 1468
149	149	149								一 447

共淨 10735 萬斤

抄 印 對

5.75 元 計 金 617.26 元

如數收清 覆

…… 中 略 ……

…… 前 略 ……

元月 16 日

抄

家用去 　　　熟丁香 　　　20 斤

對

11.5 元抄 　　計 金印 　　2.3 元 對

抄

又 去 　　　中面尤 　　　10 斤

對

38 元抄 　　計 金印 　　3.8 元 對

抄

雜費去 　　送肇三中面尤 　　6 斤

對

38 元抄 　　計 金印 　　2.28 元 對

抄

現客付順意去 　　熟丁香 　　　53 斤

對

11.5 元抄 　　計 金印 如數收清 6.1 元 對

接 續

⑥《台灣配貨》《各郊配貨》

　　賣給台灣的交易記錄在《台灣配貨》帳簿。台灣配貨的記錄內容為客戶的名稱、交易日期、運貨船名、商品名、重量、單價、合計金額等以及諸費用。賣出價格記載於《置配查存》帳簿的賣方(「配

方」、上方）；加上諸費用之後的販賣成本轉記入《台灣總簿》的「付方」（下方）。向外地出貨時，以 CIF 價格來計算。台灣地區以外向中國海岸港口、東南亞各港的販賣記入《各郊配貨》裡。

記入例 《台灣配貨》

丁未年

抄

楊裕發台北第元幫正月 11 日代配福岡丸運去 BB　麥

⑯中草蜆干	110 單淨	399 斤	30.5	⑯計金 121.695 元	對
⑯對 30 明鮑魚	10 單淨	181 斤	106.5	⑯計金 192.765 元	對

共 2 件　計金　314.46 元

加 行 仲	2 分		金 6.289 元
加 官 會	5 釐		金 1.572 元
加 駁 力	每 1.1 元		金 3.3　元
加 水 力	計　24 天		金 2.7　元
加平安水漬	估 400 元、10 元		金 2.4　元
加 匯 水	330 元、5 元		金 1.65　元
共費	17.911 元		

抄　　對

運費共計本金　　332.371 元　對

註：「蜆」是閩、粵人民在海濱養殖的蚌類，殼長方形，肉可食。曬乾者稱之為蜆干。

「行仲」是指販賣手續費，收取販賣額的 2 分。

「官會」是指「官釐」和「會釐」的合稱，官釐是付給官方的稅金約 2 釐；會釐是捐給福建出身商人所建立的福建會館的奉納金，約有 3 釐。「駁力」是陸地上的運送費用，「水力」是海上的運費，「平安水漬」是海上保險金，「匯水」是匯兌時的手續費（參照卷首圖版 21 的 1907 年《各郊配貨》）。

⑦《進碼》《各郊來貨》

有關進貨的記錄,當地的進貨記錄於《進碼》,從國外的進貨記入於《各郊來貨》。《進碼》之前的記錄稱之爲《草進碼》或叫《進貨草碼》,日期用陰曆表示。負責倉庫的管理員將進貨客戶名稱、貨物品名、數量、重量、包裝重量、純重量,檢驗之後記錄下來(參照卷首圖版 20 的 1907 年《各郊來貨》)。

記入例 1 《進貨草碼》

丁未年

丁未年春王月初 4 日大吉利		
抄		
大和來　小隻	生丁香	3　簍
毛　422 斤	皮　42 斤	淨　380 斤
抄		
大津來	熟丁香	9　包
毛　167 斤	皮　9 斤	淨　158 斤
抄		
川原來　柳川	小鰹干	1　包
毛　153 斤	皮　6.5 斤	淨　146.5 斤
端月初 7 日		
抄		
播吉來　肥前	中鰹干	1　包
毛　136 斤	皮　6 斤	淨　130 斤
元月初 10 日		
抄		
荒物來	干　鮑魚	2　簍
233　309	毛　542 斤　皮 23 斤	淨　519 斤
又　來	淡　鮑魚	1　簍
毛　49 斤	皮　10 斤	淨　39 斤
抄		
肥前來	鮑魚	2　簍

　　《進碼》所記錄的是購貨日期（陰曆）、進貨店名、商品名、個數、重量、捆包的重量、實質的量、百斤的單價、合計額、手續費（海產品購買時，進貨的日商所負擔的佣金 3 釐），除去手續費後的金額。

　　《進碼》所記錄的進貨額、銷貨額及存貨金額、販賣利益等，1個月約兩次（例如 1 月 4 日－12 日，1 月 12 日－25 日）配合船運，加以計算、記錄之。

「置項」（進貨額）計算的方式：

中鰹干	川原	146.5 斤	35.89 元	1 月 4 日購入
	播吉	130 斤	36.4 元	1 月 7 日購入
	存棧	139 斤	41.61 元	期首庫存
合計		415.5 斤	113.9 元	

進貨額不包括手續費的價格來計算的。

「配項」（銷貨額）計算的方式：

中鰹干	楊裕發	399 斤	121.695 元	1 月 11 日販賣

此時的金額不包括諸費用的金額。

「存棧」記錄存貨商品名、實際重量與進貨價格。

「長金」表示販賣利益。

記入例 2 《進碼》

丁未年（參照卷首圖版 18《進碼》

春王月初 4 日大吉利				
抄				
大和來　小	生丁香	3 簍		
毛　422 斤	皮　42 斤	淨　㊞380 斤		
抄　㊞	清　對			
9 元	計　34.2 元	仲　0.1 元	覆　金 34.1 元	對
抄				
大津來　小	熟丁香	9 包		
毛　167 斤	皮　9 斤	淨　㊞158 斤		
抄　㊞	清　對			

11.5 元　計　18.17 元　仲　0.05 元覆　金 18.12 元對
抄
川原來　柳川　小鯉干　1 包

毛　153 斤　皮　6.5 斤　淨　㊞ 146.5 斤
抄　㊞　對
24.5 元　計　35.89 元　仲　0.11 元覆　金 35.78 元　對
端月初 7 日市
抄
播吉來　肥前　中鯉干　1 包
毛　136 斤　皮　6 斤　淨　㊞ 130 斤
抄　㊞　對
28 元　計　36.4 元　仲　0.11 元　覆　金 36.29 元　對
承丙午年底各貨存棧開列于左

塩　鰮	114 箱	15895 斤	635.8 元
生丁香		976 斤	87.84 元
熟丁香		3326 斤	366.26 元
中鯉干		139 斤	41.61 元
中面魷		333 斤	126.54 元
大鮑魚		414 斤	393.3 元
小鮑魚		96 斤	81.6 元
小春干		4.5 斤	1.35 元
	計本金	1734.3 元	

元月 4 日起
元月 12 日止　置配開列于左

塩鰮魚	15895 斤	635.8 元	塩　鰮	16381 斤	754.73 元
生丁香	1356 斤	122.04 元	生丁香	1343 斤	132.96 元
熟丁香	3484 斤	384.43 元	熟丁香	3343 斤	401.16 元
中鯉干	415.5 斤	113.9 元	中鯉干	399 斤	121.695 元
中面魷	333 斤	126.54 元	大鮑魚	346.5 斤	369.02 元
大鮑魚	414 斤	393.3 元	存中面魷	333 斤	126.54 元
			棧大鮑魚	67.5 斤	64.125 元
			小鮑魚	96 斤	81.6 元
小鮑魚	96 斤	81.6 元	小春干	4.5 斤	1.35 元
小春干	4.5 斤	1.35 元	配存　計金		2053.18 元

承前存後置來
計本金　1858.96 元　長 194.22 元
茲將元月 12 日　配後各貨　存棧于左
大鮑魚　67.5 斤　64.125 元

小鮑魚	96 斤	81.6 元
中面魷	333 斤	126.54 元
小春干	4.5 斤	1.35 元
	計本金	273.615 元

元月 12 日
抄荒物　來　　　鮑魚　　　　2 簍

⑧《置配查存》

《置配查存》是商品進出與庫存的總帳。依照商品的種類設置帳戶，進貨帳與出貨帳的每一筆交易，用「置配」的用語（「置」是進貨，「配」是出貨）轉記入《置配查存》帳簿，同時算出庫存的數量與金額。商品進來時，以進貨成本的金額記入下方；商品售出時，以販賣金額記入上方。依照春夏秋冬之四季，每季計算販賣利益。一個年度時，再計算年度之販賣利益，轉記入損益表中。

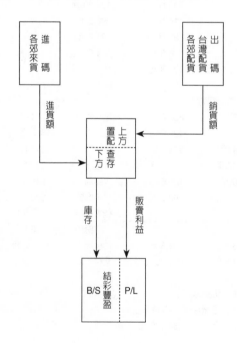

記入例 《置配存查》

丁未年（1907）（參照卷首圖版 13《置配存查》）

鯷干 3月 25日	聯昌義去台	鯷干	淨	157斤 18.2元	金28.574元	3月 25日	港屋來	鯷干	淨	154斤 15元	金23.1元
春季	正月起 3月止	置配籌除外尚長來金 5元4角7分4厘									
4月 11日	振益去台	鯷干	淨	325斤 16.2元	金52.65元	4月 初10	港屋來	鯷干	淨	327斤 14元	金45.78元
4月 初10	福興去台	鯷干	淨	10斤	金1.4元			共置金45.78元			
	以上 配金54.05元										
夏季	4月初1起 6月30日止	置配籌除外尚長來金 8元2角7分									

⑨《銀行總簿》《萬商雲集》《萬寶朝宗》《各費總簿》

《總簿》是指從日記簿的記錄，依照會計科目的分類，再一次謄寫入的帳簿。這些《總簿》謄寫的原則是一致的，「上方」表示「收來」，是資本增加、負債增加、資產減少的科目所記錄的；「下方」表示「付去」，是資本減少、負債減少、資產增加的科目所記錄的。也可以說日記帳的上方的記錄，轉記入總帳的上方；日記帳的下方的記錄，轉記入總帳的下方。

泰益號的《總簿》，依照會計科目的性質，分化為多重帳簿。《銀行總簿》記錄資本主帳戶、銀行帳戶、有價證券帳戶、投資帳戶等。《萬商雲集》記錄現金交易（現客）、現金帳戶（外櫃）、親戚或朋友的借貸款、福建會館的暫付款等。《萬寶朝宗》記錄因買賣交易發生的收益帳戶和費用帳戶。《各費總簿》記錄職員的借貸款、伙食費、家族帳戶的金錢進出等。

下面列舉出泰益號收益最高的丁巳年（1917），各總簿的帳戶名稱。

《銀行總簿》的帳戶　丁巳（1917）

1 號	高木銀行	（存　款）	11 號	萬益映記	（陳媽映）
2 號	十八銀行	（存　款）	12 號	業記	（資產科目）
3 號	正金銀行	（存　款）	13 號	中華內國公債	（債　券）
4 號	商業銀行	（存　款）	14 號	西海漁業	（有價證券）
5 號	高木存項	（借　款）	15 號	儲蓄銀行	
6 號	高木長期	（定期存款）	16 號	高木押款	（抵當借款）
7 號	中村賢治存項	（借　款）	17 號	中國郵船股份	（有價證券）
8 號	神泰益在本		18 號	十八存項	（借　款）
9 號	老記存項	（借　款）	19 號	朝鮮事業債券	（債　券）
10 號	萬泰世望	（資本金）	20 號	正金存項	（借　款）

《萬商雲集》的帳戶　丁巳（1917）

1 號	現　客	（現金買賣）	9 號	會　館	（暫付款）
2 號	零　戶	（少額借款）	10 號	泉漳永	（暫付款）
3 號	外　櫃	（現　金）	11 號	振　榮	（人名帳戶）
4 號	黃聰明	（人名帳戶）	12 號	黃心意	（人名帳戶）
5 號	徐文泉	（人名帳戶）	13 號	陳永頭	（人名帳戶）
6 號	黃為山	（人名帳戶）	14 號	蕁記	（人名帳戶）
7 號	津田（津記）	（人名帳戶）	15 號	瓢記	（人名帳戶）
8 號	上原	（人名帳戶）			

《萬寶朝宗》的帳戶　丁巳（1917）

1 號	行　仲	（仲介手續費）	9 號	保　安	（保險費）
2 號	官　釐	（官方的稅金）	10 號	九　五	（船公司的運費回扣）
3 號	會　釐	（福建會館的捐納金）	11 號	配　置	（販賣利益）
4 號	磅　傭	（看貫料、佣金）	12 號	餘　水	（其他）
5 號	棧　地	（倉庫費）	13 號	貼　息	（利息）
6 號	駁　力	（陸上運費）	14 號	電　因	（電報費）
7 號	水　力	（海上運費）	15 號	申經傭	（經由上海的手續費）
8 號	關　稅	（海關關稅）	16 號	匯　票	（匯兌手續費）

《各費總簿》的帳戶　丁巳（1917）

1 號	福　食	（員工伙食費）	11 號	水　淫	（職員）
2 號	雜　費	（雜費）	12 號	勝記	
3 號	家　用	（家族的支出）	13 號	世美	（同鄉魏世美）
4 號	辛　金	（薪水）	14 號	德和	
5 號	生　財	（設備費）	15 號	金記	

6 號	映 記	（家族成員陳媽映）		16 號	江 海	
7 號	調 記	（職員）		17 號	冰 雪	
8 號	鐘記房相	（房租）		18 號	耀 記	（家族成員陳媽耀）
9 號	金 鐘	（家族成員陳金鐘）		19 號	王鴻鈞	
10 號	逸 記	（職員）		20 號	鐵 記	（同鄉謝毓鐵）

記入例 1 《銀行總簿》

丁未年（1907）

業記	16 號		承丙午年除夕揭存來金		705 元 9 角 6 分 5 厘					
3 月 初 1	收對	3 月 18			金 260 元	2 月 20	付	對 永見	保火險	金 30 元
29	收	棧房 店房	全年租金	700 元		3 月 11	付	對 新地	25 番納地稅 26 番納地稅	金 28.319 元
又	收			金 486 元				……（省略）……		
以上連前結四條共計金　2151.965 元								以上 15 條　共計金　3824.353 元		
12 月 底	止對除收來外結欠去金　1672 元 3 角 8 分 8 厘									
過入新部										

（參照卷首圖版 12 的 1907 年《銀行總簿》目錄和正金銀行項目；卷首圖版 15 的 1907 年《各費總簿》家用項目）

記入例 2 《萬寶朝宗》

丁未年（1907）

中路 地租		丁未						
元月 初 4	收	對太昌來 長壽	金 30 元	3 月 11	付	對新地 29 番 30	官地 稅租	金 32.71 元
3 月 初 2	收	對太昌來	金 72 元					
又	收	對東源來	金 18 元					
2 月 11	收	對鎌田地租 正月分止	金 5 角					
3 月 11	收	對鎌田來 地租 2 月分	金 5 角					
……（省 略）……								
以上 16 條共計金 181.50 元								
12 月 底	止籌除支去外結尚長來金　148 元 7 角 9 分							
入結冊去也								

⑩《山珍總簿》《海味總簿》《台灣總簿》《華商總簿》

這四種帳簿是今日所謂的記錄現金買賣和賒買、賒賣的帳簿。對日商的交易將之依商品分類，分為買賣山珍的客戶的簿記，稱之為《山珍總簿》；買賣海味的客戶的簿記，稱之為《海味總簿》。對華商的交易將之依照販賣地區，分為《台灣總簿》和《華商總簿》。商品購入時，首先將交易的詳細內容記入進貨帳的《進碼》《各郊來貨》；在轉記的階段，則依客戶名稱記入《總簿》的上方，再次記載日期、商品、重量、進貨金額等；之後再依商品名稱，記入《置配查存》的下方，記載日期、商品、重量、進貨金額等，可以說是兩道手續的轉記。

如圖：

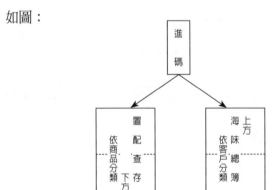

下面以實例說明：

1月4日，從大津商號購入小熟丁香（商品名）9包，重158斤，百斤11.5元，計18.17元，仲金0.05元，付款18.12元。

A：《進碼》的記錄

春王月初4，大津來小熟丁香9包，毛167斤，皮9斤，淨158斤，11.5元

計18.17元，仲0.05元，金18.12元（借方：進貨額18.17元／貸方：購買金額18.12元，收益0.05元）

B：《海味總簿》的記錄　上方：大津商店帳戶
　1 月 4 日，收來小熟丁香，淨 158 斤，11.5 元，18.17 元，997 金 18.12 元
　（貸方：購買金額 18.12 元）
C：《置配查存》的記錄　下方：丁香商品帳戶
　1 月 4 日，大津來小熟丁香，淨 158 斤，11.5 元，金 18.17 元（借方：進貨額 18.17 元）
D：《萬寶朝宗》的記錄　上方：磅仲帳戶
　磅仲　收金 0.05 元（貸方：收益 0.05 元）

　　在 A 日記帳的階段，將進貨額、購買金額與收益的三種交易資訊均記入《進碼》中。到了 B、C、D 的轉記階段，將上述三交易資訊分別開來，依整理的目的轉記入總帳中。

　　有關商品販賣的記錄，首先在銷貨帳性質的《台灣配貨》《各郊配貨》《出碼》裡，詳細地記錄交易內容，之後再轉記入，依照商家店名分類的《總簿》的「下方」，記下日期、商品名、重量、販賣金額；再依照商品名分類的《置配查存》的「上方」記下日期、客戶名稱、商品、重量、販賣金額等，是兩次的轉記。

　　如圖：

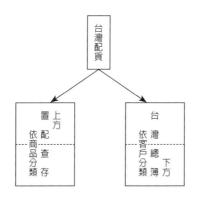

記入例 1 《海味總簿》

丁未年（1907）

川原	1 號							
	6月初4	收來 柳川 小蟶干	146.5 公斤	入金 35.78 元	元月22	付去		金 64.66 元
	14	收來次熟丁香	297 斤	入金 29.61 元	2月12	付去		金 154.66 元
	2月29	收來 肥前 中蟶干	585 斤	入金 154.56 元	3月29	付去		金 37.53 元
	3月初4	收來地瓜干	2145 斤	入金 37.53 元	4月初6	付對元月22日差入餘水		金 0.73 元
		…… （省略） ……				…… （省略） ……		
	12月初10	收來新二魷	1738 斤	入金 438.39 元	11月13	付去		金 438.39 元
		兩 訖						

（參照卷首圖版 14 的 1907 年《海味總簿》目錄和川原客戶項目）

記入例 2 《台灣總簿》

丁未年（1907）

益記	3 號　　　　丁未							
	去貨託							
	陳源順							
	4月初5	收	對源順代兌第元幫	1 單金 1085.795 元	2月初5	付 對配	宜蘭丸第元幫	1 單金 1361.01 元
	6月30日	收	對源順合謀第元幫	1 單金 1822.28 元	3月25	付 對配	台北丸第2幫	1 單金 439.522 元
	又	收	對源順合謀第2幫	1 單金 1907.94 元	4月11	付 對配	恒喜丸第3幫	1 單金 280.528 元
			…… （省略） ……			…… （省略） ……		
	12月底		籌除本金外結蝕虧去金 519 元 6 角 9 分 7 厘					
					12月底	付 對 未兌	源順合謀第3幫	1 單金 2610.22 元
					又	付 對 未兌	源順託兌第4幫	1 單金 661.91 元
					又	付 對 未兌	源順託兌第5幫	1 單金 228.29 元
					12月底	付 對 未兌	源順託兌第9幫	1 單金 831.81 元
			入結冊去也				以上 4 條共金	4332.23 元

（參照卷首圖版 16 的 1907 年《台灣總簿》益記去貨託陳源順項目）

3 利益的計算

泰益號在舊曆的年底結帳，從各總帳的會計資訊，製作稱之為「財神日結冊」的損益表，和稱之為「存欠錄」的資產負債表，載入《結彩豐盈》帳簿。

泰益號的利益計算方式與其買賣方式相關聯，知道其買賣的方式，才能知曉泰益號損益表所表達的意義。泰益號的販賣方式，有①直接買賣 ②委託買賣 ③「合謀」買賣的方式三種。首先介紹直接買賣，直接買賣進行時，其販賣金額的計算方式如下：

①直接買賣方式

例1　交易對象：上海久大商店

1907 年 2 月 23 日，泰益號共運送地瓜乾 1,000 包、裝領安輪 500 包、裝山城丸 500 包給上海的久大商店，收到的貨款是 ¥1,219.40。其向久大商店送出的明細如下：

銷貨金額			¥ 1,003.80
加　諸費用	銷貨手續費（2 分）	¥ 20.07	
	稅金、釐捐金（5 釐）	8.03	
	配送運費	60.00	
	船費	120.00	
	海上保險費	7.50	¥ 215.60
收到貨款			¥ 1,219.40

例2　交易對象：台中固源商店

1907 年 12 月 13 日，從固源商店買入 74 包米，用愛知丸運送來日本。泰益號給固源商店的貨款金額為 ¥586.81。

進貨金額	白米 74 包		¥ 610.20
減　諸費用	進貨手續費（2 分）	¥ 12.20	
	稅金、釐捐金（5 釐）	3.05	
	配送運費	5.92	
	倉儲費用	2.22	¥ 23.39
支付貨款			¥ 586.81

　　由上述兩個例子可知，泰益號在直接買賣時，依據市場價格事先與對方議定的價格之外，諸費用均由對方負擔。這些費用包括泰益號仲介手續費（買賣金額的2%）、稅金、釐捐金（買賣金額的0.5%）、運費、船費、海上保險費、倉儲費等。

②委託買賣方式

　　泰益號為了擴張商圈，委託經常往來的商號代為買或賣商品給第三者，並委託其代為收取貨款的買賣方式。『元泰去貨託金元春』：表示委託「金元春」賣貨給「元泰」。此時買方是元泰，仲介商店是金元春，也委託金元春代收貨款。

例3　1907年3月25日，『元泰去貨託金元春』，泰益號用台北丸，裝綠豆75包運送給元泰。
　　　此時，雙方貨款的計算方式如下：

泰益號的計算		金元春代收貨款的計算	
3月25日		8月3日	
銷貨金額　綠豆75包	¥458.10	銷貨額　綠豆75包	¥506.27
加　諸費用		減　諸費用	
銷貨手續費（2分）	¥　9.16	銷貨手續費	¥　10.10
稅金、釐捐金（5釐）	2.29	包裝、運送費	14.25
包裝、運送費	9.00	配送費	3.00
船費	18.75	合計	¥　27.35
海上保險費	3.60		
匯兌手續費	2.50		
費用合計	¥　45.30		
應收貨款　合計	¥503.40	代收金額	¥478.92

泰益號的計算與金元春代收貨款的計算之間的差額為「損失」¥24.48

　　分析：3月25日泰益號計算：綠豆75包銷貨價格為¥458.10，加上銷貨手續費、釐捐金、包裝、運送費、船費、海上保險費、匯兌手

續費等，共應收 ¥503.40。8 月 3 日金元春寄來貨款和代收貨款的明細。金元春販賣給元泰綠豆 75 包，販賣價格為 ¥506.27，扣除金元春的諸費用：銷貨手續費、包裝、運送費、配送費等，代收金額為 ¥478.92。兩者的差額 ¥24.48，表示與自己計算的應收貨款減少，泰益號記入損益表的收益的減項。在這計算過程中，泰益號與金元春都已算入自己應得的約 2 分的銷貨手續費和諸費用。¥24.48 的損失可看成因市場變動而發生的收益的減項。

③合謀買賣的方式

「合謀」是指委託買賣的方式中，雙方共同議定市場價格，共同承擔市場風險，盈虧平分的方式。

例 4　去貨與陳源順合謀：

買方：益記，合謀的仲介商店：陳源順，並代收貨款。

1907 年 5 月 27 日，泰益號用台北丸，裝大豆 300 包運送給益記。

此時，雙方貨款的計算方式如下：

		進貨價格		¥ 1,757.50	
泰益號的計算			陳源順的計算		
諸費用			諸費用		
銷貨手續費（2 分）	¥　35.15		銷貨手續費	¥　38.84	
稅金、釐捐金（5 釐）	8.787		代付運送費 3 件	45.00	
陸上運送費	30.00			18.00	
船費	60.00			18.00	
海上保險費	14.40		小　計	¥ 119.84	
匯兌手續費	9.50				
小　計	¥ 157.837				
進貨成本			¥ 2,035.177		
銷貨貨款			¥ 1,942.12		
損　失			¥　93.057		
泰益號負擔	¥　46.528		陳源順負擔	¥　46.528	

　　賣給益記的大豆，CIF的價格為 ¥1,915.337（1,757.50 ＋ 157.837），5月27日用台北丸運送赴台。委託陳源順販賣和代收貨款，販賣額為 ¥1,942.12，扣除應付陳源順的銷貨手續費、運送費3件，餘額 ¥1,822.28，6月30日將貨款送達泰益號。進貨的成本是 ¥2,035.177（1,915.337 ＋ 119.84），扣除貨款，此批貨損失 ¥93.057。雙方議定風險平分，因此泰益號負擔 ¥46.528，陳源順也負擔 ¥46.528。此金額年底將列入損益記算書的委託買賣損益修正項目。

（1）泰益號的損益表

　　泰益號的損益表稱之為「財神日結冊」，作者以現代損益表的形式來說明。

（引自卷首圖版 11 的 1907 年《結彩豐盈》損益表）

圖表 4-2　泰益號的損益表：丁未年「財神日結冊」

泰益號損益表

自　1907 年 1 月 1 日　至　1907 年 12 月 31 日　　　　（單位：圓）

收入		支出	
I　**銷貨總利益**		III　**販賣費及一般管理費**	
置配	12,944.577	辛俸（從業員薪資）	2,034.980
兌貨餘價	1,079.618	棧地（倉庫租金）	577.740
II　**銷貨以外的營業收入**		貼息（匯兌手續費、利息）	2,372.277
行仲（仲介手續費）	6,013.980	電音（電話、電報費）	598.051
官厘（稅金）	966.297	餘水（呆帳損失、特殊支出	
會厘（會館的釐捐金）	485.063	調整、其他）	586.327
磅佣（看貫費）	337.200	雜費（雜費）	3,539.800
駁力（路上運費、包裝費）		福食（給食費）	1,439.230
水力（船運費）	2,040.335.		
九五回厘（船費的回扣金）	271.310	合計	11,148.405
保安（保險費）	659.130	V　**委託賣買損益修正**	
IV　**營業外收益**		（2）委託賣買損失（19 件）	
中路地租（租金）	148.790	源吉（來貨與源順合謀）	532.154
		益記（去貨託陳源順兌）	519.697
		振益（去貨託振承兌）	3,034.425
		泰源（去貨託東源隆兌）	579.132
		泰和（去貨託川記兌）	714.192
		瑞記（去貨託泉興兌）	707.954
合計	24,946.300	怡益（去貨託怡發兌）	311.034
V　**委託賣買損益修正**		川records益（來去貨川記合謀）	193.165
（1）委託買賣溢金（3 件）		元泰（去貨託元喜兌）	24.480
泰隆（來貨託金安隆）	243.167	裕泰（來去貨裕興合謀）	312.267
順益（來貨託陳源順）	12.310	泰順（去貨託金建順兌）	853.687
益記（來貨託源　隆）	66.200	榮泰（去貨託榮德兌）	123.643
		泰記（去貨託東昌豫兌）	1,510.126
		益記（去貨託同利兌）	379.650
		益大（去貨託德大兌）	929.600
		益大（來貨託德大辦）	57.670
		泰記（來貨託東昌豫辦）	28.185
		萬記（去貨託萬豐隆）	40.242
		泰記（託喊福興去貨兌）	6.726
合計	321.677	合計	10,858.029
收入合計　25,267.977		支出合計　22,006.434	
當期利益		3,261.543	

註：對照現今的損益表來分析，粗字是作者加入的會計科目用語。

① 銷貨總利益的計算

「置配」會計科目：置配兩字是由《置配查存》帳簿頭兩字而來。「置」代表進貨；「配」代表銷貨，它記錄、計算各個商品買賣之間的差額，分四季核算，年終將之加總成為銷貨總利益。

1907 年各商品的利益計算，以鮑魚為例說明之。

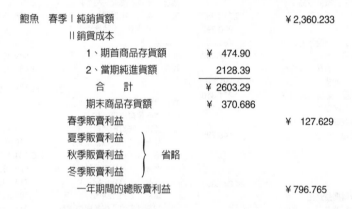

```
鮑魚  春季 I 純銷貨額                              ¥ 2,360.233
           II 銷貨成本
             1、期首商品存貨額          ¥  474.90
             2、當期純進貨額              2128.39
                合    計              ¥ 2603.29
             期末商品存貨額            ¥  370.686
           春季販賣利益                             ¥  127.629
           夏季販賣利益
           秋季販賣利益   } 省略
           冬季販賣利益
             一年期間的總販賣利益                   ¥ 796.765
```

1907 年《置配查存》帳簿依下列各種商品分類：

魷魚	香菇、紫菜	木耳
鮑魚	海參	蝦米
鰹干、蛤干、蟶干	鹽鰮	棉花
茯苓、百合	鰮干、鉤仔魚	蚵干
丁香脯	地瓜干	鹽鯻魚、鹽魟魚
桂皮、茴香	綠豆、黃豆	菜子油、牛乳
白果	鰮萍、礦鰮	洋袋
黃柏、瓜呂根	安南白米	

1907 年《置配查存》帳簿的商品分為 23 類，一年度的販賣利益有 ¥12,944.577。

　　「兌貨餘價」會計科目：安南白米的記錄在《置配查存》僅一部分，有大部分是記錄於另一本《米貨收兌核結總登》帳簿內，配合米進出口的船運，每一次船運就計算一次損益。此時使用「餘價」的會計用語，依其交易對象而記錄之。此時的計算是販賣價格和進貨價格之間的價差，年底時將各交易對象總結，計算一年的販賣利益，記入《各埠來貨盈利》帳簿內。《米貨收兌核結總登》和《各埠來貨盈利》的內容可以說是《置配查存》中，針對米的商品的別冊，也可說米的商品的交易量之需求而做的明細帳。但是兌貨餘價會計科目只存在於1906至1909年間，其將白米的進出口另外核算買賣價差登錄於《各埠來貨盈利》，1906年之前與1909年之後併入《置配查存》中計算。因此在損益表中，餘價的會計用語也只存在於1906到1909年之間。

　　② 銷貨以外的營業收益

　　「行仲」（仲介費用）：泰益號無論直接或代理進出口貨品，都收取買賣額的 2 分（2%）為手續費，會計科目用語為「行仲」。

　　「磅佣」（手續費）：以往日本的海產品買賣，秤重時使用的單位為西洋的「磅」，並且有由買方自己秤重的習慣。此秤量的手續費0.3% 由海產品賣方付給買方，因此可以算是買方的收益。此習慣從江戶時代海產品輸出中國即產生，又稱之為「看貫費」，其百分比隨時代而變動之。

　　「九五回釐」（船運費的回扣）：船公司給的回扣，以運費的 5%計。

　　「申經佣」（手續費）：經由上海交易的手續費，與行仲分別計算。

　　以上四種會計科目，為泰益號交易時固定收取的收益科目。

　　下面介紹的收益科目乃是泰益號交易發生時，與貨款一起收取的諸費用，扣除實際支付剩餘的金額。

「官釐」（稅金）：繳給長崎市政府的稅收。例如市稅、縣稅、租稅、營業稅、營業附加稅、土地稅等，這些稅由交易對方負擔。

「會釐」（福建會館的釐捐金）：長崎福建出身的商人組織了「福建會館」。各商號決議爲了會館能營運，依據商號規模的大小、進出口額度，依一定比率，捐納給會館作爲營運的經常費用。此捐納金額也由交易對方負擔。官釐與會釐一起，泰益號預收買賣額的 0.5%，年底結帳時，收入總額與實際支付之間多少有差額，多的金額計爲其收益。

「駁力」：陸地上的運輸費、包裝費。

「水力」：船的運費。

「保安」：海上保險費。

上述的收益科目在計算損益時，都已經算入販賣成本中，故實際的收入與支出的差額成爲泰益號的收益。

③販賣費用及一般管理費

「辛俸」：職員薪資與獎金的會計科目。

「福食」：中國的商號一般均供給職員在店內用餐。此爲其所花費的飲食費用。

「棧地」：倉庫的租金。泰益號將倉庫費用算入交易諸費用中。但年底結帳時往往實際支付金額比收到的還多，故記入販賣費用科目。

「電音」：電話、電報費。

「貼息」：包括匯兌手續費、短期借款利息。

「餘水」：包括不可能回收的呆帳損失，特殊交際費（購屋的謝禮、員工的婚禮紅包）等的特殊支出、銷貨調整等。

「雜費」：不計入以上費用科目的販賣費用及一般管理費的雜項。

④ 營業外收益

「中路的地租」：泰益號在新地 29 號、新地 30 號房屋出租的收益。

⑤ 委託賣買的損益修正

上述介紹的泰益號的銷售方法有直接販賣（例 1、例 2）、委託販賣（例 3）和合謀販賣（例 4）。委託販賣與合謀販賣的買賣利益計算除了上述收益科目、費用科目的計算之外，還要計算每一次委託、販賣之後的損益。泰益號將這些委託販賣與合謀販賣的損益金額，各筆一一記入《台灣總簿》《華商總簿》中，年底時再總計盈虧，列入損益表中。1907 年有 3 件委託買賣修正「盈金」，有 19 件委託買賣修正「虧去金」。這些修正是爲了更精確計算當期利潤，也更明確反映收益、費用科目。如此計算方式是經營東亞貿易，中國商人的一大特色。

最後，1907 年度的當期利潤是 ¥3.261.543。

委託買賣和合謀買賣的賒帳或貨款的收付，依照客戶設立「人名、店名」帳戶記錄於《華商總簿》和《台灣總簿》。例如「來貨託金安隆」是指委託金安隆買進商品。「去貨託源順兌」是指委託陳源順商店收取販賣商品的貨款。「來貨與源順合謀」是指委託陳源順購買商品，而市場的風險由雙方平均負擔。如前述每一次的委託買賣均會依照地區記入《華商總簿》和《台灣總簿》。因此年底就可在損益表列出委託買賣的修正（溢金或損失）。這個修正是爲了更精準計算營業利潤。另一方面的考量，推測是委託買賣與直接買賣都已經計算了①銷貨總利益②銷貨以外的營業收益，之後再做委託買賣損益的調整，在會計處理上比較方便。

從帳簿組織來觀察損益表的製作流程：如圖表 4-3。

圖表 4-3　損益表（財神日結冊）的製作流程

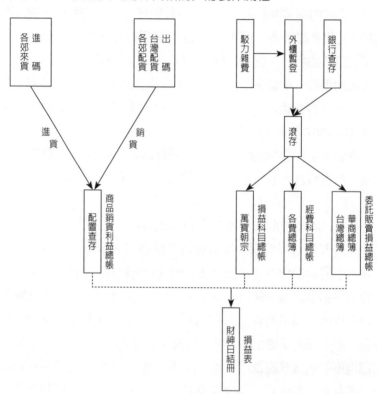

　　①銷貨總利益的計算在《置配查存》，②銷貨以外的營業收益記錄在《萬寶朝宗》，③販賣費用及一般管理費記錄在《各費總簿》，④營業外收益「中路的地租」記錄在《萬寶朝宗》，⑤委託賣買損益

修正在《華商總簿》《台灣總簿》記錄、計算之。年底集計各損益科目，製作「財神日結冊」（上方為收益，下方為費用）。

（2）泰益號的資產負債表

年底從各分類總帳將損益科目除外的資產、負債、資本相關的會計科目，餘額上方（收方）比下方（付方）多時，將餘額寫入《存欠錄》的上方，以「存來金」的簿記用語記入；餘額上方（收方）比下方（付方）少時，將餘額寫入《存欠錄》的下方，以「欠金」的簿記用語記入。並且將損益表得到的當期利潤加入上方，以「存來金」記入，可以得到上方、下方金額一致，此時的簿記用語稱之為「上下合璧」。從此特性來看《存欠錄》有收付對照表的性質，從內容來看，有資產負債表的內容。

當我們查考清末中國本土所使用的簿記法時發現，各地區尚未有統一的資產、負債、資本、收益、費用等會計科目的分類以及簿記用語。都是使用各自地區的方言來表達簿記記錄的性質。去日本經商的中國商人的簿記，例如泰益號，也沒有使用資產、負債、資本的會計用語。雖然是會計用語的分類未統一的時代，商人們仍然有「資產」「負債」「資本」的概念來分類會計科目，此從泰益號的簿記可證明之。

下面考察泰益號商號的《存欠錄》。（1）形式上來看，上下合璧收方與付方的金額是一致的。（2）從各總帳轉過來時，上方的餘額記錄於上方，下方的餘額記錄於下方。（3）原始記錄並沒有會計科目的分類。作者理解其會計意義，並將之以現代借貸簿記法的分類方式，呈現如下：

圖表 4-4　泰益號的資產負債表：丁未年「存欠錄」

丁未年「存欠錄」　　　　　　　　資產負債表（1907）　　　　　　　　（單位：圓）

上方（存來金）			下方（欠去金）		
（短期借款）			（銀行存款）		
正金銀行	存來金	10,000	正金銀行	欠金	3,401.93
商業銀行	存來金	6,000	商業銀行	欠金	1,061.30
十八銀行	存來金	5,000	十八銀行	欠金	3,226.71
太田存項	存來金	3,000	三井銀行	欠金	26.86
（抵押借款）			（資本科目－提出）		
商業押款	存來金	2,963	業記	欠金	1,672.388
（人名科目）			（投資金）		
椿記	存來金	2,500	川記棧在本	欠金	1,500
發記	存來金	512.777	金泰隆在本	欠金	2,686.256
萬益映記	存來金	6,750	（應收帳款－台灣客戶等 28 項目）		
（資本科目）			東源隆	欠金	331.841
萬泰世望	存來金	4,289.221	瑞發（丙午）	欠金	5.444
（當期利潤）			楊裕發	欠金	0.415
萬泰 丁未盈利	來金	3,261.543	合美（丙午）	欠金	0.500
（短期借款）			洽茂（丙午）	欠金	19.59
登記 丙午在神去			榮春（丙午）	欠金	33.19
合川記股本	存金	500	何榮德	欠金	122.986
登記 神泰益過來	存來金	10,000	金建順	欠金	160.512
（應付帳款）11 項目			瑞春	欠金	6.99
喊庄福興 往來	存來金	146.87	和源（丙午）	欠金	17.07
東昌豫 往來	存金	2,268.29	永茂	欠金	14.642
陳源順 往來	存來金	3,628.181	成利	欠金	14.637
川記棧 往來	存來金	30.234	瑞昌	欠金	14.52
金安隆 往來	存來金	7,451.142	捷記	欠金	599.759
泉興 往來	存來金	460.304	金長泰	欠金	3.659
振承 往來	存來金	679.186	和春	欠金	27.672
聯昌 往來	存來金	364.327	福美	欠金	1.87
裕興 往來	存來金	3,770.347	德瑞	欠金	2.01
裕泰 往來	存來金	131.400	震順記	欠金	3.82
向井 往來	存來金	27.920	金和興	欠金	13.044
（從業員科目）			泰源	欠金	9.62
尚記辛金	存來金	2.255	鄭順成	欠金	8.994
			建利	欠金	0.55
以上 25 項目	合計	73,825.575	新乾元	欠金	2.25
			陳元亨	欠金	15.898
			永隆美	欠金	2.71
			永瑞泰	欠金	1.0
			金義興	欠金	9.47
			（委託販賣貨品）		
			聯泰去貨託聯昌兌		
			第元幫　一單	欠金	394.82

	瑞泰　去貨託泉興兌		
	第 20、21 幫　二單		6,253.67
	泰源　去貨託東源隆		
	第 13、14 幫　半、半單	欠金	233.50
	振益　去貨託振承兌		
	第 8、9 幫　二單	欠金	823.99
	益記　去貨託源順兌		
	第 3-6 幫　四單	欠金	4,332.23
	泰記　去貨託東昌豫兌		
	第 14 幫　一單	欠金	1,677.50
	泰記　去貨託喊福興兌		
	第 4、5 幫　二單	欠金	162.604
（給神戶支店的貸款）			
	神泰益往來	欠金	10,140.003
（對神戶支店的投資金）			
	神泰益在本	欠金	2,000.00
（應收帳款—華商客戶等　9 項目）			
	神戶　義益　乙巳	欠金	12.332
	上海　德大　往來	欠金	29.27
	廈門　悦來	欠金	100.00
	福興　往來	欠金	5,000.00
（應收帳款—日商客戶等）			
	日人小川	欠金	29.84
	福島	欠金	221.55
	吉野　借去	欠金	200.00
	小倉	欠金	19.01
	石田	欠金	93.74
	松原	欠金	83.18
	友鹿　丙午	欠金	728.29
	石田	欠金	93.74
	第一樓	欠金	12.35
	其昌	欠金	53.787
	源利	欠金	18.08
	鎌田	欠金	111.00
（福建會館的暫付款）			
	會館　代敬神	欠金	6.50
	片岡　夫工	欠金	69.63
（應收租金）			
	房租　各戶	欠金	70.00
（家族科目）			
	映記	欠金	3,579.713
	鐘記	欠金	4,102.300
（設備）			
	生財	欠金	645.478
（資本科目—提出）			
	家用	欠金	2,848.912

（職員的短期貸款）			
耀記		欠金	40.200
慈記		欠金	220.844
各夥友		欠金	851.016
裕泰　去貨　福興合謀			
第 6-9 幫　四單		欠金	4.215.794
存棧　福興合謀　來米 225 包　已結 20 包			
未兌		欠金	1,961.97
存棧　金安隆　第 12 幫　來米 176 包			
未兌		欠金	1,601.91
存棧　金元喜　已結　米 50 包			
未兌		欠金	340.38
存棧　川記合謀　來米 58 包			
未兌		欠金	403.45
（庫存各商品　6 項目）			
存棧　鮑魚　714 斤　94 元		欠金	671.160
存棧　中面魷　80 斤　32 元		欠金	25.60
存棧　大面魷　2,037 斤　47 元			
中、大面魷　1.097 斤　44 元		欠金	1,440.07
存棧　新二魷　2,220 斤			
舊二魷　337 斤　27 元		欠金	666.50
存棧　生鹽　100 包		欠金	55.00
存棧　草包			
木箱、索		欠金	82.914
水力		欠金	45.00
（國債投資）			
國債		欠金	138.00
（現金科目）			
內櫃		存金	883.628
外櫃		存金	495.830
（應收帳款）			
浮帳　4 筆		共欠金	615.082
以上 85 項目		合計	73,825.575
上　下　合　璧			

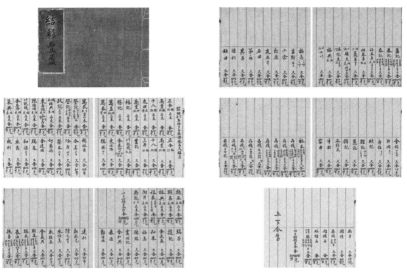

（引自卷首圖版 10 的 1907 年《結彩豐盈》內的資產負債表）

①「存方」＝「上方」的記錄

　　使用收付概念，當收入貨幣（金錢）時，在原始日記簿、轉記簿上，用「收」的簿記用語，記錄於「上方」。在轉記簿的結帳，餘額在上方時，用「結存金」的簿記用語來記錄。這簿記概念與原理是從商號的立場來看，例如資本金是由出資者出資，商號得到貨幣，是貨幣流向商號的科目，記入帳簿的收方，亦即上方。因此資本金的金額必定為結存金，記錄在簿記的上方。負債科目的情形，如向銀行的短期借款、抵押借款，向友人、親戚的借款，或是職員的暫時性存放款等，均可視為貨幣流向商號，因此記在帳簿的上方。因賒買商品而發生的債務，是商品流向商號，尚未向賣方支付金錢的階段，將來要償還金錢。當商號收到物品時，用「收」的簿記用語，記錄於上方。這些屬於資本科目的資本金，當期利潤，和銀行短期借款、抵押借款，

向友人的借款，應付帳款等負債科目的期末金額，均以「結存金」的用語，記錄在《存欠錄》的存方，亦即上方。

　　②「欠方」＝「下方」的記錄
　　使用收付概念，當支付貨幣（金錢）時，在原始日記簿、轉記簿上，用「付」的簿記用語，記錄於「下方」。在轉記簿的結帳，餘額在下方時，用「結欠金」的簿記用語來記錄。這簿記概念與原理是從商號的立場來看，資產科目是，商號支付貨幣得到資產，是貨幣流出商號的科目，應記入帳簿的付方，亦即下方。例如金錢存入銀行，是金錢流向銀行，從商號流出。購買商品時是商號貨幣的流出。因此商品的庫存會記錄在下方。賒賣時將來可回收貨款，但在現階段是商品的流出，記錄在下方。資產的金額必定為結欠金，在簿記的下方。欠方＝下方的內容有屬於資產科目的銀行存款、對外投資、國債投資、各客戶的應收帳款、商品庫存等。
　　泰益號為陳世望業主獨資的商號，家計費用與營業收支是分開記錄、計算的。家計支出是屬於資本提取，記錄於下方。因此親族、家計的支出是資本科目的減項，記入欠方。「浮帳」是應收帳款回收不可能時的呆帳科目。「生財」（設備）是購買生財設備如桌子、椅子等營業用的設備時的科目。「業記」是提取資金購買不動產時，以業記入帳；業記也是處理不動產營運時，租金的收入、房屋的保險費、修繕費、土地稅等的會計科目。從以上的決算科目來看，家計與企業的記帳是分離的。泰益號的會計員也兼管福建會館的帳簿，有時代替福建會館支付某些款項，亦並記入為泰益號的應收帳款。
　　使用收付概念，對手中的現金是如何處理呢？資本、負債、本期利潤均是現金流入的科目，在現金尚未支付出去時，為庫存的現金，泰益號的簿記用語是「外櫃」科目。現金放在負責外櫃的人員手中，

圖表 4-5　資產負債表（存欠錄）的製作流程

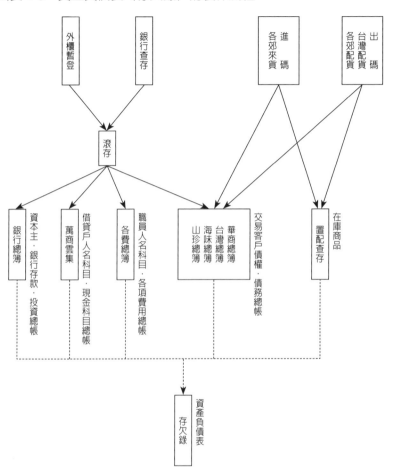

就如同現金放在銀行裡的銀行存款。1907 到 1909 年之間，泰益號的現金科目分爲「內櫃」和「外櫃」來處理，其他的年份有以「存櫃」或「外櫃」稱之。外櫃是放在金庫的現金，內櫃是《滾存》帳簿的現金餘額。

　　不過在結帳時，並沒有做（1）先收款項的扣除，（2）先付款項的扣除，（3）未收收益的追加，（4）未付費用的追加等的調整。還有商號不動產的折舊攤提也沒有實行。陳世望氏的個人企業，將家計費用、家鄉的送金等以資本金科目的提出（減項）來處理，因此可以看成企業與家計是分離的。

第 5 章
「生泰號」帳簿的實例研究

1. 生泰號的帳簿史料

　　生泰號的創立者陳尚智，是福建省福州府長樂縣鶴上村出身的商人。從明治初年到 1946 年，在長崎經營對華貿易約有 70 年之久。但是此商號存留下來的帳簿史料只有營業終了的 1936 到 1943 年間（參照圖表 5-1，卷末附錄 1）。

　　昭和 53 年（1978）大阪大學的「外國居留、移民與文化摩擦」研究班去訪問當時的長崎中華總會會長陳日峰時，得到陳氏的許可見到他祖先經營的生泰號的上述帳簿共 95 冊。❶生泰號的帳簿，因為經營者是福州人，故帳簿用語有福州方言在其中。帳簿存留史料僅 95 冊，從帳簿組織來看，缺少結帳的帳簿，是很遺憾的。但是在 1970 年代，以中國固有的收付記帳法記錄下來的原始帳簿是非常罕見的，

---

❶ 1978 年 11 月 20 日「外國居留、移民と文化摩擦」研究班（山田信夫、斯波義信等）訪問陳日峰氏時，提供了 95 本有關生泰號經營的帳簿。大阪大學將此複製，存於東洋史研究室，帳簿的原件，後經陳日峰氏的同意，寄贈給東京大學東洋文化研究所館藏。

對研究商業史著名的日本學者斯波義信而言，是第一次接觸到，因此非常重視它。今日華人商家經營的簿冊已陸續被發掘出來，但生泰號帳簿仍然是代表福州商人經營簿籍的貴重史料。以下就帳簿的樣式、帳簿的用語加以分析、說明。❷

（1）記帳的樣式與方法

生泰號帳簿是向上海文具店「丁德隆昌記」買來用的，線裝紙本，一頁有 10 行，中央有一橫線將其分為上與下。帳簿的大小有兩種，縱 24 cm、橫 18.5 cm 與縱 15 cm、橫 22 cm；原始日記帳使用縱 15 cm、橫 22 cm，轉記帳簿的總簿使用縱 24 cm、橫 18.5 cm。文字使用毛筆沾墨汁書寫，數字使用漢數字（壹貳參肆伍陸柒捌玖拾）、略漢數字（一二三四五六七八九十）和蘇州碼字（〡〢〣〤〥〦〧〨〩十），金錢的單位是日本的「圓」，用中文的「元」表示。蘇州碼字是十進位，在第一個碼字下方記錄的十、百、千等是表示其單位，如此即可知道其數值。日期是陰曆（中華民國）與陽曆（昭和）並用。

生泰號記帳法乃因襲中國固有的商業簿記的記帳方法。一般而言，中國固有的商業簿記乃於中國宋代商業發達時形成，明清時期再發揚光大。❸與西洋式借貸簿記法不同，是屬於收付簿記法。中國固有的收付簿記法，收入以「收」表記，支出以「付」表記，此為以貨幣（現金）的出入為記帳的原理。收取貨幣時，記入日記簿的「收」

---

❷ 許紫芬，〈帳簿を通じて見た長崎華僑貿易商生泰号の活動〉《社会経済史学》第 49 卷第 5 號，1983 年 12 月，頁 46-53。山岡由佳，《長崎華商経営の史的研究──近代中國商人の経営と帳簿──》（京都：ミネルヴァ書房，1995 年），頁 135-146。

❸ 有本邦造，〈支那固有の会計制度の沿革考〉《会計》32-1，1933 年。

欄，再轉記入總帳的「收」欄，再編入決算表的「收」欄。同樣地支出貨幣時，記入日記簿的「付」欄，再轉記入總帳的「付」欄，再編入決算表的「付」欄。此簿記原則通用於中國式的收付簿記法中。只是簿記是用語言和數字來記錄的，在中國全境內，數字幾乎是統一的，但各地存在著不同的方言，在簿記用語上則呈現出方言的特色。

圖表 5-1　生泰號帳簿史料

年代　　　帳簿	西曆	1936	1937	1938	1939	1940	1941	1942	1943
	昭和	11	12	13	14	15	16	17	18
	民國	25	26	27	28	29	30	31	32
川　流			△	○	○	○	○	△	
現　市						○			
日　清				○	○	△		○	○
各項雜耗彙抄									○
銀行各項往來總帳		○	○	○	○	○	○	○	○
崎商暫登						○	○		
外島暫登						○	○		△
長崎華商總帳							○		
長崎日商總帳								○	○
各埠庄友總帳				○					
東京至岡山總帳			○			○	○	○	○
鳥栖至門司總帳						○	○	○	○
山口至廣島總帳				○		○	○	○	○
久留米至鹿兒島總帳			○			○	○	○	○
長崎至佐賀總帳						○	○	○	○
盤價簿					○				
夜　查			○						
萬商雲集		○							

註：○：表示帳簿完整；△：表示帳簿不完整。空白表示沒有資料。

（2）簿記的用語和記號

「入」「來」：「收」的意思，表示收取貨幣或商品。

「抄」：轉記的意思。

「清訖」：表示債權、債務的清還。

「收回」：誤記抹消之意的記號。

「對銷」：誤謬記錄發生時，在相反的一方，記錄同一筆交易來抹消原記錄。

「對」：表示核對時，記錄無誤之記號。

「計收金」：收方的合計金額。

「計付金」：付方的合計金額。

「承舊帳結欠金」：前年度收支相抵，餘額在付方，年初從付方轉來的餘額。

「承舊帳結存金」：前年度收支相抵，餘額在收方，年初從收方轉來的餘額。

「對除外結欠金」：總簿年度結算，收方與付方相抵，餘額在付方時的結帳用語。

「對除外結在金」：總簿年度結算，收方與付方相抵，餘額在收方時的結帳用語。

「以上合清」：表示帳簿的收方與付方的金額一致。

「一單」：表示各種商品一個單位。

「退來」：表示商品的回收。

「退去」：表示商品的退貨。

⑮合引：生泰號的騎縫章，核對時用。

過帳結餘：過帳產生的結餘，依其必要性，在帳簿末尾記錄之外，也要記錄於過帳後的新帳，為首頁的初始記錄。而各帳簿各頁之間不用過帳。

月的表記：1月／正月、元月，2月／花月、杏月，3月／桃月，4月／清和月，5月／蒲月、榴月，6月／荔月、荷月，7月／瓜月、巧月，8月／桂月，9月／菊月，10月／陽月，11月／葭月，12月／臘月。

2. 生泰號帳簿的構成分析

（1）帳簿組織

　　中國各商家經營商號時使用的帳簿，其組織會隨著地域、經營的種類、規模的大小而有不同的變化，看起來好似沒有基本的架構與形式。不過，日本學者戶田義郎於二次大戰前後考察中國商家的簿記時，在其發表的論述中，認爲還是可以看到帳簿組織的基本架構。❹各商家的簿記組織都是基本型的簡單化或複雜化。帳簿組織的基本的架構是建立於商品的購買和商品的販賣，以及因此而產生的金錢收支的記錄。傳統中式簿記有日記簿和轉記簿，分二階段的記錄。下面以圖表示：

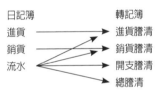

　　以上使用的名稱是慣用語，並非中國統一固定的帳簿術語。因而可以看到中國境內各式各樣相異的帳簿組織用語、帳簿組織的分化，也是事實，在清末民初時期是沒有統一的會計科目用語及簿記符號的。❺

❹ 戶田義郎，〈中國簿記に於ける帳簿組織〉《國民經濟雜誌》85-3，1952 年，12-21 頁。

❺ 有本邦造，〈廣東固有の商業簿記及其批判 1、2〉《会計》32-2，1933 年。

圖表 5-2 生泰號帳簿組織圖

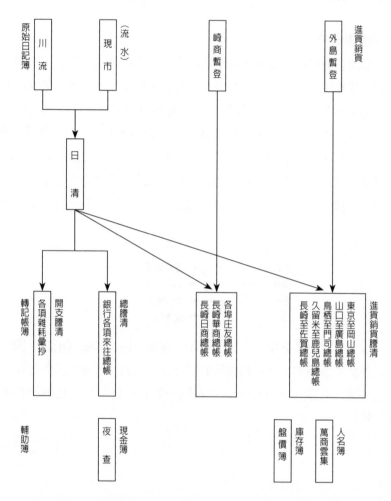

　　將生泰號的帳簿與戶田義郎提示的基本型做比較，先說明其有變容的部分。首先進貨與銷貨的部分，生泰號的帳簿組織將其合併記錄在一本帳簿內。首先記錄在取名為《崎商暫登》（長崎關係）與《外島暫登》（長崎以外關係）的帳簿，再轉記入《總帳》。

　　《崎商暫登》的記錄分別轉記錄於《長崎日商總帳》與《長崎華商總帳》；而《外島暫登》的記錄，則依地區轉記入《東京至岡山總帳》《山口至廣島總帳》《鳥栖至門司總帳》《久留米至鹿兒島總帳》《長崎至佐賀總帳》這五個總帳內。中國各港口的客戶的交易，則轉記入《各埠庄友總帳》內。另外作為補助簿的有《萬商雲集》，記載交易對象的名稱、住址以及銀行付款帳號。年底盤查貨品的庫存，記入《盤價簿》。

　　其次有關金錢往來「流水」的部分，生泰號的帳簿組織，首先記入稱之為《川流》和《現市》的帳簿。《川流》是批發買賣貨款的金錢出入，《現市》是門市零售交易的現金收支。其再轉記入《總帳》之前，要先合併記入《日清》的日記簿，再轉記入相當於基本型的《開支謄清》，生泰號稱之為《各項雜耗彙抄》，和相當於基本型的《總謄清》，生泰號稱之為《銀行各項來往總帳》。現金當晚盤查之後記入《夜查》，可知每天的現金狀況。

　　那麼生泰號的帳簿組織的變容分化，有什麼特徵呢？

　　首先整理交易對象債權、債務的總簿，得依地區分化為五個總簿，表示其在日本銷售地區的廣泛性。還有流水的記帳，依其批發與門市的銷售性質而分化，再合併重新記入《日清》的日記帳。生泰號帳簿的日記帳，包括《崎商暫登》《外島暫登》《日清》的記錄都非常嚴謹詳實，完全可以掌握每天商品、金錢出入的業務狀況。表示其重視交易過程的記錄。還有總帳的轉帳記錄也很詳細，因此年底可以一目了然與各交易對象的債權、債務。生泰號應該有做年底的財務報表，只是沒有保留下來。雖然沒有留下年度會計的財務報表，但運用帳簿史料，仍然可以分析生泰號的經營內容。

（2）各帳簿實例分析（蘇州碼字以阿拉伯數字表示）

①《川流》《現市》

《川流》《現市》相當於現金出納帳，將收入的事由與金額記入上方，支出的事由與金額記入下方。日期是陽曆（昭和）和陰曆（中華民國）併記。算出每天收支的金額，以「共入」與「共出」的用語記入帳簿。小額的現金收入（現市的科目）與零售有關的雜費（福什科目）記入《現市》帳簿。批發的收入與一般的收支記入《川流》帳簿。《川流》的記錄與《現市》的記錄再合流，再轉記入《日清》帳簿中。（參照卷首圖版 29 生泰號的《川流》）

記入例 1　川流（現金出納帳）　1942 年

○		○	
		共付○○	
	中華民國卅壹年 昭和拾七年參月	貳月初七日 廿參日	
抄　對（還借款） 　收① 鄭廷堅	100 元	抄　對 　付② 送順風	1 元
抄　對 　收 宮崎貞吉③	35 元	抄　對 　付 玻　璃	0.45 元
		抄　對　　小切手 　付 十八銀行④	815.4 元
共　入　135 元		抄　對　　小切手 　付 十八銀行	⑤ 408.71 元
		抄　對 　　付 天珍支	參拾元
		抄　對 　　付 天珍支	壹拾元
		抄⑥對⑦ 　　付 女工	9.55 元
		抄　對 　　付 天杖支	拾元
		共　付　1285.11 元	

註：①「收」：表示入金　②「付」：表示出金　③人名：客戶名稱　④銀行名
　　⑤ $\frac{× 0 = = |}{百元}$ = 408.71 元　⑥「抄」：表示轉記　⑦「對」：表示記錄檢驗無誤

② 《日清》

《現市》的記錄，再次轉記入《日清》，收入以「入金」記在上方；支出以「付金」記在下方。算出每日的收支金額，以「四柱結冊」的方式，以「原」「入」「出」「存」的用語記入。生泰號在此帳簿的時間，是由家族共同經營的商號。第一代「陳尚智」開商號，第二代時由其子「陳天珍」「陳天杖」「陳天鹿」和陳天珍的妻舅「江章康」共同經營，參與經營者的家庭支付，在《日清》上記錄之後，總膡清帳上，另列帳戶整理。（參照卷首圖版 30 生泰號的《日清》）

記入例 2 　日清（日記帳）　1942 年

原　　入		出　　存	
	中華民國卅壹年	貳月初七日	
	昭和拾七年參月	廿參日	
現市入	14.97 元	付 福 什	3.26 元
川流入	135 元	付 應 酬	1 元
		付 商 耗	9.55 元
	共 入　149.97 元	付 添 置	0.45 元
		付 十八銀行	1224.11 元
		付 天珍支	40 元
		付 天杖支	拾元
		共 付　1288.37 元	
原① 4291.67 元　入② 149.97 元		出③ 1288.37 元　存④ 3153.27 元	

註：「四柱式」結算法 ①「原」：前日餘額　②「入」：本日收入總額　③「出」：本日支出總額　④「存」：本日現金餘額

③《外島暫登》《崎商暫登》

記入例 3　外島暫登（進貨·銷貨帳）　1941 年

○	○
中華民國參拾年 昭和十六年五月 91⑦　　（京都支店） 　古梅園② 抄 　⑥　　　　⑤ （卍 圖1 囘）（卍 合引） 	四月二十七日 廿二日 付①復記寫奏　壹百本　　　36元 付送料　　　　　　　　　　2角 　　　　計　36.2元
229 　文泉堂 抄 （卍 圖1 囘）（卍 合引） 	付第一寫奏　50本　　　　17.5元 付送料　　　　　　　　　1.5角 　　　　計　17.65元
746 抄小嶋喜代治④	來③二番尤魚　45斤　　　　36元 來一番尤魚　50斤　　　　85元 　　　來　計　121元

註：①「付」：商品，表示賣出商品。②古梅園的京都之店是生泰號販賣筆墨紙硯的客戶。
　　③「來」：商品，表示進貨。④小嶋喜代治是進貨的客戶。⑤生泰號的割印。
　　⑥發送小包一件，同時檢查無誤之後，在發送通知與帳簿之間，按下生泰號的割印，因此帳簿上留下生泰號的割
　　　印的一半。⑦人名簿的客戶編號。

　　生泰號的銷貨與進貨是記錄在同一本帳簿裡。它主要的業務是從中國進口雜貨，再販賣給日本全國各地的商號，景氣好時，兼做海產品的出口到中國。因此在日記簿的階段，從長崎進貨、銷貨的商號記錄於《崎商暫登》；長崎以外地區的進貨、銷貨的商號記錄於《外島暫登》。（參照卷首圖版 31 生泰號的《外島暫登》）

　　出貨的記錄內容：出貨員檢查發貨通知單上買主的名稱、貨品名稱、數量、重量、金額有否差錯，無誤時將貨物發送，同時記錄上述交易資訊於銷貨帳簿內，按押生泰號的騎縫章，表示發送貨物完了。在進貨、銷貨簿裡，「付」表示販賣，「來」表示進貨。

④《長崎至佐賀總帳》

相當於進貨、銷貨謄清的總帳。此帳簿整理長崎到佐賀之間交易對象的債權與債務。從《外島暫登》簿轉記入出貨的日期、販賣金額；從《日清》簿轉記入銷貨入帳的日期和金額。天地餘白的地方也使用記錄「入金」，上下兩欄則記錄銷售或進貨的商品與價格。

年底結帳時，「承舊帳結欠金」表示前年度從「付方」來的餘額；「對除外結在金」表示「收方」與「付方」相減之後，餘額在「收方」，亦即收入比付出多出的金額，也是表示生泰號的債務。相反的，「對除外結欠金」表示「收方」與「付方」相減之後，餘額在「付方」，亦即收入比付出少，也是表示生泰號的債權（參照卷首圖版 28 生泰號的《長崎至佐賀總帳》）。

記入例 4　長崎至佐賀總帳（出貨總帳）　1942 年

○	○	丁德隆昌記
九　八　三	承舊帳結欠金①	對 1.21 元
宮　崎　貞　吉	對	
對	3 月 23 日付 壹單 30.16 元	對
3 月 23 日入金　　35 元		10 月 30 日付　　41.3 元
對	計　付　金	72.67 元
10 月 31 日入金　　30 元	72.67 元	
對	對除外結在金②	2.33 元
11 月 9 日入金　　10 元	抄　新　帳	
計　收　金　　75 元		

註：①「承舊帳結欠金」：表示前年度「付方」的餘額轉入記新帳。②「對除外結在金」：表示年間「收方」與「付方」之金額相減之後，餘額在「收方」時。

⑤《銀行各項來往總帳》《各項雜耗彙抄》

《銀行各項來往總帳》相當於總謄清的帳簿，《各項雜耗彙抄》相當於開支謄清的帳簿。《日清》帳簿的會計記錄依照科目分類，經費的科目轉記入《各項雜耗彙抄》，其餘的一般科目轉記入《銀行各

項來往總帳》。

下面的例子是安田銀行的往來記錄。從安田銀行提出的款項，對生泰號而言，表示金錢的收入，以「入金」的用語記在上方；而存入安田銀行的款項，對生泰號而言，表示金錢的付出，以「付金」的用語記在下方。年初從去年轉入安田銀行的存款，以「承舊帳結欠金」表示。年底以「對除外結欠金」結帳時，表示生泰號在安田銀行的存款（參照卷首圖版 27 生泰號的《銀行各項來往總帳》）。

記入例 5　銀行各項來往總帳（總科目總帳）　1943 年

○	○				丁德隆昌記	
70			承舊帳結欠金		5169.65 元	
安　田	2 月 17 日	入金	721.56 元	2 月 8 日	付金	二百元
	3 月 6 日	入金	六百元	2 月 15 日	付金	1756.55 元
	3 月 31 日	入金	五百元	2 月 25 日	付金	1953.05 元
	4 月 30 日	入金	兩千元	3 月 1 日	付金	62.65 元
	5 月 3 日	入金	438.76 元	3 月 8 日	付金	1011.8 元
	又	入金	351 元	3 月 15 日	付金	653.85 元
	5 月 9 日	入金	2197 元	3 月 17 日	付金	1099.2 元
	5 月 14 日	入金	162.81 元	4 月 15 日	付金	310 元
	┊（省略）					
	對除外結欠金　2755.5 元					
	抄新帳					

註：「對除外結欠金」：年底結帳時「收方」與「付方」相減之後餘額在「付方」時，亦表示安田銀行的存款金。

第 6 章
中國式收付簿記法的本質

1. 資產與資本的二重分類簿記

　　日本的會計史家高寺貞男指出，在二重分類簿記體系裡，會計對象的企業資本的運動可分解爲運用形態的資產和泉源形態的資本的兩重運動（dual movements）。●因此，資產與資本間可看成是同一物體的兩個側面，它保持著均衡的關係。這種恆常性的均衡關係，以 A 表示資產，以 C 表示資本，則產生如下的企業資本恆等式（又稱爲會計等式 Accounting equation）：

　　A = C ⋯⋯⋯⋯⋯⋯⋯⋯⋯⋯⋯⋯⋯⋯⋯⋯⋯⋯⋯⋯⋯⋯⋯ ①

　　企業經過一段期間經營之後，資本就可以再區分爲期間的原始資本與純益。如果以 S 表示期間的原始資本，以 P 表示純益，則①式可以轉換爲：

● 高寺貞男，〈二重分類簿記体系と簿記形態〉《会計政策と簿記の展開》（京都：ミネルヴァ書房，1971 年），頁 294。

$$A = S + P \quad \text{...} \quad ②$$

而期間純益又是期間收益減去期間費用得來的，以 R 表示期間收益，以 E 表示費用（損失）時，上述關係可以變成：

$$P = R - E \quad \text{...} \quad ③$$

帶入②式，則變成：

$$A = S + (R - E) \quad \text{...} \quad ④$$

但是，資產與期間資本、純益（收益與費用）是由許多的要素構成的，以 a 表示資產的構成要素，以 s 表示期間資本的構成要素，以 p 表示純益的構成要素，r 和 e 各表示收益（利益）和費用（損失）的構成要素，則可以寫成：A = {a}, S = {s}, P = {p}, R = {r}, E = {e}，加入集合的概念，則④式會變成：

$$\sum_{a \in A} a = \sum_{s \in S} s + \sum_{r \in R} r - \sum_{e \in E} e \quad \text{.......................................} \quad ⑤$$

借貸簿記法就是，讓企業資產的增減在資本構成要素的增減與相對應的期間收益、費用的構成要素的增減，維持著上述恆等式。再進一步分析，我們以 a^+ 表示資產構成要素的增加，a^- 表示資產構成要素的減少；以 s^+ 表示期間資本構成要素的增加，s^- 表示期間資本構成要素的減少；以 r^+ 表示收益構成要素的增加，r^- 表示收益構成要素的減少；e^+ 表示費用構成要素的增加，e^- 表示費用構成要素的減少。那麼企業資本的二重運動，則以如下的方程式表示：

$$\sum_{a \in A} (a^+ - a^-) = \sum_{s \in S} (s^+ - s^-) + \sum_{r \in R} (r^+ - r^-) - \sum_{e \in E} (e^+ - e^-) \quad \text{....................} \quad ⑥$$

移項之後

$$\sum_{a\in A}(a^+ - a^-) + \sum_{e\in E}(e^+ - e^-) = \sum_{s\in S}(s^+ - s^-) + \sum_{r\in R}(r^+ - r^-)$$

　　上述方程式是以借貸科目簿記法的原理所呈現的方程式。❷此方程式在中國傳統的收付簿記法裡，除了將資產與資本的左右配置改成上下配置之外，原理是一樣的。為什麼中國傳統的收付簿記法，是將借貸簿記法的資產與資本的左右配置改成上下配置呢（借貸簿記法的資產置於左方，資本置於右方；中國收付簿記法的資產置於下方，資本置於上方）？因為收付的記帳符號乃源於中國官廳的會計，私人企業受其影響也沿用之。依照金錢收付等於貨幣收付的原理，可以將「資金來源」形態的資本放置於「收入」欄；「資金運用」形態的資產放置於「支付」欄。中國人早期以竹片書寫文字，有縱書的習慣，因此將收入置於上方書寫；支付置於下方書寫。如此資本、資產的上下配置，並不影響將企業資本的運動視為資產與資本的二重運動（與其結果）。因此可以說中國的收付簿記法與西洋借貸簿記法有會計分類上的同質性。並且將借貸簿記法的恆等式①～⑥的左右兩邊反置，等號改成上下的分隔線，即是中國式收付簿記法的形態。

　　　　　上方　　　　　　　　　　下方

$$C = A \quad\cdots\cdots\cdots\cdots\cdots\cdots\cdots\cdots\cdots\cdots\cdots\cdots\cdots\cdots \text{①}''$$

$$S + P = A \quad\cdots\cdots\cdots\cdots\cdots\cdots\cdots\cdots\cdots\cdots\cdots\cdots \text{②}''$$

$$R - E = P \quad\cdots\cdots\cdots\cdots\cdots\cdots\cdots\cdots\cdots\cdots\cdots\cdots \text{③}''$$

$$S + (R - E) = A \quad\cdots\cdots\cdots\cdots\cdots\cdots\cdots\cdots\cdots \text{④}''$$

$$\sum_{s\in S}s + \sum_{r\in R}r = \sum_{e\in E}e + \sum_{a\in A}a \quad\cdots\cdots\cdots\cdots \text{⑤}''$$

$$\sum_{s\in S}(s^+ - s^-) + \sum_{r\in R}(r^+ - r^-) = \sum_{e\in E}(e^+ - e^-) + \sum_{a\in A}(a^+ - a^-) \quad\cdots\cdots \text{⑥}''$$

---

❷ 高寺貞男，〈中国式増減簿記法のコンポジション〉《会計政策と簿記の展開》，頁 314-315。

　　從以上恆等式的分析，更可以確認借貸簿記法與中國式收付簿記法，兩者均是將企業資本的運動，以資產與資本的二重運動（與其結果）的二重分類簿記體系（double classification bookkeeping）的簿記，同時也透過泰益號簿記的實例加以實證。下面將廈門華商泰益號的收付簿記法與現代簿記體系中的各種簿記法對照比較、分析。

2. 收付簿記法的二個特徵

(1) 現金式分錄法

　　在原始記錄簿的階段，所有的交易以現金來考量作成分錄。作為特殊分錄帳的現金出納帳，將其機能再擴大，對無現金支付的交易，也以現金交易的方式分錄、記錄，也就是涵蓋所有與營業相關的交易均分錄、記錄下來。這種現金式分錄法，是日本明治初年時聘請英國人 Alexander Allen Shand 所設計的，並且在銀行界指導，廣為普及。❸由此特徵看來，收付簿記法的根本原理，跨過國界，不分東洋、西洋，在歷史上都使用過。

(2) 複式簿記體系內的變種

　　會計史家高寺貞男認為：「西洋於 1800 年以前，複式簿記體系內就會計記錄的配置，幾種交易的處理方式，總帳結算時對資產的評價等等，都有不同且有多種的變化。加上東洋也有不同的變種。」❹其一是，日本於明治末期大原信久（1847-1925）引進於銀行簿記的現

---

❸ 井上達雄，《現代商業簿記》（東京：中央經濟社，1986 年），頁 232。
❹ 高寺貞男，〈複式簿記体系內の變種としての收支簿記法〉《可能性の会計学》（三嶺書房，1988 年），頁 111-114。

金分錄式的分錄手續，其二是，於 1901 年左右，「產業組合簿記」所採用的「日本式收支簿記法」總帳記錄的方式。亦即，廈門商人泰益號的中國式收付簿記法，本質上、構造上是與日本收支簿記法類似。也就是在分錄方法與轉帳方法上是一樣的。明治期西洋簿記導入時，首先的第一種變形是「現金式分錄法」，之後展開的第二種變形是「日本式收支簿記法」。

　　然而，廈門商人泰益號的收付簿記法，乃承受中國式收付簿記法的傳統。其與日本式收支簿記，因歷史的生成過程而產生的差異，是簿記的外形—書法上的差異。日本式收支簿記是「由左至右縱書」的記錄形式，左方記收入，右方記支出的配置。而中國式收付簿記是「由右而左縱書」，上方記收入，下方記支出的配置。明治末期，同時存在長崎中國式收付簿記法與日本收支簿記法的，是東洋簿記形成史上很大的啓示。亦即從簿記的構造考察，中國式收付簿記法在最後發展階段的清末民初，借貸簿記法導入之前的階段，已經有借貸簿記法複式簿記本質的記帳法存在。這從借貸複式簿記的客觀借貸的記錄方式走向主觀的收付記錄方式的例子——日本式收支簿記法的構造的一致——可以證明，這不是偶然的一致，乃是東西洋人類的智慧沒有落差的證明。

　　廈門商幫使用的收付簿記，透過長崎泰益號的帳簿史料已經解明。同時代，不限於長崎，依據渡邊進的研究，在台灣有《天地盤帳》，它與日本的產業組合式簿記，在分錄方式、轉帳方法上是一樣的，並且指出它是中國複式簿記的一種。❺再者，華南系中國簿記，特別是印尼中國商人的帳簿資料，顯示他們所採用的收付簿記法，所

---

❺ 渡邊進，〈台灣在來の簿記〉《会計》第 43 卷第 2 號，1938 年 8 月，頁 44-45。

有的帳簿均用現金收支主義的要領來分錄、記帳。❻

　　近代化的動向，讓中國固有的收付簿記法轉換為西洋式借貸簿記法，此歷史事實，作者認為除了西洋文明對東洋的壓迫之外在因素，也有改良派對中國固有的收付簿記，要求會計科目的分類與統一的內在因素造成的。

---

❻戶田義郎，〈南支系中国簿記の研究〉《支那研究》第 23 卷第 1 號，1942 年，頁 32-36，59，71。

結　論

中國式收付簿記法的本質

　　中國在來商業簿記法的存在形態，因長崎華商「泰益號」與「生泰號」的實例分析而更清晰。就記帳整理技巧而言，泰益號有使用現金科目，故收支的結算經常是兩個科目互為對立，保持上下均衡的原則，兩次記錄的方式，是與複式簿記的原則相符合的記帳法。此收付記帳法的特徵是以金錢的收付關係，對企業的資產、負債和資本相關的所有交易加以計算整理的方法，實際上有現金收付的交易與無現金收付的交易均適用。還有「收」「付」簿記用語的概念，與我們日常生活中的家計會計，以及國家財政上的財政會計極其相似。亦即以會計的主體立場所做的主觀的會計經理法。

　　觀察清末在中國本土所採用的簿記法及用語，會因各地域而不同，並沒有統一的資產、負債、資本、收益、費用的會計科目的分類和用語。皆用各地域的方言來表達簿記的記錄的性質。長崎中國商人泰益號和生泰號的簿記，還未使用資產、負債、資本等的會計用語。但是在會計用語還沒有分類與統一的時代，商人也有「資產」「負債」「資本」「收益」「費用」的概念來進行會計科目的分類，以及複式結帳的方式，此在泰益號帳簿法的實例中可以證明。

　　企業的資本科目是財產獲得的原動力，因此資本科目系統的各科目（資本的增加及利益的發生）增加的交易，在收付簿記法是收入的交易，泰益號帳簿裡，從原始日記簿到分類總帳，都記錄在「收入」（上方），資產負債表的配列也列在「上方」。同系統諸科目減少的交易（資本的支出及損失的發生）在收付簿記法是支出的交易，記錄在「支出」（下方），也配置在資產負債表的「下方」。

　　在一般情況下，財產獲得的狀況可以想成是金錢支出的事實引起的，財產科目系統的各科目增加的交易（資產的增加及負債的減少）在收付簿記法是支出的交易。泰益號帳簿裡，從原始日記簿到分類總帳，都記錄在支出（下方），資產負債表的配列也列在下方。同系統各科目財產減少的交易（資產的減少及負債的增加）是收入的交易。

　　中國式收付簿記法與西洋式借貸簿記法兩者的異同，可以下圖表示之。「＋」表示增加，「－」表示減少。

西洋式借貸簿記法		中國式收付簿記法	
借方（左）	貸方（右）	收入（上）	支出（下）
資產（＋）	資產（－）	資產（－）	資產（＋）
資本（－）	資本（＋）	資本（＋）	資本（－）
負債（－）	負債（＋）	負債（＋）	負債（－）
費用	收益	收益	費用

　　此關係就如一個人站在鏡子面前，舉起右手，鏡中人舉起的是左手，彼此是相反的。收付簿記法的「收入」欄配置在上方，相當於借貸簿記法的「貸方」；收付簿記法的「支出」欄配置在下方，相當於借貸簿記法的「借方」。此配置結果的相異，乃因主觀的以企業為主體的收支概念，與客觀的以會計科目為主體的借貸概念的異同。❶

---

❶ Hsu,Tzufen, "Traditional Chinese Bookkeeping Methodology", *Chinese Business*

　　由於泰益號帳簿史料的完整性，讓我們可以分析其運作的原理，也可以比較中式收付簿記法與西式借貸簿記法的異同。中國的收付簿記法也與西洋的借貸簿記法一樣，均是以記錄企業的財產和資本、負債、收益、費用增減變化有關的交易，做為簿記會計的對象，並且也有複式的結帳，運用企業擁有的財產科目的總和等於資本科目的總和的會計原理。如果財產科目有增減變化時，與之相對應的資本科目也記錄其增減變化，使兩邊的金額得到平衡。

　　中式簿記以企業金錢收支的流向為會計簿記整理的法則。如果某項交易讓企業有金錢收入時，在收入欄內記入收入的原因；企業有金錢支出時，在支出欄內記入支出的原因。中式收付簿記法是從會計的主體企業的立場來觀察金錢流向的一種主觀的會計簿記法，與西洋的借貸簿記法以會計科目的增減為會計簿記整理的法則不同，而產生了記錄形式的不同。因此，中國式收付簿記法與西洋式借貸簿記法所意圖的理論、內容是一樣的，只是表記的方法不同而已。

　　高寺貞男用比較會計史的新方法，來區別西洋式簿記法與和式簿記法的異同，明示兩者在簿記體系中所處的位置和關係。西洋式簿記法是在加法專用文化下，為加法專用簿記法，由左而右橫寫的形式；和式簿記法是在加減法併用的文化下，乃加減法並用簿記法，由右往左縱書的形式；中國式收付簿記法則是加減法併用的簿記法，由右往左縱書的形式。❷和式簿記法與中國式收付簿記法，其計算均立足於算盤。❸

　　在此筆者加入中國的收付簿記法，以圖表來表示三者的異同。

History, Zhongguo Shangye Lishi, Vol. 2, No. 1, 1991.
❷ 高寺貞男，《会計學アラカルト》（東京：同文館，1982 年），頁 20-22，26-28。
❸ 高寺貞男，《会計學パラドックス》（東京：同文館，1984 年），頁 12-16。

（A：資產，L：負債，C：資本，P⁺：收益，P⁻：費用，P：純利益）

（A：資產，L：負債，C：資本，P^+：收益，P^-：費用，P：純利益）
❹

西洋式簿記法　　　　中國式收付簿記法　　　　和式簿記法

損益計算表

西洋式簿記法：費用 Σp^-／收益 Σp^+；純利益 Σp

中國式收付簿記法：收益 Σp^+；純利益 Σp／費用 Σp^-

和式簿記法：純利益 Σp／費用 Σp^-／收益 Σp^+

資產負債表

西洋式簿記法：負債 $\Sigma \ell$；資產 Σa／資本 Σc／純利益 Σp

中國式收付簿記法：純利益 Σp／資本 Σc／負債 $\Sigma \ell$；資產 Σa

和式簿記法：純利益 Σp／資本 Σc／負債 $\Sigma \ell$／資產 Σa

　　A. Woof 曾表示：「會計是時代的鏡子。」❺研究東洋與西洋簿記法異同的見解，大都放在強調其理論的共通點上。另一方面其相異處，則放在商習慣、經濟體系、人際關係、政治制度、文化的環境等要素

---

❹ 高寺貞男、醍醐聰，〈和式簿記と洋式簿記の比較会計史〉《大企業会計史の研究》（東京：同文館，1979 年），頁 219-220。

❺ A.Woof, *A Short History of Accountants and Accountancy*, London, 1912.

上，但這些要素還沒有完全深入地研究。今後，除了會計史，期待跨經營史、經濟史、社會史等的學際研究能更活潑地探討。

中式收付簿記法面臨的歷史抉擇

借貸記帳法開始在中國流行：鴉片戰爭後，清政府與英、美、法三國所訂的〈通商章程〉中，規定中國的海關由外國人來幫辦稅務。根據此規定清政府先後委任英國人赫德爲總稅務司，因而海關成爲最早實行西方借貸記帳法的機關。洋商在中國開設銀行、洋行，如英商的麗如銀行（又名東方銀行）、太古洋行，美商的上海電力公司、上海電話公司，日商的三井洋行、三菱公司等等，都應用了西方的會計原理與借貸簿記法。❻

1895 年甲午戰爭後訂〈馬關條約〉允許外國人在中國境內設廠，從事工業和製造業。於是外商紛紛來華設廠，這些工廠引進成本會計，實施借貸記帳法。這當然也會引起中國工商業經營者和會計學界的重視。但是中國人實施了兩千餘年的收付簿記法，又該如何呢？❼

改良派會計學者代表徐永祚（1891-1959）主張保存中式簿記的核算形式而進行改良，把西方借貸會計的優點融入中式簿記之中。他不但提出改良中式簿記的原則，更不斷地寫文章，作演講，編講義，舉實例，辦訓練班，將他改良中式簿記的理論和具體做法加以推廣。這種不改變原有記帳習慣的改良，爲舊式記帳人員和工商業者所能理

---

❻ 趙友良，《中國近代會計審計史》（上海：上海財經大學出版社，1996 年），頁 239-240。

❼ 有關中國古代會計思想與記帳方式的研究：濱田弘作，〈古代中國會計史〉《會計史研究》（東京：多賀出版，2003 年），第 3 章，頁 39-64。劉常青，《中國會計思想發展史》（成都：西南財經大學出版社，2005 年），頁 78-84。韓東京，《中國會計思想史》（上海：上海財經大學出版社，2009 年），第 2 章，頁 68-89。

解，因而受到他們的重視，並在一些規模不大的工商業以及五洲大藥房、南洋兄弟煙草公司、世界書局、上海內地自來水公司、閘北水電公司等五十多家較大的公司、商號、團體中試行取得成功。[8]

西化派會計學者代表潘序倫（1893-1985）則積極推行西式簿記。1921 年從上海聖約翰大學畢業後赴美留學，在哈佛大學獲企業管理碩士學位，1924 年獲哥倫比亞大學政治經濟學博士。回國後曾任上海商科大學教授和會計系主任、上海暨南大學商學院院長。1927 年辭去大學的教職設立潘序倫會計師事務所，後改名為立信會計師事務所，執行會計師業務。

1930 年代展開改良中式簿記與推行西式簿記的論爭時，他認為完善的會計制度是科學管理中一個重要部分。中國商業中多用單式簿記而不用複式簿記，並不是複式簿記如何艱深，乃因會計人員相沿成習，不知複式簿記為何物。因此他致畢生精力於西式借貸複式會計的推廣，培養新式會計的人才。他在會計事務所內設編譯機構，組織會計專家學者編寫和翻譯新式會計書籍，成立「立信會計圖書用品社」，出版《立信會計叢書》。[9]設教育機構從普及到提高，首先創辦立信會計補習學校、立信高級會計職業學校、立信會計函授學校，之後發展到立信會計專科學校。因他的推廣，到 1940 年代末，由「立信」培養的學生約在 10 萬人左右。他造就了各機關、企業中的會計骨幹，有的也成為會計教育與研究的專家、學者。他為中國會計事業

---

[8] 徐永祚，〈改良中式簿記專號〉《會計雜誌》第 3 卷第 1 期，1934 年，頁 1-40，頁 91-94。

徐永祚，《改良中式簿記概說》，徐永祚會計師事務所，1933 年。

趙有良，《中國近代會計審計史》（上海：上海財經大學出版社，1996 年），頁 241-242。

[9] 宋麗智，《民國會計思想研究》（武昌：武漢大學出版社，2009 年），頁 185-189，226-228。

奮鬥了一生，做出傑出的貢獻，被會計界的後輩尊爲「中國會計之父」。❿

　　1895 年中日甲午戰爭後，引起中國廣泛的實業救國的熱潮。西方工商業的發達，根基於商業法規的完備，有識者鑑於此，力促中國商業法規的立法。中式收付簿記近代化的過程中，也是藉由會計的立法而達成會計科目的整合。

　　首先 1904 年 1 月 21 日頒布〈公司律〉，開啓中國公司立法之先河。⓫公司法制定後，公司制度從無限責任朝向有限責任，資金募集從親友集資朝向社會大眾集資，所有權與經營權分離，導致會計審計的需求。於是 1918 年農商部制定〈會計師暫行章程〉，1945 年頒布〈會計師法〉，由專業的會計師審核公司的財物，以取得社會大眾的信任。

　　抗戰時期，國民政府的財政、經濟兩部於 1942 年 11 月，共同制訂公布〈非常時期商業帳簿登記蓋印暫行辦法〉。此乃爲了防止商人僞造或損毀帳簿，偷稅漏稅以及隱瞞違法之活動。1946 年公布〈所得稅法〉後，對所得稅、營業稅、貨物稅等所依據的商業帳簿的立法，更迫切需求，於是 1948 年 1 月 7 日國民政府頒布〈商業會計法〉。這是中國民間會計第一部會計法，對會計工作原則、帳簿的種類、報表的編制與保存期限、記帳方法與程序，以及違反該法的處罰等，都做了具體的規定。〈商業會計法〉公佈時政局不穩，未幾大陸淪陷，故此法公佈後在大陸並未施行。政府遷台後於 1951 年 12 月 31 日由總統令自 1952 年 1 月 1 日起在台灣實施。當時實施範圍如下：

❿ 趙友良，《中國近代會計審計史》（上海財經大學出版社，1996 年），頁 293-295，頁 307。
⓫ 李玉，《晚清公司制度建設研究》（北京市：人民出版社，2002 年），頁 99-162。

公司營業：全省所有公司組織之商業皆實施；合夥與獨資商業：凡在省轄市，且登記資本額在新台幣十萬元以上者，皆在實施之列。❷

　　1930 年代在中國引起改良中式簿記的論爭。徐永祚的《改良中式簿記概說》是中國第一部總結中式簿記的理論著作，也爲中式簿記保留了重要文獻。在此之前，中國文人並沒有留下任何描述民間商業會計的著作。因爲會計的傳承由掌櫃授與徒弟，且各行各業各自爲政。因清末各地區有自己的度量衡，有區域性的方言。加上商業組織以獨資、合夥爲主❸，帳簿不用公開所致。1842 年後，國人感受到洋人工商業的強大壓力，必然仔細觀察其經營管理的道理。

　　在導入西方會計理論時，徐永祚代表的「改良派」主張收付簿記法的簿記原理是可行的，應順應國情，尊重傳統。潘序倫代表的「西化派」看到中西交流、交易將更頻繁的長遠趨勢，在企業財物管理的技術層次面，配合西方的格式，有益於彼此的共識，對公司發展引用外資時有所幫助。

　　兩派均贊成學習西方先進的會計理論，改良派以既有的簿記格式，積極引入西方先進的會計理論。西化派採用借貸記帳法，也引入西方先進的會計理論。在潘序倫會計師積極的推廣下、設立教育機構培養新式借貸記帳法的人才，帶動了工商業界廣泛使用借貸記帳法。

　　今日回顧這段歷史，我們發現中國近代化的歷程，有中式與西式並行的時期。在簿記的經營管理領域，最終乃藉由會計的立法來達成

❷ 盧聯生，〈中國會計發展史之探討〉，東吳大學會計研究所碩士論文，1978 年，頁 35-36，頁 169-229。

❸ Robert Gardella, "Contracting Business Partnerships in Late Qing and Republican China: Paradigms and Patterns," Chap. 11, pp. 327, Madeleine Zelin, Jonathan K. Ocko, and Robert Gardella, *Contract and Property in Early Modern China,* Stanford Univ. Press, 2004.

區域性的統合；也藉由借貸簿記法的使用、近代會計學的導入，讓中
國的經濟一步一步走向全球化。

附　錄

① 生泰號關係帳簿一覽表

分類番号		帳簿名	年代
(一)	1	川流　弐冊	1937
	2	川流　參冊	1937
	3	川流　壹冊	1938
	4	川流　弐冊	1938
	5	川流　參冊	1938
	6	川流　壹冊	1939
	7	川流　弐冊	1939
	8	川流　參冊	1939
	9	川流　壹冊	1940
	10	川流　弐冊	1940
	11	川流　參冊	1940
	12	川流　壹冊	1941
	13	川流　弐冊	1941
	14	川流　參冊	1941
	15	川流　壹冊	1942
	16	川流　弐冊	1942
(二)	1	現市　壹冊	1939
	2	現市　弐冊	1939
(三)	1	日清　壹冊	1937
	2	日清　弐冊	1937
	3	日清　參冊	1937
	4	日清　壹冊	1938
	5	日清　弐冊	1938
	6	日清　參冊	1938
	7	日清　壹冊	1939
	8	日清　弐冊	1939
	9	日清　參冊	1939
	10	日清	1940
	11	日清　壹冊	1942
	12	日清　弐冊	1942
	13	日清　參冊	1942
	14	日清　壹冊	1943
	15	日清　弐冊	1943
	16	日清　參冊	1943
	17	日清　肆冊	1943
(四)	1	各項雜耗彙抄	1943
(五)	1	銀行各項來往總帳	1936
	2	銀行各項來往總帳	1937
	3	銀行各項來往總帳	1938
	4	銀行各項來往總帳	1939
	5	銀行各項來往總帳	1940
	6	銀行各項來往總帳・各友掛錢總帳	1941
	7	銀行各項來往總帳・各友掛錢總帳	1942
	8	銀行各項來往總帳	1943
(六)	1	崎商暫登	1940
	2	崎商暫登	1941
(七)	1	外島暫登　壹冊	1939
	2	外島暫登　弐冊	1939
	3	外島暫登　參冊	1939

分類番号		帳簿名	年代
(七)	4	外島暫登　壹冊	1940
	5	外島暫登　弐冊	1940
	6	外島暫登　參冊	1940
	7	外島暫登　壹冊	1941
	8	外島暫登　弐冊	1941
	9	外島暫登　參冊	1941
	10	外島暫登　壹冊	1942
	11	外島暫登　弐冊	1942
	12	外島暫登　參冊	1942
	13	外島暫登　壹冊	1943
(八)	1	長崎華商總帳	1940
	2	長崎華商總帳	1942・1943
(九)	1	長崎日商總帳	1942・1943
(十)	1	各埠庄友總帳	1938
(十一)	1	東京至岡山間總帳（賣原簿）	1937
	2	東京至岡山間總帳（賣原簿）	1939
	3	東京至岡山間總帳	1940
	4	東京至岡山間總帳	1941
	5	東京至岡山間總帳	1942・1943
(十二)	1	鳥栖至門司間總帳（賣原簿）	1939
	2	鳥栖至門司總帳	1940
	3	鳥栖至門司總帳	1941
	4	鳥栖至門司總帳	1942・1943
(十三)	1	山口至廣島間總帳（賣原簿）	1937
	2	山口至廣島間總帳	1940
	3	山口至廣島間總帳	1941
	4	山口至廣島間總帳	1942・1943
(十四)	1	久留米至鹿兒島總帳（賣原簿）	1937
	2	久留米至鹿兒島總帳（賣原簿）	1939
	3	久留米至鹿兒島總帳	1940
	4	久留米至鹿兒島總帳	1941
	5	久留米至鹿兒島總帳	1942・1943
(十五)	1	長崎至佐賀間總帳（賣原簿）	1939
	2	長崎至佐賀總帳（No.903-1005）	1939
	3	長崎至佐賀總帳	1940
	4	長崎至佐賀總帳	1941
	5	長崎至佐賀總帳	1942・1943
(十六)	1	盤價簿	1938
(十七)	1	夜查	1937
(十八)	1	萬商雲集　九州	1932
	2	萬商雲集　山陽	1932
	3	萬商雲集（戊午年錄）	1918
(十九)	1	人名簿（壹冊）	1936
	2	人名簿（弐冊）	1936
(二十)	1	仁新公司借款來往帳	
(二十一)	1	十八銀行代金取立手形通帳	
合計 95 点			

註：生泰號帳簿已由陳日峰氏寄贈給東京大學東洋文化
　　研究所館藏。

② 泰益號關係帳簿一覽表

干支	中國年	西曆	日本年	海味總部	山珍總部	銀行總部	各費總部	萬寶朝宗	萬商雲集	華商總部	台灣總部	関門總部	台灣配貨	各郊配貨	滾存	置配查存
丁未	光緒33	1907	明治40	1	1	1	1	1	1	1	2		3	1	2	1
戊申	34	8	41	1	1	1	1	1	1	1	2		4	1	2	1
己酉	宣統1	9	42	1	1	1	1	1	1	1	2	1	4	2	1	1
庚戌	2	10	43	1	1	1	1	1	1	1	2	1	4	3	2	1
辛亥	3	11	44	1	1	1	1	1	1	1	1	1	4	3	2	1
壬子	民國1	12	45 大正1	1	1	1	1	1	1	1	2	1	5	4	3	1
癸丑	2	13	2	1	1	1	1	1	1	2	2	1	6	4	3	2
甲寅	3	14	3	1	1	1	1	1	1	1	2	1	3	5	3	1
乙卯	4	15	4	1	1	1	1	1	1	1	2	1	6	4	3	2
丙辰	5	16	5	1	1	1	1	1	1	1	2	1	5	4	3	2
丁巳	6	17	6	1	1	1	1	1	1	1	2	1	5	4	3	2
戊午	7	18	7	1	1	1	1	1	1	1	2	1	4	3	3	2
己未	8	19	8	1	1	1	1	1	1	1	2	1	6	3	3	2
庚申	9	20	9	1	1	1	1	1	1	1	2	1	5	2	3	2
辛酉	10	21	10	1	1	1	1	1	1	1	2		5	2	3	2
壬戌	11	22	11	1	1	1	1	1	1	1	2		5	2	2	2
癸亥	12	23	12	1	1	1	1	1	1	1	2		4	2	2	2
甲子	13	24	13	1	1	1	1	1	1	1	2		4	2	2	2
乙丑	14	25	14	1	1	1	1			1	2		7	3	1	2
丙寅	15	26	15 昭和1	1	1	1	1			1	2		7	3	2	2
丁卯	16	27	2	1	1	1	1	1	1	1	2		10	2	2	1
戊辰	17	28	3	1	1		1	1	1	1	2		5	1	2	2
己巳	18	29	4	1	1		1	1	1	1	2				2	2
庚午	19	30	5	1	1		1	1	1	1	2				2	2
辛未	20	31	6	1	1		1	1	1	1	2				3	2
壬申	21	32	7		1	1	1	1	1	1	2					1
癸酉	22	33	8		1		1	1	1	1	2				1	1
甲戌	23	34	9		2		1	1	1	1					1	1

資料來源：長崎華僑研究会《長崎華商泰益號関係資料》第一輯，1985年，泰益號關係目錄，長崎市立博物館藏，頁3-5。

各郊來貨	銀行查存	各貨轉口	電費總登	駁力雜費	外櫃暫登	現戶總登	滙票留底	結彩豐盈	草出碼	出碼	草進碼	進碼	進貨草碼	出貨草碼	各貨改梱	金錢判取帳
1	1			1	1		1			1		1	1	1	1	1
1	2			1	1		1			1		1	1	1		
1	1			1	1		1			1						
1	1			1	1		1			1		1	2		1	1
1	1			1	1	1				1		2			1	
1	1			1	1		1			1		1			1	
1	1			1	1				1	1	3	2			2	2
1	1	1		1	1		1			1	2	2			3	1
	1			1	1		1	1	1	1	3	2			1	1
	1			1	1		1		1	1	3	2			1	1
	1			1	2		1		1	1	4	2			2	1
	1			1	1		1		1	1	2	1			2	1
1	1	1		1	1		1		1	1	2	2			1	1
1	1	1		1	1		1		1	1	2	2			2	
1	1	1		1	1				1	1	2	2			1	2
1	1	1	1	1	1				1	1	2	2			2	
	1	1	1	1	1				1	1		2			2	
1	1	3	1	1	1		1		1	1	2	2			2	1
	1	3	1	1	1				1	1		1				1
	1	5	1	1	1			1				1			1	
	1	8	1	1	1		1			1	2	1			2	1
	1	8	1	1	1					1		1			2	2
	1	4	1	1	1					1	2	1	1	1	2	
	1	3	1	1	1							3			3	1
		3	1									1			1	
	1	2		1	3					1	1	2			1	1
		1		1	3							1			1	
	1			1	2					1	3	3			1	1

註：(1) 因為紙張大小的關係，只揭載與本文分析有關的帳簿。

　　(2)「部」與「簿」相同發音，意義也相同。

③ 泰益號損益計算表（A）收入明細表

（單位：圓）

年度 收入項目	手續費 （行仲）	看貫料 ※ （磅佣）	厘捐金 （官厘）	厘捐金 （会厘）	運貨 （駁力）	保險 （保安）	船公司回扣 （九五回厘）	販賣利益 （圍配）
1901 辛丑 M34	878		263	71	162	94	24	967
1902 壬寅 M55	3,036		897	184	350	147	73	1,691
1903 癸卯	4,565		1,338	309	856	283	117	3,359
1904 甲辰	4,280		644	265	1,136	394	96	3,510
1905 乙巳	4,707		717	370	1,110	790	192	6,141
1906 丙午	6,439	252	854	514	1,698	447	273	10,525
1907 丁未 M40	6,013	337	966	485	2,040	659	271	14,023
1908 戊申	4,743	457	600	380	1,488	982	245	12,394
1909 己酉	5,007	887	645	357	1,725	1,161	186	15,006
1910 庚戌	4,560	534	446	330	1,615	943	523	6,432
1911 辛亥	6,158	617	797	486	1,118	1,215	409	8,812
1912 壬子 T1	6,445	828	826	486	2,218	1,342	435	11,403
1913 癸丑	6,561	815	984	656	1,998	1,071	602	10,790
1914 甲寅	6,087	947	925	553	2,144	1,227	518	14,330
1915 乙卯	5,181	1,162	807	420	1,760	1,202	565	13,626
1916 丙辰 T5	4,949	1,391	815	436	1,008	1,245	843	12,309
1917 丁巳	6,374	1,537	921	536	2,713	1,611	505	18,079
1918 戊午	7,224	1,878	883	572	1,124	1,461	243	13,499
1919 己未	10,639	2,793	1,405	875	1,523	2,092	1,130	27,071
1920 庚申	8,582	1,969	904	666	1,937	1,492	1,084	13,626
1921 辛酉 T10	6,996	1,566	582	392	3,554	1,318	758	14,254
1922 壬戌	6,718	1,612	530	430	3,376	1,100	668	8,559
1923 癸亥	5,582	1,156	467	335	3,432	1,010	544	8,774
1924 甲子	6,629	2,039	547	631	3,568	1,434	209	9,730
1925 乙丑	5,821	1,932	320	587	5,158	1,838	696	10,175
1926 丙寅 S1	5,369	1,627	378	492	6,819	2,191	1,361	11,052
1927 丁卯	4,243	1,454	213	343	7,025	2,959	929	12,333
1928 戊辰	4,000	1,480	216	361	4,611	2,710	939	7,298
1929 己巳	3,471	986	0	156	3,985	1,774	1,192	5,562
1930 庚午 S5	2,489	843	79	215	4,641	1,187	845	9,826
1931 辛未	985	281	0	81	1,751	441	427	3,957

資料來源：《長崎華商泰益號關係資料》第 1 輯，分類項目 A-24-1, 2, 3《結彩豐盈》。
註：※ 當時海產物的買家有以西洋秤自己秤重的習慣，並收取買賣價千分之五的手續費，稱之為「看貫料」。

通關稅（関税）	上海經由手續費（上海転口経佣）	包裝（包索）	匯兌收入（滙票盈餘）	利息收入（貼息）	火災保險（火險）	其他	委託販賣調整的收入（託貨盈金）	合計
						281（餘水）/43（棧地）	1.9	2,788
							590	6,972
		18					175	11,023
						31（水力）	141	10,502
							259	14,289
126						2.6（餘水）/26（地租）	747	21,908
0						148（地租）	321	25,267
108		500					537	22,438
0.8		150				38（水力）	391	25,558
27		100				2（水力）	73	15,591
0		200					0	19,814
2		100				23（水力）	18	24,130
0.6	246	300					154	24,183
0	94	560					7	27,397
2	228	700					185	25,842
0	89	600					3,085	26,776
17	468	600	6,207			304（水力）	7,191	47,068
4	235	900	1,094	1,536		100（水力）	2,062	32,819
51	580	300	3,383	2,021	240	494（塩税）	1,011	55,615
9	385	600	5,440	859	847	0.7（水力）/28（塩税）	0	38,434
0	344	300	863	960	941		99	32,934
0.7	257	300	439	858	874		9	25,737
352	212	300	0	826	640	6.15（水力）/33（株の収入）	0	23,675
732	671	300	699	251	860		159	28,465
0	1,189	300	2,528	153	693		1,426	32,823
0	1,561	300	1,651	365	622		0	33,793
0	1,951	300	869	241	1,765	680（餘水）	482	35,793
0	669	300	0	333	1,114		596	24,632
0	336	300	0	355	457	18（慈福会）	264	18,858
0	346	300	44	150	265		753	21,990
62	259	300	683	83	67	94（電音）/193（火車）	0	9,669

註：（1）單位：圓。圓以下的小數省略。（　）是原資料《結彩豐盈》的用語。
　　（2）1906-09 年「兌貨餘價」的項目，並記於「置配」項目中。

④ 泰益號損益計算表（B）支出明細表 　　　　　　　　（單位：圓）

年度 支出項目	給料 （辛金）	給食費 （福食）	雜費 （雜費）	倉庫費 （棧地）	通信費 （電音）	利息支出 （貼息）
1901 辛丑 M34	218	100	493		64	321
1902 壬寅 M35	415	514	1,439	76	198	93
1903 癸卯	828	463	1,360	47	309	558
1904 甲辰	1,200	377	1,558	309	323	209
1905 乙巳	1,400	682	2,271	525	434	876
1906 丙午	2,000	1,094	4,085	137	267	1,271
1907 丁未 M40	2,034	1,439	3,539	577	598	2,372
1908 戊申	1,994	638	2,361	638	454	1,104
1909 己酉	2,053	980	1,706	652	413	334
1910 庚戌	1,883	597	1,956	522	409	215
1911 辛亥	1,407	475	2,357	503	573	641
1912 壬子 T1	1,769	500	2,066	466	329	794
1913 癸丑	2,414	415	2,501	659	266	1,006
1914 甲寅	2,824	547	2,632	801	450	1,135
1915 乙卯	2,914	552	4,767	737	549	620
1916 丙辰 T5	3,581	640	3,685	646	415	472
1917 丁巳	4,416	850	5,399	716	459	255
1918 戊午	4,886	1,176	4,662	903	333	0
1919 己未	5,963	1,514	5,488	970	498	0
1920 庚申	5,885	1,901	4,827	1,056	331	0
1921 辛酉 T10	6,138	1,381	4,451	1,373	288	0
1922 壬戌	5,600	1,829	4,934	1,335	249	0
1923 癸亥	5,302	1,569	4,845	1,310	275	0
1924 甲子	4,773	2,140	3,852	1,216	254	0
1925 乙丑	5,879	2,012	3,589	1,059	307	0
1926 丙寅 S1	5,833	1,778	4,628	462	211	0
1927 丁卯	6,355	2,034	10,370	230	129	0
1928 戊辰	6,125	1,672	4,526	1,572	340	0
1929 己巳	3,920	1,239	2,612	1,228	129	0
1930 庚午 S5	5,943	1,063	2,412	1,326	520	0
1931 辛未	3,436	863	2,165	1,178	356	0

資料來源：由《長崎華商泰益號關係資料》第 1 輯，分類項目 A-24-1, 2, 3《結彩豐盈》製作。
註：單位：圓。省略圓以下的記載。（ ）是《結彩豐盈》帳簿的用語。

委託販賣調整的支出（託貨虧損）	貸倒損失	其他	合計	A－B
1,008	8.6	36（房租）	2,249	538
3,294	496		6,528	444
4,893	308	62（置配）	8,842	2,180
4,164	195	50（置配）	8,389	2,113
5,100	750		12,041	2,248
5,472	0		14,330	7,578
10,858	586	174（地租）	22,006	3,261
9,299	1,557		18,224	4,213
5,086	9,861		21,088	4,469
6,888	1,315		13,789	1,801
12,315	1,315		19,588	225
14,951	916		21,794	2,335
8,786	1,761		17,811	6,372
10,894	1,876		21,163	6,234
8,661	3,029		21,832	4,009
2,467	832	5（関税）	12,746	14,029
4,552	1,818		18,469	28,599
9,524	359		21,847	10,972
12,896	7,387		34,719	20,895
12,465	1,260		27,730	10,704
7,005	3,307		23,947	8,987
7,056	2,583	530（祭祀）	24,119	1,618
4,169	519	244（股票損失）	18,236	5,438
4,765	727	78（股票損失）	17,808	10,657
5,510	4,879		23,238	9,584
7,259	1,457		21,632	12,161
4,619	0	2412（股票損失）	26,151	9,641
10,944	1,899	119（滙水）	27,201	-2,568
4,699	105	453（滙水）/ 38（官厘）	14,427	4,430
1,474	3,141		15,882	6,107
0	4,718	32（官厘）/ 87（水力）	12,838	-3,168

⑤ 陳世望資本的推移（1907-1932）

（單位：圓）

年度	前年結存 （前期繰越）	收入		支出		本年結存 （殘高）
1907 丁未 （M40）	3276.67	2248 7578.295 686.256	乙巳年盈利 丙午年盈利 金泰隆來 以上共金 13789.221	7000 2500	家用 映記　每年応酬過去 以上二条共金　9500	4289.221
1908 戊申	4289.221	3261.543	丁未年盈利 以上共利 7550.764	3500 4000	映記　過去 家用 以上二条共金　7500	50.764
1909 己酉	50.764	4213.861	戊申年盈利 以上共金 4264.625	1000 1000	映記　過去 家用 以上二条共金　2000	2264.625
1910 庚戌	2264.625	4469.257 1000	己酉年盈利 映記來			7733.882
1911 辛亥	7733.882	225.217	辛亥年盈利	1236.423 800	映記　過去 映記　過去	5922.676
1912 壬子 （T1）	5922.676			1200 3000	新三月六日正金去 鎼記　過去 以上二条共金　4200	1722.676
1913 癸丑	1722.676			488 1000	金鐘・映記・永義納会過去 映記　過去 以上二条共金　1488	234.676
1914 甲寅	234.676	6372.114	癸丑年盈利	2000 1000 522.5	映記　過去 家用 金鐘・映記・永義・ 星記納会過去 以上三条共金　3522.5	3084.29
1915 乙卯	3084.29	6234.796 144 963.74	甲寅年盈利 水涇來 水涇・金鐘來	1767.30	金鐘・映記・永義・ 星記・老記納会去	8659.526
1916 丙辰 （T5）	8659.526	4009.703 1000	乙卯年盈利 映記・永義崎陽會來，各 500 以上共金 13669.229	3000 1500 342.95	映記 乙卯，丙辰過去 家用 金鐘・星記・永義納会去 以上共金　4842.95	8826.279
1917 丁巳	8826.279	14029.311 194.90	丙辰年營利 渡邊会來款 以上共金 23050.49	2000 1000 1327.80	映記 家用 金鐘・永義・公業・ 星記納会去 以上共金　4327.80	18722.69
1918 戊午	18722.69	28599.414 37.26 0.30 300 203.70 975	丁巳年盈利 不動会 工業会 以上六条共金 30115.674	1000 1086.50 2000 693.574	家用 福記　過去 映記　過去 会款・保險料共 以上共金　4780.074	44058.29
1919 己未	44058.29	10972.05 5000 1893.63 711.9 374.4 434	戊午年盈利 世科來 千代田保　映記生命回收金 金鐘生命回收金 大同保　映記生命回收金 金鐘生命回收金 以上六条共金 19385.98	2000 2000 723.53	映記　過去 神泰益癸卯年在本過去 保險料共 以上共金　4723.53	58720.74
		20895.484	己未年盈利			79616.224

年度	前年結存（前期繰越）	收入		支出		本年結存（殘高）
1920 庚申	79616.224	108 2000	泉漳永借 1500 元利息來 銀行定期貼息過來	1500 1500 20000	家用 映記　　　　過去 泰益在本過去 　　以上共金　　23000	58796.224
		10704.495	庚申年盈利			69500.719
1921 辛酉（T10）	69500.719	844.43 396.05 159.13 154.38 8.12 25 90 90 1116	高木定期貼息來 正金定期貼息來 長崎定期貼息來上半年 十八定期息來上半年 朝鮮事業上半年利息來 日本公債上半年利息來 長崎銀行股份利息上半年來 泉漳永上半期 定期利息貼息過來 　　以上九條共金 2883.11	1000 1000 1500	家用 家用新曆安宅 映記　　　　過去 以上共金　　　3500	68883.829
		8987.009	辛酉年盈利			77870.838
1922 壬戌	77870.838	247.35 189.70 932.63 703.95 33.12 43.74 32.11 49.45 385.26 105 376.04 865.50 168.67 319.85 75.89 22.75 25 45 26.72 36.50 122.50 203.79	十八定期利息（10 年 5/13 —11 年 4/1） 長崎定期利息（10 年 8/13 —11 年 4/7） 高木定期利息（10 年 3/7 —11 年 4/11） 正金定期利息（10 年 4/12 —11 年 4/12） 朝鮮事業 油脂第二期 貯蓄銀行利息（10 年新 6 月止） 貯蓄銀行利息（11 年新 6 月止） 商船回仲（去年 9 月 5 日） 長期銀行在本（上半年息） 崎商船九五，神寄來 高木定期（11 年 10/11 日止）利息 十八定期（11 年 4/1 — 11/9）利息 長期定期（11 年 4/7 — 11/11）利息 貯蓄銀行（下半年 11 年）利息 朝鮮事業下半期 日本銀行国債 11 年下半期息 油脂会社下半期配當 大同保金鐘壽 11 年 12/2 配當 千代田保金記生命 11 年 12/24 配當 長期銀行 12 年第一期 配當 中華公債益過來 　　以上共金 82881.358	1000 1000 800	家用 映記 德記	80081.358
		1618.35	本年盈利			81699.708

年度	前年結存(前期繰越)	收入		支出		本年結存(殘高)
1923 癸亥	81699.708	28.80	大同保映記生命配當	1000	家用	
		1001.25	高木定期上半年	1500	映記	
		798	正金定期息(11 年 4/12 ─ 12 年 4/11)	1200	德記	
		72.5	日本銀行国債利息			
		401.4	長崎定期半年利息(5 月 12 日止)			
		51.19	貯蓄利息上半年(5 月 30 日止)			
		30	福済寺 2800 元新 5 月份息			
		28	〃 〃 新 6 月份息			
		27.45	和昌借 1500 元 7 月 11 日止息			
		33.30	〃 〃 新 9 月 21 日止息			
		122.50	長期銀行 12 年上半期配當			
		56	福済寺 8, 9 月份(2 ケ月)			
		1001.25	高木定期下半年利			
		427.50	正金定期新下半年利			
		28	福済寺新 10 月份利息			
		51.07	長期定期半年利子另貼			
		130	紡織所 1 百株配當			
		31	油脂株式 1 百株配當			
		33.75	和昌借款 利息			
		28	福済寺新 11 月份			
		365.22	長期定期下半年 11 月 13 日 息			
			以上金 86445.888		以上三条共金 3700	82745.888
		5438.67	本年盈利			88184.558
1924 甲子	88184.558	85.5	十八定期舊年下半期 11 月 12 日止息	1000	家用	
				1500	映記	
		88.4	〃 本年上半期 5 月 13 日止息	1200	德記	
				12000	買和昌厝新地八‧九番厝	
		378.02	長崎定期舊年上半期	414.09	修理‧和昌厝	
		406.13	正金定期舊年下半期 10 月止息			
		416.99	〃 本年上半期 4 月 12 日止息			
		300.61	〃 另 1 萬元 5 月 13 日息			
			以上共金 89860.208		以上共金 16114.09	73746.118
		10657.83	本年盈利			84403.948
1925 乙丑	84403.948	46.46	正金定期利息	1000	家用	
		298.37	〃 1 萬元利息 13 年下半期	2500	映記	
		538.71	〃 14 年上‧下半期	800	德記	
		978.58	〃 1 萬元利息 14 年上‧下半期	1000	永義	
		335.59	高木定期 13 年利息下半期			
		816.95	〃 14 年利息上‧下半期			
		245.47	長崎定期 13 年利息下半期			
		531.51	〃 14 年利息上‧下半期			
		204.44	十八定期 13 年利息下半期			
		458.53	〃 14 年利息上‧下半期		以上共金 5300	83558.558
			以上共金 88858.558			
		9584.67	本年盈利			93143.228
1926 丙寅 (S1)	93143.228			1000	家用	
				1500	映記 過去	
				1000	德記 過去	89643.228
					以上三条 共金 3500	
		12161.71	本年盈利			101804.938

年度	前年結存（前期繰越）	收入		支出			本年結存（殘高）
1927 丁卯	101814.938	531.92 311.16	長期定期利息 15 年上下半期 〃　〃　昭和 2 年上半期 以上共金　102648.018	1000 1500 1000 19256.02 13941.57 24485.85	家用 映記 德記 高木定期退帳 十八定期 正金定期 以上六条共金	 過去 過去 過去 〃　　〃 〃　　〃 61183.44	41464.578
		9641.74	本年盈利				51106.318
1928 戊辰	無資料						43538.138
1929 己巳	43538.138	754.75 18077.62	存鼎記定期全年收利息過來　　過來 十八定期入當座　　　　過來 以上共金　62370.508	1000 1500 1000	家用 映記 德記 以上三条共金	過去 過去 過去 3500	58870.508
		4430.66	本年盈利				63301.168
1930 庚午 （S5）	63301.168	150 150 276.92 48.08	鼎記定期 5000 元利息 　己巳 7/16- 庚午 1/15 期 　己巳 8/1- 庚午 1/29 期 鼎記代存盛源・信泰 1 萬兩 　　　　　新 7/25 滿期 存鼎記定期息 2000 兩 3/1-7/31 利息 　以上共金　63926.168	2000 1000 1500 1500	家用 元記 德記 永義學費 以上四条共金	過去 過去 過去 過去 6000	57926.168
		6107.53	本年盈利				64033.698
1931 辛未	64033.698	116.13 116.13 2687.746	存鼎記定期 5000 兩 7/25-1/25 利息 　〃　 8/1-2/1 期利息 由元記帳返過來 以上共金　66953.704	1247.73 2326.393 3000	德記 元記 家用 以上三条共金	過去 過去 6574.123	60379.581
				3158.864	全年生理尅本去		
1932 壬申	60379.581	12498.68 96	由利息過來 〃				

資料來源：泰益號《銀行總簿》（分類項目 A-3-1~25）

⑥ 長崎福建會館釐捐金明細表

(單位：片、刃、元)

年度	商號	春	夏	秋	冬	合計	插爐
戊子 1888 M21	泰　　昌	38.137	41.29	42.516	93.845	215.788	
	德　　泰	25.33	31.41	56.25	41.149	154.139	
	森　　茂	23.36	20.99	23.016	29.116	96.482	
	怡　　德	17.27	10	10.14	9.244	46.654	
	昇　　記	14.93	17.81	24.32	29.612	86.672	
	大　　記	14.66	22.63	19.79	13.14	70.22	
	恒　　記	14.226	13.19	30.17	41.64	99.226	
	和　　昌	8.115	10.21	11.075	4.05	33.45	
	義　　記	7	5.5	1.20	2	15.70	
	益　　隆	3	3	3	3	12	
	益　　盛	5	欠	欠	欠	5（福）	
	生　　泰	1	1	1	1	4（壽）	
	忠　　和	1	1	1	1	4（壽）	
	美　珍　齋	1	1	1	1	4（壽）	
	盛　　隆		5	5	5	15（福）	
	益　　生		5	3	3.5	11.5	30
	合　　計					873.831	
己丑 1889 M22	泰　　昌	48.459	35.756	46.24	55.574	186.029	
	德　　泰	35.74	25.51	33.14	48.11	142.50	
	森　　茂	18.722	22.032	26.392	25.57	92.716	
	怡　　德	21.59	31.188	25.203	14.785	92.765	
	昇　　記	23.925	17.09	23.945	22.13	87.09	
	恒　　記	23.92	33.13	51.05	54.78	162.88	
	和　　昌	21.525	19.76	18.25	7.41	66.945	
	益　　隆	3	3	3	2.5	11.50	
	生　　泰	1	1	1	1	4	
	忠　　和	1	1	1	1	4	
	美　珍　齋	1	1	1	1	4	
	盛　　隆	5	5	5	4.5	19.5	
	大　興　隆	3.67	11.9	5.792	8.776	30.138	10 +（20）
	裕　　和	10.72	0	42.065	23.78	76.565	
	犯賭罰款		5	16.7	12	33.70	
	合　　計					1034.328	
註：(1) 春季、夏季的單位：片，秋季、冬季以後單位：刃。 (2) 插爐：新加入商號所繳交的入會金。							
庚寅 1890 M23	泰　　昌	85.175	63.536	23.089	24.544	196.344	
	德　　泰	39.76	38.98	27.60	20.66	127	
	森　　茂	39.40	25.97	46.125	17.51	129.005	

年度	商號			春	夏	秋	冬	合計	插爐
	怡		德	22.014	15.987	22.40	6.198	66.599	
	昇		記	35.56	17.105	17.941	6.71	77.316	
	恒		記	35.61	33.67	28.02	21.05	118.35	
	和		昌	4.168	2.429	3.633	3.66	13.89	
	益		隆	5	5	5	5	20 (福)	
庚寅	生		泰	1	1	1	1	4	
1890	忠		和	1	1	1	1	4	
M23	美	珍	齋	1	1	1	1	4	
	盛		隆	3	3	2	2	10	
	大	興	隆	12.21	11.686	16.763	8.579	49.238	
	裕		和	16.364	12.127	5.13	17.22	50.841	10
	肇		記	1	1	1	1	4 (壽)	
	合		計					878.583	
註：春季的單位：刃，夏季以後的單位：片。									
	泰		昌	34.962	0	0	0	34.962	
	德		泰	24.98	20.41	22.88	17.54	85.81	
	森		茂	26.32	26.25	23.88	9.61	86.06	
	怡		德	13.413	13.741	11.722	12.675	51.551	
	昇		記	13.019	5.818	15.14	23.647	57.624	
	恒		記	22.995	16.234	34.852	45.58	119.661	
	和		昌	6.646	8.093	15.074	8.102	37.915	
	益		隆	5	2	2	2	11	
	生		泰	1	1	1	1	4	
辛卯	忠		和	1	1	1	1	4	
1891	盛		隆	3	5	5	5	18	
M24	大	興	隆	9.222	7.912	11.223	8.392	36.749	
	裕		和	9.175	8.787	20.222	43.703	81.887	
	肇		記	1	1	1	1	4	
	怡		泰	0	1	1	1	3	
	萬		順	1	0	0	1	2 (壽)	
	萬		記		1	1	0	2	
	義		森	1	1	1	1	4 (壽)	
	春		興			11.23	8.538	19.768	10
	義		昌	1	1	1	0	3 (壽)	
	合		計					666.987	
	泰 昌 ·		鍚	0	15.01	22.41	21.22	58.64	
	德		泰	28.42	35.12	28.525	16.63	108.695	
壬辰	森		茂	6.45	27.02	11.64	8.41	53.52	
1892	怡		德	7.65	10.485	8.045	6.028	32.208	
M25	昇		記	21.1	22.72	19.215	14.64	77.675	
	恒		記	33.068	26.944	32.95	32.19	125.152	

年度	商號		春	夏	秋	冬	合計	插爐
	和	昌	11.889	35.344	15.445	5.352	68.03	
	益	隆	2	2	2	2	8（祿）	
	生	泰	1	1	1	1	4（壽）	
	忠	和	1	1	1	1	4（壽）	
	盛	隆	5	5	5	5	20（福）	
壬辰	大 興	隆	10.427	15.51	16.036	7.575	49.548	
1892	裕	和	29.044	22.751	25.642	50.065	127.502	
M25	肇	記	1	1	1	1	4（壽）	
	怡	泰	1	1	1	1	4（壽）	
	萬	順	1	1	1	1	4（壽）	
	慶	記			1	1	2（壽）	
	贈	記			1	1	2（壽）	
	永	記	16.343	19.356	23.905	28.46	88.064	
	合	計	176.391		217.813	204.57	841.034	
	泰	錩	22.556	46.226	28.43	43.988	141.200	
	德	泰	26.04	32.70	33.21	21.285	113.235	
	森	茂	12.02	10.715	15.83	4.80	43.365	
	怡	德	6.986	9.729	12.185	2.12	31.02	
	昇	記	15.195	10.032	16.164	59.05	100.441	
	恒	記	18.012	25.537	51.846		95.395	
	和	昌	16.989	21.833	10.69	13.305	62.817	
	裕	和	25.742	60.521	27.244	47.713	161.22	
	大 興	隆	10.235	18.697	10.192	13.455	52.579	
	振	泰	1.952	1.638	2.085	2.86	8.535	
癸巳	永	記	18.229	28.488	26.327	50.125	123.169	
1893	福	源	8.951	5.539	6.122		20.612	
M26	福 聚	順		12.20	2.85	4.64	19.69	
	盛	隆	5	5	5	5	20	
	益	隆	2	2	2	2	8	
	生	泰	1	1	1	1	4	
	忠	和	1	1	1	1	4	
	肇	記	1	1	1	1	4	
	萬	順	1	1	1	1	4	
	怡	泰	1	1	1	1	4	
	慶	記	1	1	1	1	4	
	贈	記	1	1	1	1	4	
	合	計					1029.278	

註：春、夏、冬季的單位：片，秋季的單位：元。「片」與「元」是等值的單位。

年度	商號	春	夏	秋	冬	合計	插爐
甲午 1894 M27	泰　　錩	35.15					
	德　　泰	40.85					
	森　　茂	6.36					
	怡　　德	5.535					
	昇　　記	41.45					
	恒　　記	27.374					
	和　　昌	15.105					
	裕　　和	31.424					
	大　興　隆	13.58					
	振　　泰	7.40					
	永　　記	25.44					
	福　　源	5.714					
	盛　　隆	5					
	益　　隆	2					
	生　　泰	1					
	忠　　和	1					
	肇　　記	1					
	萬　　順	1					
	怡　　泰	1					
	慶　　記	1					
	贈　　記	1					
	合　　計					269.382	
乙未 1895 M28	泰　　錩			151.251			
	德　　泰			50.26			
	怡　　德			5.35			
	昇　　記	33.781					
	恒　　記			55.90			
	和　　昌	28.591					
	裕　　和			184.205			
	大　興　隆			38.788			
	振　　泰	21.607					
	永　　記			49.36			
	福　聚　順			32.39			
	震　　豐			14.40			
	盛　　隆			10			
	益　　隆			10			
	生　　泰			12			
	肇　　記			17.26			
	合　　計	83.979		631.164			

年度	商號	春	夏	秋	冬	合計	插爐
	泰　　錫	158.278		51.997	77.649	287.924	
	德　　泰	82.326		26.742	25.189	134.257	
	福　　興	10.60		23.50	11.25	45.35	30
	怡　　德	19.20		20.745	7.35	47.295	
	昇　　記	53.593		18.854	16.605	89.052	
	恒　　記	35.68		30.825	43.05	109.555	
	和　　昌	25.769		26.097	13.719	65.585	
	裕　　和	103.258		55.303	102.72	261.281	20
	大　興　隆	20.151		16.168	11.646	47.965	
	振　　泰	25.134		18.80	12.822	56.756	30
	永　　記	22.91		21.40	20.295	64.605	20
	福　聚　順	11.20		10.20		21.40	30
丙申	震　　豐	12.385		15	9.25	36.635	30
1896	盛　　隆	10		5	5	20	30
M29	益　　隆	10		5	5	20	
	生　　泰	10		5	5	20	30
	福　　泰			3	3	6（祿）	
	肇　　記	25.30		11.20	23.20	59.70	30
	萬　　順			3	3	6（祿）	
	怡　　泰			5	5	10	30
	慶　　記			5	5	10	30
	贈　　記			3	3	6（祿）	
	福　　隆	10		5	5	20	30
	茂　　隆			5	5	10（福）	
	振　　隆			3	3	6（祿）	
	承　　記			3	3	6（祿）	
	大　　利			3	3	6（祿）	
	合　　計					1473.36	340（12軒）
註：春季、夏季的單位：元，秋季、冬季的單位：片。							
	泰　　錫	29.95	174.182	76.648	137.085	417.865	
	德　　泰	34.895	34.61	49.618	64.722	183.845	
	福　　興	24.10	29.20	22.10	19.70	95.10	
	怡　　德	13.27	12.823	9.755	11.20	47.048	
丁酉	昇　　記	14.758	18.955	22.854	65.917	122.484	
1897	恒　　記	22.468	24.284	24.944	42.484	114.18	
M30	和　　昌	23.69	30.104	19.452	21.242	94.488	
	裕　　和	41.854	113.733	71.68	47.221	274.488	
	大　興　隆	12.416	13.846	18.571	9.109	53.942	
	振　　泰	17.955	17.19	22.625	25.873	83.643	
	永　　記	22.32	20.465	33.075	40.665	116.525	
	震　　豐	8.82	20.30	21.30	31.50	81.92	

年度	商號	春	夏	秋	冬	合計	插爐
丁酉 1897 M30	盛　　隆	5	5	5	5	20	
	益　　隆	5	5	5	5	20	
	生　　泰	5	5	5	5	20	
	福　　泰	3	3	3	3	12	
	肇　　記	17.30	16.45	16.723	10.122	60.595	
	萬　　順	3	3	3	3	12	
	怡　　泰	5	5	5	5	20	
	慶　　記	5	5	5	5	20	
	贈　　記	3	3	3	3	12	
	福　　隆	5	5	5	5	20	
	茂　　隆	5	5	5	5	20	
	振　　隆	3	3	3	3	12	
	承　　記	3	3	3	3	12	
	大　　利	3	3	3	3	12	
	合　　計		1378.383		579.84	1958.123	
	註：春季的單位：片，夏季的單位：元，秋、冬季的單位：刃。						
戊戌 1898 M31	泰　　錩	192.816	58.74	51.81	45.207	348.573	
	德　　泰	80.037	77.658	60.412	37.94	256.047	
	福　　興	22.65	17.60	16.256	15.50	72.006	
	怡　　德	11.20	16.50	14.20	9.719	51.619	
	昇　　記	53.947	92.863	43.292	66.522	256.624	
	恒　　記	28.64	14.85	0	0	43.49	
	和　　昌	31.459	18.88	31.80	21.51	103.649	
	裕　　和	98.69	108.449	61.55	86.693	355.382	
	大　興　隆	15.50	14.018	13.762	9.42	52.70	
	振　　泰	37.515	20.256	38.25	22.35	118.371	
	永　　記	40.235	31.205	54.09	54.15	179.68	
	震　　豐	72.26	25.10	14.75	11.31	123.42	
	怡　　泰	0	5	5	5	15（福）	
	茂　　隆	5	5	5	5	20（福）	
	盛　　隆	5	5	5	5	20（福）	
	益　　隆	5	5	5	5	20（福）	
	生　　泰	5	5	5	5	20（福）	
	慶　　記	5	5	5	5	20（福）	
	肇　　記	11.356	11.923	11.155	10.123	44.557	
	萬　　順	3	3	3	3	12（祿）	
	大　　利	3	3	3	3	12（祿）	
	承　　記	3	3	3	3	12（祿）	
	贈　　記	3	3	3	3	12（祿）	
	振　　隆	3	3	3	3	12（祿）	
	福　　泰	3	3	3	3	12	
	福　　隆	5	5	5	5	20	

年度	商號	春	夏	秋	冬	合計	插爐
	錦　　泰		8.66	7.50	0	16.16	30
	合　　計					2229.278	
註：秋季的單位：片，春、夏、冬季的單位：元。							
	泰　　錩	28.44	24.46	21.50	38.276	112.676	
	德　　泰	24.074	23.341	32.198	38.614	118.227	
	福　　興	21	25.26	26.65	20.20	93.11	
	怡　　德	15.10	12.10	9.86	8.18	45.24	
	昇　　記	19.786	16.988	22.134	29.84	88.748	
	和　　昌	30.05	46.125	35.12	22.44	133.735	
	裕　　和		31.633	48.875	44.912	125.42	
	大　興　隆	8.836	5.04	6.857	8.951	29.684	
	振　　泰	30.58	23.27	38.52	22.55	114.92	
	永　　記	24.17	26.349	39.353	26.60	116.472	
己亥	震　　豐	5		10		15	
1899	怡　　泰	10		5	5	20	
M32	茂　　隆	5	5	5	5	20	
	盛　　隆	5	5	5	5	20	
	益　　隆	5	5	5	5	20	
	生　　泰	5	5	5	5	20	
	慶　　記	5	5	5	5	20	
	肇　　記	5	5	5	5	20	
	萬　　順	3	3	3	3	12	
	大　　利	3	3	3	3	12	
	承　　記	3	3	3	3	12	
	贍　　記	3	3	3	3	12	
	振　　隆	3	3	3	3	12	
	合　　計					1193.232	
	泰　　錩	17.25	12.25	25.25	40.358	95.108	
	德　　泰	25.799	25.282	46.048	36.268	133.397	
	福　　興	24.35	15.005	21.50	16.60	77.455	
	昇　　記	16.13	16.905	54.85	27.527	115.412	
	東　　源	30.388	10.83	20.751	24.317	86.286	
庚子	和　　昌	30.55	14.815	24.785	26.14	96.29	
1900	裕　　和				49.40	49.40	
M33	振　　泰	31.55	15.62	32.23	28.125	107.525	
	永　　記	23.79	12.915	43.225	36.106	116.036	
	震　　豐	8.74				8.74	
	怡　　泰	5	5	5	5	20	
	茂　　隆	5	5	5	5	20	
	盛　　隆	5	5	5	5	20	
	益　　隆	5	5	5	5	20	

年度	商號	春	夏	秋	冬	合計	插爐
庚子 1900 M33	生　泰	5	5	5	5	20	
	慶　記	5	5	5	5	20	
	肇　記	5	5	5	5	20	
	萬　順	3	3	3	3	12	
	大　利	3	3	3	3	12	
	承　記	3	3	3	3	12	
	贈　記	3	3	3	3	12	
	振　隆	3	3	3	3	12	
	合　計					1085.649	
辛丑 1901 M34	泰　錩		15.548			15.548	
	德　泰	36.349	25.326	47.924	17.171	126.77	
	福　興	2.15	29.78	22.53	8.81	63.27	
	泰　益			24.29	18.75	43.04	30
	昇　記	29.887	11.098	31.404	13.23	85.619	
	東　源	33.756	18.085	52.815	22.25	126.906	
	和　昌	3.775	14.375	22.66	18.435	59.245	
	裕　和		12.795	21.002		33.797	
	振　泰	37.72	21.31	49.47	26.70	135.20	
	永　記	21.935	15.05	40.513	29.68	107.178	
	震　豐	6.095	5	6.935		18.03	
	怡　泰	5	5	5	5	20	
	茂　隆	5	5	5	5	20	
	盛　隆	5	5	5	5	20	
	益　隆	5	5	5	5	20	
	生　泰	5	5	5	5	20	
	慶　記	5	5	5	5	20	
	肇　記	5	5	5	5	20	
	萬　順	3	3	3	3	12	
	承　記	3	3	3	3	12	
	贈　記	3	3	3	3	12	
	振　隆	3	3	3	3	12	
	安　記						30
	合　計					1002.603	
壬寅 1902 M35	太　昌			30.655	8	38.655	
	德　泰	41.492	30.282	47.075	40.49	159.339	
	福　興	7.95	10.20	18.22	5.09	41.46	
	泰　益	21.50	32.00	32.85	34.05	120.40	
	昇　記	22.107	24.075	38.035	19.975	104.192	
	東　源	39.967	30.659	42.87	24.29	137.786	
	和　昌	13.20	11.885	20.65	21.16	66.895	
	裕　和	0	10.872	21.98	19.265	52.117	

年度	商號		春	夏	秋	冬	合計	插爐
壬寅 1902 M35	振	泰	39.98	33.91	46.665	24.31	144.865	
	永	記	9.80	11.10	25.50	38.595	84.995	
	震	豐	5	5	0	0	10	
	怡	泰	5	5	5	0	15	
	茂	隆	5	5	5	0	15	
	盛	隆	5	5	5	5	20	
	益	隆	5	5	5	5	20	
	生	泰	5	5	5	5	20	
	慶	記	5	5	5	5	20	
	肇	記	5	5	5	5	20	
	萬	順	3	3	3	3	12	
	承	記	3	3	3	3	12	
	贍	記	3	3	3	3	12	
	振	隆	3	3	3	3	12	
	合	計					1138.704	
癸卯 1903 M36	太	昌	27.50	46.50	40	30	144	30
	德	泰	32.485	45.29	57.794	42.814	178.383	
	福	興	60.45	60.22	35.04	15.60	171.31	
	泰	益	36.60	41.50	42.20	36	156.30	
	昇	記	36.495	54.288	43.579	28.962	163.324	
	裕	和	36.014	47.83	31.424	54.16	169.428	30
	和	昌	32.50	23.40	23.34	29.10	108.34	
	振	泰	36.85	42.71	32.56	19.44	131.56	
	永	記	26.538	30.825	50.92	53.88	162.163	
	震	豐	6	5	14	11.15	36.15	
	東	源	39.40	22.90	15.66	20.028	97.988	
	怡	泰			5		5	
	實	記			12		12	
	盛	隆	5	5	5	5	20	
	益	隆	5	5	5	5	20	
	生	泰	5	5	5	5	20	
	慶	記	5	5	5	5	20	
	肇	記	5	5	5	5	20	
	萬	順	3	3	3	3	12	
	振	隆	3	3	3	3	12	
	承	記	3	3	3	3	12	
	贍	記	3	3	3	3	12	
	合	計					1683.937	

註：春、夏季單位為片，秋、冬季單位為刃。

年度	商號		春	夏	秋	冬	合計	插爐
	太	昌	30	42.50	50	80	202.50	
	德	泰	44.192	39.216	59.12	40.645	183.173	
	福	興	15.50	28.50	7.60	6.46	58.06	
	泰	益	20	35	45	16	116	
	昇	記	28.99	39.20	44.17	11.95	124.31	
	裕	和	44.57	24.864	40.133	0	109.567	
	和	昌	8.55	24.25	18.594	5.30	56.694	
	振	泰	38.58	40.50	63.71	30.90	173.69	
	永	記	21.10	25.60	31.20	40.15	118.05	
甲辰	震	豐	20	20.50	23.21	5	68.71	
1904	東	源	24.322	26.435	35.72	58.887	145.364	
M37	實	記	5	5	11.25	10.70	31.95	
	盛	隆	5	5	5	5	20	
	益	隆	5	5	5	5	20	
	生	泰	5	5	5	5	20	
	慶	記	5	5	5	5	20	
	肇	記	5	5	5	5	20	
	萬	順	3	3	3	3	12	
	振	隆	3	3	3	3	12	
	承	記	3	3	3	3	12	
	贈	記	3	3	3	3	12	
	合	計					1536.068	
	太	昌	20	20	10	10	60	
	德	泰	31.321	29.524	37.53	58.516	156.891	
	福	興	50	40	22	50	162	
	泰	益	24.60	28.40	25	36	114	
	和	昌	9.40	11.65	32	45.61	98.66	
	振	泰	41.04	31.69	58.435	28.59	159.755	
	永	記	22.25	34.42	37.92	55.49	150.08	
	震	豐	3	6	5	5	19	
乙巳	東	源	20.39	23.635	30.227	25.90	100.152	
1905	德	隆						30
M38	振	成	20	14.175	24.29	12.79	71.255	30
	實	記	10.23	7.20	9.50	14.30	41.23	
	盛	隆	5	5	5	5	20	
	益	隆	5	5	5	5	20	
	生	泰	5	5	5	5	20	
	慶	記	5	5	5	5	20	
	肇	記	7.5	5	5	5	22.50	
	萬	順	3	3	3	5	14	30
	振	隆	3	3	3	5	14	30
	承	記	3	3	3	3	12	

年度	商號		春	夏	秋	冬	合計	插爐
乙巳 1905 M38	贍	記	3	3	3	3	12	
	四 海	樓	3	3	3	3	12	
	第 一	樓	3	3	3	3	12	
	福 興	館	3	3		3	12	
	福	泰			9	3	12	
	合	計					1335.523	
丙午 1906 M39	太	昌	10.27	5.91	4.21	0	20.39	
	德	泰	24.146	43.614	37.615	22.01	127.385	
	福	興	40.55	50.267	45.65	15.60	152.067	
	泰	益	32	42	45	40	159	
	和	昌	26.55	23.28	23.50	24.50	97.83	
	振	泰	36.235	46.85	32.55	31.80	147.435	
	永	記	34.46	31.46	53.01	51.08	170.01	
	震	豐	5	5	10	15	35	
	東	源	23.073	10	21.50	15	69.573	
	德	隆	21.90	44.87	36.81	30.35	133.93	
	振	成	22.801	11.50	22.70	11	68.001	
	實	記	11.31	12.10	16.40	19.50	59.31	
	盛	隆	5	5	5	5	20	
	益	隆	5	5	5	5	20	
	生	泰	5	5	5	5	20	
	慶	記	5	5	5	5	20	
	肇	記	5	5	5	5	20	
	萬	順	5	5	5	5	20	
	振	隆	5	5	5	5	20	
	承	記	3	3	3	3	12	
	贍	記	3	3	3	3	12	
	四 海	樓	3	3	3	3	12	
	第 一	樓	3	3	3	3	12	
	福 興	館	3	3	3	3	12	
	福	泰	3	3	3	3	12	
	合	計					1451.931	
丁未 1907 M40	太	昌	5.26	4.2	5	0	14.46	
	德	泰	32.07	24.07	30.22	18.35	104.71	
	福	興	20.50	41.25	26.50	22	110.25	
	泰	益	20	40	40	30	130	
	和	昌	22.55	24.50	21.30	23.50	91.85	
	振	泰	33.27	40.67	40	25	138.94	
	永	記	33.50	22.26	36.785	36.33	128.875	
	震	豐	15	5	5	5	30	

年度	商號			春	夏	秋	冬	合計	插爐
丁未 1907 M40	東		源	16.75	20.40	30	15	82.15	
	德		隆	33.17	26.48	51.77	16.98	128.40	
	振		成	15	22.50	30	12.50	80	
	賓		記	15.25	12.50	22.20	22.10	72.05	
	盛		隆	5	0	0	0	5	
	益		隆	5	5	5	5	20	
	生		泰	5	5	5	5	20	
	慶		記	5	5	5	5	20	
	肇		記	5	5	5	5	20	
	萬		順	5	5	5	5	20	
	振		隆	5	5	5	5	20	
	承		記	3	3	3	3	12	
	贈		記	3	3	3	3	12	
	四	海	樓	3	3	3	3	12	
	第	一	樓	3	3	3	3	12	
	福	昇	棧			5	5	10	
	福		泰	3	3	3	3	12	
	合		計					1306.685	
戊申 1908 M41	太		昌			4.2	5.5	9.70	
	德		泰	48.662	50.13	51.21	65.92	215.922	
	福		興	50	10	15	39.495	114.495	
	泰		益	20	20	20	50	110	
	和		昌	26.15	21.50	15.50	39.50	102.65	
	振		泰			11.32		11.32	
	永		記	25.43	22.86	25.70	50.895	124.885	
	震		豐				5	5	
	賓		記	15.40	9.45	20.45	24.25	69.55	
	益		隆	5	15.30	14.80	32.50	67.60	
	振		利				16.245	16.245	
	裕		發	5	6.50	22.70	26.11	60.31	30
	鼎		大		10	15	23.27	48.27	
	復		元		15	20	21.14	56.14	
	生		泰	5	5	5	5	20	
	慶		記	5	5	5	5	20	
	肇		記	5	5	5	5	20	
	萬		順	5	5	5	5	20	
	振		隆	5	5	5	5	20	
	承		記	3	3	3	3	12	
	贈		記	3	3	3	3	12	
	四	海	樓	3	3	3	3	12	
	福		泰		3	3	3	9	
	合		計					1157.087	

年度	商號	春	夏	秋	冬	合計	插爐
	瑞 隆		5			5	
	德 泰	40	30.17	80.34		150.51	
	福 興		5			5	
	泰 益	50	25	60		135	
	和 昌	25.50	11.11	40		76.61	
	永 記	23.50	16.50	85.62		125.62	
	震 豐			3		3	
	實 記	15.65	9.15	41.70		66.50	
	益 隆	31.50	28.20	60.30		120	
	振 利	30	20	36.50		86.50	
巳酉	裕 發	23.45	6	13		42.45	
1909	鼎 大	25	15	13.04		53.04	
M42	復 元	23.45	13.25	15		51.70	
	生 泰	5	5	5	5	20	
	慶 記	5	5	5	5	20	
	肇 記	15.63	19.75	27.30		62.68	
	萬 順	5	5	5	5	20	
	振 隆	5	5	5	5	20	
	承 記	3	3	3	3	12	
	贈 記	3	3	3	3	12	
	四 海 樓	3	3	3	3	12	
	福 泰	3	3	3	3	12	
	公 大	3	3	3	3	12	
	三 山	3	3	3	3	12	
	合 計					1135.61	
	建 隆	5	5	5.3	5.5	20.80	
	德 泰	32.03	29.57	34.77	67.76	164.13	
	乾 茂	0	5.5	5.5	0	11	
	泰 益	30	30	30	30	120	
	和 昌	30	30	32.32.	33.76	126.08	
	永 記	32.32	16.39	34.45	42.50	125.66	
	實 記	23.50	15.10	16.80	20.15	75.55	30
庚戌	益 隆	27.50	28	20	0	75.50	
1910	振 利	32.50	17.50	30	25	105	
M43	裕 發	5.20	5.50	5	5.40	21.10	
	生 泰	5	5	5	5	20	
	慶 記	5	5	5	5	20	
	肇 記	13.25	11.30	16.25	13.75	54.55	
	萬 順	5	5	5	5	20	
	振 隆	5	5	5	5	20	
	承 記			3	3	6	
	贈 記	3	3	3	3	12	

年度	商號	春	夏	秋	冬	合計	插爐
	四　海　樓	3	3	3	3	12	
	福　　　泰	3	3	3	3	12	
庚戌	公　　　大	3	3	3	3	12	
1910	三　　　山	3	3	3	3	12	
M43	裕　　　源	3	3	3	3	12	
	第　一　樓			3	3	6	
	合　　　計					1063.37	

長崎福建联合会

基本金一名＝ 10 元

丁巳 1917	民國 6	戊午 1918	民國 7	巳未 1919	民國 8	庚申 1920	民國 9
泰　　　益	20	泰　　　益	20	泰　　　益	20	泰　　　益	20
崇　　　記	20	崇　　　記	20	崇　　　記	20	崇　　　記	20
慶　　　記	10	慶　　　記	10	慶　　　記	10	慶　　　記	10
振　　　利	10	振　　　利	10	振　　　利	10	振　　　利	10
和　　　昌	10	和　　　昌	10	和　　　昌	10	和　　　昌	10
公　　　大	10	公　　　大	10	公　　　大	10	公　　　大	10
德　　　泰	10	德　　　泰	10	德　　　泰	10	德　　　泰	10
肇　　　記	10	肇　　　記	10	肇　　　記	10	肇　　　記	10
萬　　　順	10	萬　　　順	10	萬　　　順	10	萬　　　順	10
福　　　泰	10	福　　　泰	10	福　　　泰	10	福　　　泰	10
三　　　成	10	三　　　成	10	裕　　　昌	10	裕　　　昌	10
裕　　　昌	10	裕　　　昌	10	三　　　山	10	三　　　山	10
三　　　山	10	三　　　山	10	生　　　泰	10	生　　　泰	10
生　　　泰	10	生　　　泰	10	瑞　　　源	10	瑞　　　源	10
瑞　　　源	10	瑞　　　源	10	四　海　樓	10	四　海　樓	10
錦　　　昌	10	錦　　　昌	10	永　　　記	10	永　　　記	10
四　海　樓	10	四　海　樓	10				
永　　　記	10	永　　　記	10				
藩　松　溪	10	藩　松　溪	10				
合　　　計	210	合　　　計	210	合　　　計	180	合　　　計	180

長崎福建公所厘捐金明細表

年度	商號	春	夏	秋	冬	合計	插爐
壬戌	泰　　　益	60	50	60	70	240	
	崇　　　記	28.15	49.89	47.96	39.83	165.83	
1922	永　　　記	45.15	56.63	51.36	22.94	176.08	
T11	和　　　昌	11.95	45.63	25	25	107.58	
	振　　　利	17.36	21.45	17.43	12.16	68.40	
	王　輝　懍	5.50	6	5.50	6	23	
	公　　　大	10	10	10	10	40	

年度	商號	春	夏	秋	冬	合計	插爐
壬戌 1922 T11	三　　山	5	5	5	5	20	
	生　　泰	5	5	5	5	20	
	慶　　記	5	5	5	5	20	
	肇　　記	5	5	5	5	20	
	萬　　順	5	5	5	5	20	
	瑞　　源	5	5	5	5	20	
	福　　泰	5	5	5	5	20	
	四　海　樓	5	5	5	5	20	
	合　　計					980.89	
癸亥 1923 T12	泰　　益	40	40	50	50	180	
	崇　　記	34.28	32.98	42.16	40	149.42	
	永　　記	31.16	30.63	65	75.50	202.29	
	和　　昌	10	11	5	5	31	
	振　　利	17.55	10	19.44	23.03	70.02	
	王　煇　慊	5.5	5.5	5.5	5.5	22	
	公　　大	10	10	10	10	40	
	三　　山	5	5	5	5	20	
	生　　泰	5	5	5	5	20	
	慶　　記	5	5	5	5	20	
	肇　　記	5	5	5	5	20	
	萬　　順	5	5	5	5	20	
	瑞　　源	5	5	5	5	20	
	福　　泰	5	5	5	5	20	
	四　海　樓	5	5	5	5	20	
	合　　計					854.73	
甲子 1924 T13	泰　　益	50	50	50	50	200	
	崇　　記	37.62	32.16	39.08	33.12	141.98	
	永　　記	40.64	40	70		150.64	
	和　　昌	5	5	5	5	20	
	振　　利	30.17	30.75	47.50	42.60	151.02	
	王　煇　慊	5.5	5.5	5.5	5.5	22	
	公　　大	10	10	10	10	40	
	三　　山	5	5	5	5	20	
	生　　泰	5	5	5	5	20	
	慶　　記	5	5	5	5	20	
	肇　　記	5	5	5	5	20	
	萬　　順	5	5	5	5	20	
	瑞　　源	5	5	5	5	20	
	福　　泰	5	5	5	5	20	

年度	商號		春	夏	秋	冬	合計	插爐
	四 海 樓		5	5	5	5	20	
	永 興		15	15	15	15	60	30
	合 計						945.64	
	泰 益		50	50	40	40	180	
	崇 記			113.79		22.79	136.58	
	永 記		40	30.15	22.50	25	117.56	
	和 昌		5	5	5	5	20	
	振 利		40	40	60		140	
	王 煇 慊		5.5	6.5	7	9.5	28.50	
	公 大		10	10	10	10	40	
乙丑	三 山		5	5	5	5	20	
1925	生 泰		5	5	5	5	20	
T14	慶 記		5	5	5		15	
	肇 記		5	5	5	5	20	
	萬 順		5	5	5	5	20	
	瑞 源		5	5	5	5	20	
	福 泰		5	5	5	5	20	
	四 海 樓		5	5	5	5	20	
	永 興		15	18	18	20	71	
	合 計						888.64	
	泰 益		40	40	40	60	180	
	崇 記		34.53	31.84	34.32	27.18	127.87	
	永 記			15			15	
	和 昌		5	5	5	5	20	
	振 利		30	30	5	10	75	
	王 煇 慊		6.5	6	5	5	22.5	
	公 大		5	5	5	5	20	
丙寅	三 山		5	5	5	5	20	
1926	生 泰		5	5	5	5	20	
T15	慶 記		5	5	5	5	20	
	肇 記		5	5	5	5	20	
	萬 順		5	5	5	5	20	
	瑞 源		5	5	5	5	20	
	福 泰		5	5	5	5	20	
	四 海 樓		5	5	5	5	20	
	永 興		20	15	18	22.50	75.5	
	合 計						675.87	
丁卯 1927	崇 記				22.49	25.92		
S2	合 計						資料不全	

年度	商號		春	夏	秋	冬	合計	插爐
	泰	益	30	30	35	40	135	
	崇	記	23.35	17.68	51		92.03	
	永	記	15	15	35		65	
	和	昌	5	0	0	0	5	
	振	利	12		10		22	
戊辰	永	興	20	15	40		75	
1928	公	大	5	5	5	5	20	
S3	三	山	5	5	5	5	20	
	生	泰	5	5	5	5	20	
	萬	順	5	5	5	5	20	
	瑞	源	5	5	5	5	20	
	福	泰	5	5	5	5	20	
	四 海	樓	5	5	5	5	20	
	合	計					534.03	
	泰	益	50		80		130	
	崇	記	42.34		16.75	13.37	72.46	
	永	記	45				45	
	永	興	35		50		85	
己巳	公	大	5	5	5	5	20	
1929	三	山	5	5	5	5	20	
S4	生	泰	5	5	5	5	20	
	萬	順	5	5	5	5	20	
	瑞	源	5	5	5	5	20	
	福	泰	5	5	5	5	20	
	四 海	樓	5	5	5	5	20	
	合	計					472.46	
	泰	益	32	20	25	20.50	97.50	
	崇	記	13.46	14.33	22.10	12.83	62.72	
	永	記	22		10		32	
	永	興	20	20	20	20	80	
庚午	公	大	5	0	0	0	5	
1930	三	山	5	5	5	5	20	
S5	生	泰	5	5	5	5	20	
	萬	順	5	5	5	5	20	
	瑞	源	5	5	5	5	20	
	福	泰	5	5	5	5	20	
	四 海	樓	5	5	5	5	20	
	合	計					397.22	
	泰	益	11.5		26.8		38.30	
	崇	記	48.89				48.89	
	泰	昌		10		7.5	17.5	30

年度	商號	春	夏	秋	冬	合計	插爐
辛未 1931 S6	永　　興	20		50		70	
	三　　山	5	5	5	5	20	
	生　　泰	5	5	5	5	20	
	萬　　順	5	5	5	5	20	
	瑞　　源	5	5	5	5	20	
	福　　泰	5	5	5	5	20	
	四　海　樓	5	5	5	5	20	
	合　　計					294.69	
壬申 1932 S7	泰　　益			49.90		49.90	
	崇　　記			36		36	
	泰　　昌	7.5		15.5		23	
	生　　泰	5	5	5	5	20	
	福　　泰	5	5	5	5	20	
	瑞　　源	5	5	5	5	20	
	三　　山	5	5	5	5	20	
	四　海　樓	5	5	5	5	20	
	合　　計					208.90	
癸酉 1933 S8	泰　　益			45		45	
	崇　　記			40		40	
	永　　興			48		48	
	泰　　昌		10.12		10.15	20.27	
	生　　泰	5	5	5	5	20	
	福　　泰	5	5	5	5	20	
	瑞　　泰	5	5	5	5	20	
	三　　山	5	5	5	5	20	
	四　海　樓	5	5	5	5	20	
	合　　計					253.27	
甲戌 1934 S9	泰　　益			20.15		20.15	
	生　　泰	5	5	0	0	10	
	福　　泰	5	5	0	0	10	
	瑞　　泰	5	5	0	0	10	
	三　　山	5	5	0	0	10	
	四　海　樓	5	5	0	0	10	
	合　　計					70.15	

資料來源：1888-1901 年，八閩會所總簿、日清簿（分類項目 I-5）
1896-1919 年，福建會館總簿（分類項目 I-3）
1917-1920 年，長崎福建聯合會記錄（分類項目 I-2）
1922-1932 年，福建會所總簿（分類項目 I-1）
1933-1939 年，福建會所傳單記錄（分類項目 I-3）
註：(1)「插爐」：新加入商號所繳交的入會金。
　　(2) 會館醵金的出資狀況：例如癸巳（1893）3 月「收和昌春季出入口醵金 16,989 片」「收盛隆春季壽字捐醵金

5 片」的記錄，記載人名和收入金額。本表是依其會員制，整理各商號的出資額，依照年代順序列表。由此可以明瞭 1888 到 1939 年，定率出資（進出口額的千分之一）和定額出資（分為福、祿、壽三等級）各會員的營業情況和商業活動的變化。

(3) 帳簿上的單位有片、刃、元三種，基本上是等值的單位。

(4) 乙亥 1935 年到己卯 1939 年無釐捐金收入。

(5) 上述簿記資料的分類項目，乃依據長崎華僑研究会編集出版的《長崎華商泰益號関係資料》第一輯，1985年，長崎市立博物館藏的分類項目的編號。

⑦ 生泰號商業圏（1936）

地　域	軒数	取引先		
東 京 都	22	井上晩翠軒	守尾瑞芝堂	井上嘉章商店
		森下義男	稻村盛	大喜商店
		比田井鴻	伴伝西村	松屋商店
		苅屋進盛堂	川島綾店	野々村吉松
		トモノ荘	吉田敷物店	北崎伴蔵
		広瀬保吉	山田商会	第二源來軒内（何芝青）
		森島万造	林商店（林慶英）	万祥号（張則盛）
		林金次		
神奈川県	6	中岩商店（岩本万平）	近江屋金物店（成宮庄次郎）	老維新号
		順記号	井上好雄	老友記
静 岡 県	7	野崎重兵衛	浜与商店	田畑喜烈
		佐塚商店	横山商店（横山儀平）	杉山好四郎
		池文商店（池谷幸文）		
長 野 県	2	小出商店	九形屋出張店	
名古屋市	16	精華堂（伊藤庄兵衛）	安井屋（加藤甚三郎）	加茂兔（船橋秀一）
		シナ忠旅館（白木周次郎）		八百健（高田鍵次郎）
		村瀬谷三郎	加藤化粧品部	名古屋号
		坂田良七	横井会社	春光堂（水野鉱造）
		大林堂筆舗	玩古洞（石黒円兔）	福盛号
		清泉堂	和敬堂	
岐 阜 県	8	手塚商店	水戸政盛	鳶屋洋品店
		多和田兄弟商会	船戸茂太郎	二葉屋
		島松商店	林屋茶舗（林六蔵）	
奈 良 市	4	小林文宝堂	松寿堂（森竹次郎）	岡村雲檻洞
		岡村屋（木田亀太郎）		
京 都 市	27	津久間新助	田中金華堂	後藤仁助
		青雲堂（川口滝助）	高木寿扇堂	竹圧商店
		カドヤ本店	古梅園京都支店	金栄堂（侯野弁次郎）
		安本商店	水谷重三郎	岡丸屋（岡本八造）
		岡浩文堂	中井京都支店	山北光運堂
		長岡香雪軒	高木太二郎	松本正三
		松寿堂（長谷川忠二）	山本清七	野村昭嘉堂
		小池米華堂	宮脇売扇庵	小川後樂堂
		大竹扇子店	南条左市郎	谷川清商店
大 阪 市	47	巽英二商店	東海楼（王鏡清）	藤井利三郎
		隆盛号（薛梅香）	矢仙閣（郭寿元）	高田唐木店（安治郎）
		仁寿堂分店	伊藤朝日堂	角倉商店
		伊藤嘉七	尚玩堂	長崎屋商店（長崎辰之助）
		内山文正堂	升本華キ店	岩崎久平
		高木晴雲堂	丹青堂（堀剛治）	伊藤弥三郎
		浜田利三郎	古梅園大阪支店	豊田屋（安達吉松）
		藤村武治郎	関和蔵	張勝子
		森敬三	朝日屋商店	八松号（高田慶治郎）
大 阪 市		鯔政（広瀬恵造）	西尾市造	虎吉分店（宮腰金店）
		潘朝官	親善館（林兆舉）	江口美津子
		義小軒理髪店（陳以義）	林秉卿	飯塚健二

地　域	軒数	取引先		
		長谷川商店	月の友化粧園（加藤寬次郎）	
		森川保	桃太郎玩具店（安達国松）	
		大口勇商店	丸善美容院	西村正光堂
		稲田家旅館	今田忠兵衛	水嶋金陽
		小林陽吉	田中正商店	
兵庫県	15	小牧淺項	井上紙店	福田清三
		中外物産商会	田中力松	珍産商会
		上田金石堂	上田三角堂	柴山蘭亭
		華彰	三和物産商会	管園
		福源公司	丸善美容院	橋田商店
高知県	9	中屋綾店	松浦商店	野町綾店
		中林玉林堂	内田文具店	井上直太郎
		吉村達綾店	関頼次商店	友之家旅館
香川県	14	福田美登	増田竜太郎	逸見仲次郎
		中村屋本店（田所商舗）	寺川鴻造	杉山商店
		玄玄堂（富山歌郎）	福田富四郎	三村商店
		佃友吉	和田一次	田中商店
		岡田実二	文新堂	
愛媛県	26	秦文化堂	長野雅一	久和屋事（桑村弥六）
		松濤園（中西喜市）	竹田逸男	阿部書林（近藤荘二郎）
		武智商店	武田綾店	原島鞏吉
		金星園（柳原康延）	村上精作	宇野友一
		文泉堂（兵頭真一）	天下堂（安永直右衛門）	上林園（高須賀捺）
		宇野揚古堂	友近弥平	木原屋（石川寿一）
		藤原紋太郎	豐田晉次郎	松岡岩三郎
		酒井源次郎	松山堂書局（笹部策太）	広藤岡次郎
		三好喜市	岡田和洋綾店	
岡山県	64	安東本店	近藤芳太郎	黒田熊市
		岸本勝清	十川儀平	鈴木喜三郎
		白井和男	莊元延孔	小池寅治郎
		鈴木正次	若原鉄太郎	藤原正雲堂
		小合金助	斉藤久吉	山辺由一
		近藤甚五郎	片山元	山治商店
		淺野洋綾店	安賀菱太郎	桂林堂
		多田理平	安東豐	小谷章鞏
		富田本店	有松順之助	平田雪江
		藤井三八堂	長谷徳太郎	木村政須
		梅田修三郎	小坂田広已	前田幸文堂
		中藤役次郎	ほんぢ一立園	倉田万造
		安藤旅館	神田利吉	貝原寿太郎
		生本与吉商店	金光真次商店	鷲見伊八
		余貴隆	光畑陶キ店	翠山堂（大月銀治郎）
		松華堂（吉村健一）	秋山治助	森江要平
		小野嘉一	久我早苗	柚木勝太郎
		安藤嘉助	器樂堂美術	亀山綾店（直三郎）
		定光克之介	高橋貢	辻英旅館

地　　域	軒数	取引先		
岡 山 県		高津代吉	奈須健吉	平田林太郎
		土岐清	辻川健吉	木村三昌堂
		石原照夫		
広 島 県	79	高橋岩松	豐吉太郎	兒玉正市
		日山商会	桑光商店	酒井良三
		小林元助旅館	芦名雄助	藤井精一郎
		田中克太	昭文堂（森島武三）	楓林店（山路彦造）
		野村左一	玉芳堂（美馬吉平）	藤井亀松
		小林実	池格商店	今川玉香園
		三和樂團	住吉綾店	近藤朝陽堂
		原田治助	藤原瓢園	上野屋事（掛高一）
		岡田甚助	宮地勝次郎	志間重夫
		佐々木岩太郎	田中興三郎	宮本富造
		津川綾店	高美屋商会	桧垣南陽軒
		岡本花キ店	合田豐治	古川三一郎
		井上茂美	松川亀次郎	来来軒
		利久亭造八	中本米藏商店	田中善助商店
		永井屋綾店（林太郎）	京屋商店（川崎正吉）	久保山城園
		丸山淺吉	清風軒（久保寿一）	木本定吉
		滿天堂（滿井恂一）	正本昌一	新為新荘
		田原商店（田原国男）	中西安人	立田瓢二園
		成宮惣五郎	八木食糧品店	荘田新兵衛
		寺岡春次郎	北健三	弥山堂茶園
		木村貞吉	若山卓穂	槓山重助
		松月園（杉本近）	三村玉川堂	木村吉助
		大西忠次郎	岩田静山	森秀助
		太田館	久保木博文堂本店	高田静
		綿岡大雅園	吉野屋旅館	為積国荘
		佐久間商店	香川福三郎	吉田喜代太
		平山保三		
山 口 県	73	藤川德次郎	松寿園（中村正樹）	皿田竹次郎
		八木常助	田原清香園	原田綾店
		田中栄太郎	広島旅館	伊藤清六
		德山青果合資会社	原田三四郎	富士文房具店
		山城屋茶店	岡村余策	熊谷商店
		平尾平三郎	藤原本店	亀齢堂（岡村昌男）
		中村健治	井関和洋綾店	藤本広助
		小林商店	樫木秀吉	三文字屋（杉山茂樹）
		小惊一象堂	白木勘一	小原讓治
		横田美平	嘉藤八郎	大洋商店
		清香園支店	山商会（棟安和助）	小野屋支店
		花田新次郎	常磐館茶舗	広田種吉
		藤島健介	順克堂（川口義祐）	石田祐一
		村上昌一	清香園（伊藤オ二郎）	黑江福松
		田口久一	八木旅館	山田テル子
		太空和洋綾店	財滿箋一	西田民恵

地 域	軒數	取引先		
山 口 県		太空諦	山内紙店	文祥堂（原田俊夫）
		大関阪治郎	山本食料品店	望古堂（望戸猶一）
		藤津専	和田又莊	天成号
		善栄商店	尚古堂（岡村善吉）	三共商会
		夏川本店	美好園	北村商店
		三昭堂（柏岡文具店）	村中好吉	井和軒（徐清藩）
		花茂菴（弓崎道孝）	枝村商店	安藤光正堂
		中島藤一	中村正一	梅香園（田村梅吉）
		若戎商店		
大 分 県	41	森菊市	甲能靖久	後藤三吉
		中村文泉堂	井上文具店	村上堂（白井吉太郎）
		後藤慶一	小田原屋	丸平商店（岡野平太郎）
		太空清祐	筒井作夫	那賀栄治
		高嘉猷	林茂誠	松本要一
		倉住徳太郎	万屋旅館	倉住宇太郎
		武荘屋事（佐藤高治）	古城重太	脇屋新一
		筒井綾店	利光洋物商店	村上日進堂
		広瀬賛平	昭文堂（中島勝治）	財前食料店
		森沢喜太郎	今倉周作	竹香堂（奥田展正）
		武田忠六	石川克太郎	阿部京商店
		徳本店（倉住徳三郎）	井上松吉	ツママス食料品店
		里屋綾店	小倉健次郎	恵比須屋（清水英三郎）
		茗荷屋	武内政太	
小 倉 市	15	先春園（原幾次郎）	坂口一男	辻利支店
		永野正次郎	中島哲三郎	東谷堂事
		真玉商店	清水治一郎	野島末次郎
		末重夫	藤本綾店	鈴木文具店
		北原義尊	門垣為作	辻茶店
福 岡 市	43	兒嶋徳太郎	太閤園内（渡辺一行）	竹山慎一郎
		原久本店	大須賀彦太郎	瑞雲堂（福田真一郎）
		馬頭市太郎	先春園（佐座喜録）	
		塩津寿雄	新冤本店	初昔館
		井上興吉	長崎屋事（相部正太郎）	立石支店
		平重時次郎	八百徳事（光安徳之助）	八百保事（藤川保）
		深沢作四郎	福新楼（張加枝）	大谷虎吉
		三留喜平	河源田平荘	森勇商店
		熊本商店	井上商店	冬至寛一郎
		ABC 商会	原孝平	三亀順次
		立石本店	二田文市商店	松原英男
		三留長兵衛	古浜惣十商店	麻生清次郎
		九盛商店	南国物産商会	尚文堂
		市岡源次郎	島井安之助	明百貨店（安部博陽）
		青木紙商店	池田棧店	
福 岡 県	110	坂田在吉	倉住儀三郎	吉田増太郎
		堺莊次	上野分店	島作次
		塚本卯一郎	綾貞本店	関勝莊

地　　域	軒数	取引先		
福 岡 県		川野忠吉	吉川蜂太郎	西京庵（辻政次郎）
		的野甚藏	志岐栄吉	倉田嘉一
		朝日屋（服部平荘）	大内文具店	松尾利市
		隈本友吉	榊富士次	青柳虎之助
		角昌嘉商店	熊本弥七	猪口金荘商店
		熊本玩具店	油屋旅館	佐藤勇太郎
		中村和吉	三島庄助	熊本守荘
		光華樓	山下理助	竹下彦市
		島洋商店	高木俊作	大石一二
		隈丸兼太郎	江上熊太	萃香園合名会社
		小池商店	松山商店	西村藤椰製品店
		筑後棧商会	佐田興三郎	岩辺德太（金工堂）
		熊本宗吉	伊藤商店	木村仏具百貨店
		稲益香花圃	草場誠文堂	海老名束船本商店
		黑川莞尓	大原積商店	一色常一
		野村松三	森田嘉七郎	松永綾三
		坂本佳一郎	山木政次郎	寺田九一郎
		筒井商店	吉岡吉治	中村亀吉
		山本勝太郎	久井為吉	古楽園（原田芳荘）
		渡辺棧店	白石商店	許斐梅荘
		阿部王樹	許斐鉄工所	昭和製作所
		谷筑永	今谷友右衛門	山口茂夫
		佐々木松次	村上福太郎	丸正本店
		長谷川秀造	新油屋旅館（別府重吉）	柳田畑作
		立野綾店	伊藤義数	雑賀厚茂
		藤本商店	今井商店	永松順太郎
		繁永弥荘	大坪常吉	喜久屋茶店
		吉田次市郎	行本栄次	隈井源一郎
		安永義助	永末權次郎	松井規
		綿惣支店（駒山得二郎）	藤井国太郎	円山堂
		松月	矢野支店	玉置常荘
		大国屋	堺万喜智	松成商店
		山田町魚市株式会社	明石勝太郎	柴田商店
		岸梅香堂（岸三郎）	井上平市	
宮 崎 県	5	藤丸政吉	日置吉治	池田正治
		山田政次郎	藤丸屋支店	
鹿 兒 島 県	10	片川宝栄堂	大丸商店	丸八商店
		八百一商店（富田勇次郎）		淵上綾店
		下村屋綾店	陳国光	池田利三
		藤武淺太郎	山口ナヲ	
佐 賀 県	18	永池義一郎	槓尾清太郎	友貞義助
		坂井勘太郎	片倉輝夫	金丸旅館
		中川芳兵衛商店	春慶屋旅館	万屋号
		古賀酒造廠	上林茶店	御所勝次
		川崎虎三郎	平山隆次	末永真治
		川崎ミヤ	小松屋（土僑真一）	森永幸次郎

地　域	軒数	取引先		
熊 本 県	40	黑木寿一	中山謙吉	葉修榕
		俵亦市	文林堂本店	藤木屋
		九林堂分店（丹辺実足雄）		小川弥次郎
		業修艦	研屋旅館支店	永楽屋（西田庄助）
		金沢嘉一郎	益田弥平	市下光平
		村平商店（村田平治）	速瀬正一	森商店
		丹辺文友堂	文林堂支店	渡辺季基
		北村佐助	華ヰ堂（西村勝造）	稲田食料品店
		白木德平	荒川留吉	皆樹園（上農德次郎）
		系松号（高田松美）	松野ヲサヨ	大久保恒七
		森田俊雄	上野分店	竹屋商店
		楠德太郎	大塚勇太郎	吉本政吉商店
		吉田南海堂	千原商店	笠屋商店
		富永大藥店	三笠屋商店	
長 崎 県	64	平尾辰次郎	新免支店	河合菊藏
		前山文具店	水田綾店	佐世保綾会社
		三宅商店	中村助作	冬野商店（冬野政太郎）
		青木商店	近江屋	村山甚十郎
		鮎川安雄	倉本初男	森郡八商店
		海老名束	松下栄吉	畑田勝秀
		久光園（中本倍吉）	的野スエ	福地藤一
		北川弥一郎	田中保一郎	的野文具店
		万盛樓（林□水）	寺尾誠馬	小石松太郎
		古藤対川堂	石政旅館	阿部貞一
		元川商店	泉亀吉	田島マツ
		村木シヅエ	とみや内（宗とみ）	真鍋マチ
		田中茂一（菊屋商店）	松喜屋	古瀬武一郎商店
		山本商店	肥前屋	瀬川商店
		近藤商店	高木広太郎	ヨロコブ屋馬場商店
		石橋商店	西村嘉一郎	湯川喜六
		原富次郎	坂野庄八	小島ミネ
		柴田秋男商店	中山直四郎	陳輝利
		今川商店	宗七太郎	
		川崎食料品店（川崎運四郎）		井崎興三郎
		小嶋喜代治	飯束マサ商店	神田商店
		滝川商店	坂江商店	高野菊之助

資料來源：生泰號《人名簿》1936 年。
註：取引先：指與生泰號交易的客戶。

⑧ 泰益號商業圈（1915）

台　　北	陳源順（陳錫麟）	長益號（林清蓮）	興順號（葉魁木）
	永乾泰（許時烈）	洽隆號（周兩霖）	勝珍香
	莊義芳（莊輝玉）	新洽陞（周萬和）	新瑞發（連金房）
	張東隆（張東青）	林合春（林田塗）	張文美（張承基）
	東美號（許春木）	承德隆（周鴻城）	金聯發（蔡水發）
	老裕興（黃創業）	東源興（潘嗣留）	怡勝號（陳秋貞）
	林合成（林士養）	泉興號（莊慧九）	怡美號（郭烏隆）
	捷茂號	金聯成（陳自東，何拱辰）	林振泉（林子洗）
	興津號（周明輝，張捷堂）	義美號	義記號（李金堂）
	老成發（江錦成）	李晉發	泉成號（莊屋）
	綿源號（陳添樣）	金德裕（林朝儀）	永成號（尤勉臣）
	連成號（連佳錐）	陳元亨（陳江流）	鄭順成（鄭萬鎰）
	瑞泰號（許泰山）	悅隆號（林禮仁）	談記茶行
	隆順號（柯如意）	泉成商會（鄭森泉）	珍記公司（陳大珍）
	建泰號（黃子謙）	寄懷號（黃南谷）	金泰亨（葉金塗）
	義合號	同德會錢貸付商店（蔡乃安，蔣以飲）	東亞製藥貿易株式會社
	王益發（王奕榜）	泰和興（何泰仁）	
	成春號（王乾匏，李新德）	蔡東茂（蔡清祥）	金聯豐
	金自成（陳自東）	勝裕泰	
	陳聯興（陳秀生）	金綿發（曾人祥，陳添樣）	
台　　南	永茂號	和春號（蔡楺棟）	金源益（李明星）
	榮發號	成利號（高献瑞）	金瑞珠（張瀛洲）
	和記號	鼎興隆（蕭有源）	宜安號（洪伯王，歐陽菁）
	新玉記	振承號（嚴水承）	一兩全（張錫鄉）
	金義興	永發號（郭壽德）	長美號（鄭葭俟）
	三益號（洪命候）	福順號（陳德其）	金捷發（侯耀宗）
	益聲號（陳朝宋）	震順記（張瀛洲）	金長美（鄭秋湄）
	大林號（吳以尊）	捷豐號（施福，高献瑞）	金合義（李新發）
	合振興	建隆號（黃家恒）	
基　隆　港	隆順號（柯漢忠）	森隆號（傅應和）	瑞泰號（許泰山）
	萬利號（林文同）	恒記號（周青愷）	陳和合（陳屄兄）
	金德發（許進添）	金德豐	謝裕記
	翁義德（翁耀奎）	金建順	日發號（連金房）
	復利號（林洋，陳海棠）	賴成發（賴日省）	三合和
	台灣海陸物產合資會社（翁耀奎）		裕泰號（鄭乾元，陳錦堂）
	新興順（謝順榮）	金聯豐（林安謀）	新建利
澎　湖　島	雲珍號	和義號	長順號（陳長澤）
	新成發	協長成（林福）	怡發號（許建發）
	新廣興	川記號（朱清芳）	
	永義德（歐陽耀）	錦成號（楊廷精）	
新　　竹	隆順號	泉記號	周茂泰
	義德號	金盈豐	周茶茂
台　　中	陳萬益（陳庚）	勝豐號	同隆號
東　　港	德順號	萬源隆	和利號

阿		猴	新裕發	奇美號	金瑞珍
打		狗	和春號	鼎謙號	
鳳		山	和泰號（曾毓春）	東興號（黃德水）	福泰號
函		館	森卯兵衛		
福		岡	柴藤榮一	山脇回漕店	村越商店
			中利商店	村榮商店	松井回漕店
神		戶	泰益號（陳世科）	福昌聯記（戴財谷）	新永發（陳肇明）
			新瑞興（萬福來）	復興號（王敬祥）	隆順號（柯復順）
			維記號（林維聲）	建昌號	建和號
			東和號（陳振發）	仁記號（鄭金桂）	莊玉波
			酒木市松	川泰號	永萬利
			豐泰號（王文達）	福和號	北櫻本店（北村安太郎）
			誼美號	福源號	
			東南公司	建東興（陳清機）	
大		阪	永同棧		
上		海	鼎記號（徐鶴笙）	德大號（陳玉涵，陳子久）	捷裕號（郭兆鯤）
			鼎源號（李瑤鄉，曾少坡）	復興號（王奕友）	建記號（陳渭芳）
			王福記	茂記號（戴茂發）	大來號（劉子謙）
			同春號（應塈潘，余銘瑞）	建祥號	晉和號（蔡蘭友）
廈		門	新哲記（莊天來，楊雪松）	宜美號（謝邦彥）	良成號（林輔三，李文學）
			振義興（黃天賜，琦琯）	祥記號（王敬授）	晉安棧
			協裕號（典保衡）	裕益號	初長美
香		港	林興記（楊鳳鳴）	豐記號（杜四端，謝邦彥）	端記號（杜四端）
			均興隆	恒豐號（鄭星輝）	振義棧（顏乃時）
			福源號（勞公器）	聯興號（宋頌德）	
新 加 坡			福源號（勞梓榮）	成源公司（陳煥武，陳景蘭）	恒祥號（張連文，李卓如）
			正泰美（楊緒越）	長發號（蔡嘉種）	金裕隆（蔡順陶）
			薛協豐（薛前青）	恒商公司	金福源（鄭已跑）
			金永發（蔡順陶）	金福順（陳炳遠）	綿利（黃景瓜）
			源振豐（劉聴会）	益順（李春鳳，梁上迄）	謝榮記（謝榮西·楊宗）
			永裕興（陳春勝）	源興（奕雪）	恒利（李清鉢）
			新合勝（蔡瑤斗）	瑞泰（蔡德圖）	金和興（黃濟洲）
			金成春（陳芳窻）	新成發（陳芳戕）	金裕隆
			福協昌	再和成（李偉傑）	金建泰（姜朝榜）
			源和公司	蔡瑞泰（蔡承謨）	公和成（陳霞生）
			順美公司（陳清吉，陳能顯）		
			永成公司（懋常，志賢）	本源公司（陳煥武，陳芳窻）	
朝		鮮	宮川百太郎	吉野商店	
大	連	市	復順泰（丁子安）	信泰公司	益昌號
廣		東	福同安（林于謦）		
蘭領荖聿東婆羅			源和興（洪炳士，王鴻鈞）		
漳		洲	怡裕號		
營		口	永同號	豐記號（杜四端，謝邦彥）	
天		津	慶裕號		

安　　　　海	晉安棧		
吧　　　　城	（吧達維亞埠小南門）	協成興公司（徐烈硯）	文川號（王文水，波）
檳　　榔　　嶼	裕生春（林在田）	榮裕號（林慶成）	
泗　　　　水	瑞昌（李鑾爵）	同興（宋植之，宋展星）	
喫　武　呀　埠	南昌號（許嘉會）		
嘽　叻　勿　里　洞	金萬發（周鑄燦）		
彼　南　檳　城	源發祥（許及夫）		
呂　　　　宋	金怡昌（許顯鐵）		

資料來源：1915 年 泰益號《客號住所》（分類項目 A — 25 — 10）

⑨ 生泰號客戶住址（1932）

商號	住址（住所）	商號	住址（住所）
米田常藏	西彼杵郡時津村野田	小石松太郎	肥前五島富江片町
川上常太郎	西彼杵郡長与村シネコ	内田商店	〃 〃 片町
小佐々貞雄	西彼杵郡長与村平木場郷	吉本八潮	長崎縣富江町郵便局前
高谷七五郎	長崎市西浦上川平町	橋本シヅエ	肥前五島富江片町
森岡誠一	對馬國嚴原町	（村木）	
遠江屋商店	長崎縣雲仙公園	江崎百貨店	長崎縣富江町
富田倉藏	對馬嚴原町大字國分十王通	石政旅館	肥前五島富江町
佐伯旅館	對馬嚴原町大手橋	古本靜枝	肥前五島富江濱ノ町
神田商店	對馬嚴原町大手橋	阿部商店	
飯束マサ商店	〃 嚴原町	松村清太郎	肥前五島富江港
對馬共同販賣所	對馬嚴原町大字國分1453番地の1	元川商店	〃 五島富江小島西町
		泉 亀吉	〃 五島富江小島東町
荒木チト	肥前西彼杵郡松島炭坑内浦	田島マツ	〃 五島富江小島東町
松尾条四郎	長崎市外深堀村	西村嘉一郎	肥前五島榎津町
下地銀馬	長崎市戶町3丁目	國丸商店	肥前五島榎津町
中本倍吉	肥前五島福江酒屋町	今川商店	長崎縣奈良尾港
（久光園）		松岡有仙堂	長崎縣南高来郡有家町
木下弓治		（小川港上ゲ）	
才津淺エ門	肥前五島福江新榮町	宗 七太郎	五島有川町
（前菊屋）		川崎遠四郎	五島有川町
明石支店	肥前五島福江新榮町	陳輝利	五島有川町東通り
藤原吉松	肥前五島福江濱町	油屋旅館	肥前五島有川町
的野スエ	肥前五島福江萬町	森川正之	肥前五島有川村
福地藤一	肥前五島福江新榮町	西岡幸之助	肥前五島有川港
田中保一郎	肥前五島福江新榮町	石橋商店	肥前五島有川町
岩永チヤ	肥前五島福江新榮町	真鍋マチ	肥前五島有川町長崎縣南松浦郡
清島旅館	肥前五島福江酒屋町	（マナベ商店，嘉吉）	
北川弥一郎	肥前五島福江新榮町	中山辰之助	肥前五島有川町浜郷
鍋本文助	肥前五島福江戎町	（干鮑問屋）	
山本陶器店	肥前五島福江酒屋町	丸二商店	五島有川町船津郷
川島千代	肥前五島福江堀町	（海產物問屋）	
松野尾敬元	肥前五島福江本町	宗とみ	五島有川町
（松屋）		（みや内）	
林□水	肥前五島福江堀町	（富）原富次郎	五島有川町
（萬盛樓）		中山直四郎	五島有川港
的野文具店	肥前五島福江新榮町	宗 八次	肥前五島魚目村
（名シズ）		（倉）尼忠東店	肥前五島小□賀港
柴田秋男	肥前五島榎津港	酢谷幸助	長崎縣五島岐宿村
宮崎貞吉	肥前五島福江穎川町	湯川喜六	長崎縣五島魚目村似首港
大内田吉松	〃 富江	（二番鯣）	
古藤對州堂	肥前五島富江片町	坂野庄八	五島魚目村似首港
寺尾誠馬	肥前五島富江片町	小島ミネ	五島青方村青砂浦
小田清八	肥前五島富江濱ノ町	泉谷清八	長崎縣南松浦郡玉之浦町

商號	住址（住所）
田中茂一 （菊屋商店）	長崎縣西彼杵郡平島港
瀨川商店 （虎八）	肥前口之津町
松尾熊十	
金崎松市	長崎縣口之津港（大屋）
畑田勝秀	長崎縣口之津西八坂町
宮田イソ （粉盆）	長崎縣北高來郡江ノ浦宇 （手工場）
福田宗吉	長崎縣南高來郡有家町隈田
近江屋	〃 大村町鶴龜橋通
井川米三	長崎縣（大村本町３丁目）
渡辺茂松 （繩屋）	長崎縣諫早町字半造
森　郡八	長崎縣諫早町岡町
加藤喜一郎 （近江屋支店）	長崎縣諫早町上馬場
二ノ宮商店	〃 諫早町
倉本初男	肥前諫早町永昌驛前
近江屋支店	長崎縣諫早町
鮎川安雄	長崎縣諫早田町
高木製菓店	肥前南高來郡安中村安大南
高木伊勢大郎	〃
松岡有仙堂 （小川港上ゲ）	長崎縣南高來郡有家町
楠木百一	長崎縣諫早町
田中賀須一	肥前南高來郡南有馬村大江町
古瀨武一郎商店	肥前南高來郡西有家町龍石
柿本長次屋 （肥前屋）	肥前加津佐本町
山本商店 （名喜久治）	肥前加津佐仲町
川口廻漕店	
角屋旅館	肥前南高來郡小濱溫泉場
草野謹一	肥前小濱溫泉場
川上スイ	肥前南高來郡西有家町立石浜
遠江屋商店	長崎縣雲仙公園
村山甚十郎	長崎縣早岐町
千原商店	天草郡牛深町
笠屋商店	天草郡富岡町
吉田南海堂	天草郡牛深町
富永大藥店 （竹四郎）	天草郡本渡町

商號	住址（住所）
三笠屋商店 （名稻田政俊）本店	天草郡二江町本通り
本田德太郎	肥前島原湊町
松下榮三	肥前島原萬町
宮崎要太郎	肥前多比良町
山口武洪	肥前島原加美町 1016 番
國光屋旅館	長崎縣島原町
高木廣太郎	肥前島原港宇浦田舟津
谷本商店	肥前島原町今川町
木村精造	肥前島原町
中鶴商店 （港揚）	肥前島原安德
度辺庄四郎 （萬年堂）	長崎縣島原町
馬場　齊	長崎縣島原町 （長崎縣立島原小學校内）
明治屋商店	長崎縣島原港町
中村兼四郎	長崎縣島原町音無川通
木下永三	長崎縣島原町田屋敷
松下屋分店	長崎縣島原堀町
即松下榮吉	
尚美堂出張所	長崎縣島原堀町
近藤商店	長崎縣島原町湊廣馬場
松下榮吉	長崎縣島原萬町
ヨロコブ屋 馬場商店	長崎縣島原堀町
崎戸礦業所 （諸色部）	長崎縣西彼杵郡崎戸町
橋口熊一 （草索）	九鐵線三間坂驛前
森永幸次郎	肥前杵島郡高橋町
八百辰	佐世保市海軍橋通り
平尾辰次郎	
新冤支店 （秦喜久郎）	佐世保市常盤町 74
河和菊藏	
井上八衞兵	佐世保市濱田町海軍橋通
小川政一	
安武八兵衞	
鴨川商店	佐世保市榮町本通
野田初美	佐世保市下京町本通り人 3
北村商店 （宗）	佐世保市宮田町 138

商號	住址（住所）
西原稔玩具店	佐世保市太田町 44
前山文具店	佐世保市上京町本通り
山口五郎	佐世保市常盤町 45
（尚古屋）	
田代多八	佐世保市日宇福石兔大野 1104
（㊎）南里秀次	佐世保市湊町 5 番
中村紙店	佐世保市本島町 83
山下正義	佐世保市松川町 206
佐世保紙株式會社	佐世保紙株式会社
冬野商店	佐世保市浜田町 90
（政太郎）	
水田紙店	佐世保市八幡町 133
鶴崎榮吉郎	佐世保市祇園町 34
	（浜田町 34，森藥舖）
能村・新	佐世保市外大野村池野山圧礦
青木商店	佐世保市下京町
木野本新次郎	熊本市中職人町 26
（佳人横川）	
（㽷）高木次八	肥前牛津町
（吉）上橋甚六	佐賀縣牛津町
（小松屋真一）	
大塚清吉	佐賀縣濱町
田雜市五郎	佐賀縣藤津郡濱町
大島又八	佐賀縣藤津郡西嬉野湯宿
（㋹）萬屋號	佐賀縣武雄宮ノ町
（西野幸助）	
江口儀八	佐賀縣武雄 530
（東洋館事）	
春慶屋旅館	佐賀縣武雄町（白龍莊）
扇屋旅館	佐賀縣武雄市
上林茶店	佐賀市吳元町
岡本佐右衛門	
御所勝次	佐賀市高木町
川崎竹太郎	佐賀市水ケ江町（片田江 259）
友貞義助	佐賀市新馬場（若津港上ゲ）
原田榮壽堂	佐賀市元町
南京樓	佐賀市松原町 42
（鄭紅吉）	
（㊉）富久屋	佐賀市白山町拔天地角
村岡廣吉	
西岡喜八	佐賀市白山町・永池紙店鄰
佐佐木勘次郎	

商號	住址（住所）
祥泰號	佐賀市高木町 174
永池紙店	佐賀市白山町 89
（義一郎）	
末永兄弟商會	佐賀市八幡小路
御所又六	佐賀市高木町
多多良傳吉	佐賀市上芳町 101 番
横尾紙店	
（興清堂，名清太郎）	
平山隆次	佐賀市材木町（但シ貫通道路南入三軒目）
末永真治	佐賀市松原町 92（縣廳通り）
坂井勘太郎	佐賀市唐人町
片倉輝夫	佐賀市驛前通
中村秀吉	佐賀縣佐賀郡中川副
（蚓干）	
吉竹次郎	鳥栖町新町
（麻油）	
平田油店	福岡縣田代町驛前
（麻油）	
小島平山	佐賀縣佐賀郡早津江
（蚓干）	
西村藤柳製品店	久留米市郵便局日吉町 3 丁目
	（私書函 68 号）
猪口金莊食料品店	久留米市公設市場
山口松次	久留米市通町（諏訪野）2 丁目 2525
熊本弥七	久留米市苧扱川町 2 丁目
松本 號	
矢野平四郎	
中村和吉	久留米市紺屋町 17
秋山安兵衛	久留米市米屋町 29
松山商店	久留米市篠山町 3 丁目
田中屋	
（田中ツイ）	
坂口亀吉	久留米市庄島石橋
（合）泰山堂	久留米市通町 2 丁目
山口泰三	
古賀松次郎	
高田 忠	
三島庄助	久留米市三本松町 18
金工堂	久留米市日吉町
（岩邊德太）	

商號	住址（住所）
（ヤ）熊本守藏	久留米市本町 2 丁目
多賀萬平	久留米市庄嶋町 42
稻益香花園	久留米市東久留米
（山）山下理助	久留米市通町 2 丁目
竹下彦市	久留米市本町 5 丁目
岡本末治郎	
島洋商店	久留米市新町 1 丁目
中島平藏	久留米市通町 1 丁目
（久榮堂）	
（今）魚宗商店	久留米市久留米市場内
（熊本宗吉）	
木村伊八	久留米市通町 1 丁目
料亭・筑水園	久留米市小頭町 1 丁目
大石一二	久留米市日吉町 1 丁目六ツ門通
高井商店	久留米市本町 4 丁目 87
森文商店	
淺田岩吉	久留米市細工町
草場秀吉	久留米市日吉町 2 丁目
江上熊太	久留米市小頭町 4 丁目
木屋茶舖	久留米市公設市場
油屋旅館	久留米市苧扱川町
福永德太郎	久留米市苧扱川町 1 丁目
前田節五郎	久留米市通町 3 丁目東角
久富鶴次郎	久留米市今町
中島嘉熊	久留米市細工町
（木屋分店）	
玉房旅館	久留米市紺屋町
尾形辰次郎	久留米市日吉町 3 丁目
森山　至	久留米市日吉町 1 丁目
俣野哲志	久留米市庄嶋町西立丁
海老名　束	久留米市通町 1 丁目
萃香園	久留米市櫛原町 87
（小村安次郎）	
小池商店	久留米市日吉町市場
木村　壽	久留米市有馬 22
佐藤勇太郎	久留米市日吉町 1 丁目
	（紺屋町北入）
	（久留米局第 340 號）
太山亀太郎	久留米市新町
（松）筑後線商會	久留米市細工町 33
今井　㷜	久留米市東町 159
伊藤食料品店	久留米市公設市場

商號	住址（住所）
宮原榮太郎	久留米市 1 丁，田町 1712 番地
（國武式鋲力印刷）	
ピストル製造元	
草場誠文堂	久留米市荘島町 3 番地
熊本玩具店	久留米市本町 2 丁目
高木俊作	久留米市日吉町 1 丁目
隈本花火株式会社	福岡縣八女郡長峰村大字吉田國道筋
青柳虎之助	筑後八女郡福島町字唐人町
吉岡竹次郎	筑後八女郡羽大塚町
二又政次	
尾藤信次郎	筑前朝倉郡甘木町
松尾利市	福岡縣三井郡北野町松丸
榊　富士次	福岡縣八女郡中廣川村大字新代
（荒木駅）	
	福岡縣柳河町
倉田嘉一	筑後柳河仲町
（尼崎積）	
松永新二	筑後柳河辻町
服部平藏	筑後柳河瀨高町 3 丁目
（㊉）朝日屋	
太内文具店	福岡縣柳河町
大野文藏	大牟田市泉町
倉田儀三郎	大牟田市有明町本社前
乗富圭治	大牟田市橋口町
（佛光堂）	
吉田増太郎	大牟田市有明町
川野忠吉	大牟田市築町
上野庄造	大牟田市本町 1 丁目
辻　政次郎	大牟田市旭町 15 番地
（西京庵）	
（倉）堺　藏次	大牟田市旭町
島　作次	大牟田市上町 3 丁目
江口種藏	大牟田市
塚本卯一郎	大牟田市旭町 1 丁目 4
（マルウ陶キ店）	
（イ）池末弥一	大牟田市泉町川端 2
浦元秀道	大牟田市橋田町
紙貞本店	大牟田有明町
関　勝藏	大牟田市上町 2 丁目
坂田佐吉	大牟田市本町 1 丁目 10
	（銀座通り）

商號	住址（住所）
（企）上野分店	大牟田市橋口町
吉川峰太郎	大牟田有明町
炭谷長壽	熊本市新町 2 丁目角
文林堂本店	熊本市洗馬橋西詰
（丹辺總次郎）	
藤木屋	熊本市上通町 5 丁目
（利吉）	
菊地先春堂	熊本市北新坪井廣町 124
松尾榮吉	熊本市塩屋裏 1 番丁 30
（正）永楽屋	熊本市紺屋町 1 丁目
西田三助	
尼崎 積	熊本市紺屋町 1 丁目
（上村吾）	

商號	住址（住所）
（全）金澤嘉一郎	熊本市河原町 23
益田弥平	熊本市明十橋通り
田尻隆人	熊本醫科大学附属医院
（營繕係）	
八城太七	熊本市吳服町 2 丁目
市下光平	熊本市朝市場
村田平吾	熊本市朝市場
（平）村平商店	
葉肇 潤	熊本市電信町 38
上村商會	熊本市細工町

資料來源：1932 年生泰號《萬商雲集》

⑩ 泰益號客戶住址（1915）

商號	經營者	住址（住所）
陳　源　順	陳　錫　麟	台北大稻埕杜厝街36番
永　乾　泰	許　時　烈	〃　〃　中北街20番
莊　義　芳	莊　輝　玉	〃　〃　〃　13番
張　東　隆	張　東　青	〃　〃　〃　9番
長　益　號	林　清　連	〃　〃　〃　56番
洽　隆　號	周　雨　霖	〃　〃　〃　20番
新　洽　陞	周　萬　和	〃　〃　〃　48番
林　合　春	陳　田　塗	〃　〃　〃　14番
興　順　號	葉　魁　木	〃　〃　〃　48番
勝　珍　香		〃　〃　〃　18番
新　瑞　發	連　金　房	〃　〃　〃　16番
張　文　美	張　承　基	〃　〃　〃　4番
東　美　號	許　春　木	〃　〃　中街6番
老　裕　興	黃　創　業	〃　〃　〃34番
林　合　成	林　士　養	〃　〃　〃35番
承　德　隆	周　鴻　城	〃　〃　普願街44番
東　源　興	潘　嗣　留	〃　〃　中北街32番
泉　興　號	莊　慧　九	〃　〃　〃　30番
時　春　號	陳　行　時	〃　〃　南街18番
金　聯　發	蔡　水　發	〃　〃　中街12番
怡　勝　號	陳　秋　貞	〃　〃　〃8番
怡　美　號	郭　烏　隆	〃　〃　〃14番
捷　茂　號	楊　文　儒	〃　〃　〃10番
金　聯　成	陳　自　東／何　拱　辰	〃　〃　〃8番
林　振　泉	林　子　洗	〃　〃　〃2番
興　津　號	周　明　輝／張　捷　堂	〃　〃　〃8番
義　美　號		〃　〃　中北街57番
金　綿　發	曾　人　祥／陳　添　樣	〃　〃　〃5番
義　記	李　金　堂	〃　〃　李厝街24番
老　成　發	江　錦　成	〃　〃　〃1番
綿　源　號	陳　添　樣	〃　〃　中北街5番
金　德　裕	林　朝　儀	〃　〃　〃
李　晉　發		〃　〃　〃
泉　成　號	莊　屋	〃　〃　〃10番
永　成　號	尤　勉　臣	〃　〃　南街22番
連　成　興	連　佳　錐	〃　〃　普願街18番
陳　元　亨	陳　江　流	〃　〃　〃8番
鄭　順　成	鄭　萬　鎰	〃　〃　〃14番
瑞　泰　號	許　泰　山	〃　〃　〃　〃
隆　順　號	柯　如　意	〃　〃　〃34番
建　泰　號	黃　子　謙	〃　〃　太平直街51番
悅　隆　號	林　禮　仁	〃　〃　媽祖宮□街24番
談　記　茶　行		〃　〃　千秋街5番
泉　成　商　會	鄭　森　泉	〃　〃　北門外街2丁目61番
寄　懷　號	黃　南　谷	〃　〃　稻新街45番
珍　記　公　司	陳　大　珍	〃　〃　建昌街2丁目13番
金　泰　亨	葉　金　塗	〃　〃　媽祖宮後街47番
義　合　號		臺北大稻埕普願街35番

商號	經營者	住址（住所）
王　益　發	王　奕　榜	〃　艋舺舊街64番
成　春　號	王　乾　興／李　新　德	〃　大稻埕建成街13番
同德會錢貨付商	蔣　乃　以／安　飲	〃　艋舺舊街18番
泰　和　興	何　泰　仁	〃　大稻埕中街9番
蔡　東　茂	蔡　清　祥	〃　〃　南街11番
東亞製藥貿易株式會社		〃　〃　〃15番
金　聯　豐		〃　〃
金　自　成	陳　自　東	〃　〃　中街8番
陳　聯　發	陳　秀　生	〃　〃　〃44番
勝　裕　泰		〃　艋舺慶新街23番
陳　萬　號	陳　□庚	臺中□東上堡葫蘆墩街401番
勝　豐　號		
同　隆　號		
永　茂　號		臺南市永樂町1273番
和　春　號	蔡　樑　棟	〃　辛17番
榮　發　記		〃　1259番
和　記　號	陳　壽　堂	〃　1丁目1259番
新　玉　記		〃　20番
金　義　興		〃　元會境街762番（本町2丁目818番）
成　利　號	高　獻　瑞	〃　頂看西街辛205番
鼎　隆　號	廖　有　源	〃　西區南勢街416番
振　承　號	嚴　水　承	〃　本町3丁目15番
永　發　號	郭　壽　德	〃　外關帝港街1235番
金　源　益	李　明　星	〃　外新街153番
金　瑞　珠	張　贏　洲	〃　156番
宜　安　號	洪　伯　玉／洪　歡　陽菁	〃　〃
一　兩　全	張　錫　鄉	〃　辛147番
長　美　號	鄭　葭　俟	〃　港町1丁目
三　益　號	洪　命　候	〃　辛124番
益　聲　號	陳　華　宗	〃　枋橋頭前街
福　順　號	陳　德　具	〃　大統街巳750番
金　捷　號	侯　耀　宗	〃　大人廟街
大　林　號	吳　以　尊	〃　外新街辛694番
合　振　興		〃　外新街辛57番
震　順　記	張　贏　洲	〃　看西街港町2丁目202
捷　豐　號	施　福／高　獻　瑞	〃　永樂町1丁目
金　長　美	鄭　秋　湄	〃　外新街（大統街）
金　合　義	李　新　發	〃　寶町1丁目巳742番
建　隆　號	黃　家　恆	〃　西勢街辛428番
隆　順　號	柯　漢　忠	基隆港新店尾街6番
萬　利　號	林　文　同	〃　〃
森　隆　號	傳　德　和	〃　〃
恒　記　號	周　青　愷	〃　〃
瑞　泰　號	許　泰　山	〃　新店街

商號	經營者	住址（住所）
陳　和　合	陳　屐　兄	〃　　〃　　83 番
金　德　發	許　進　添	基隆港新店街83 番
翁　義　德	翁　耀　奎	〃　　〃　　105 番
金　德　豐		〃　　〃　　2 番
金　建　順	陳　兆　齋	〃　草店尾街14 番
謝　裕　記		〃　　〃　　34 番
日　發　號	連　金　房	〃　媽祖宮口街
復　利　號	林　　　洋 陳　海　棠	〃　新店街105 番
賴　成　發	賴　日　省	〃　　〃　　48 番
三　合　和		〃　媽祖宮街10 番
台灣海陸物 產合資會社	翁　耀　奎	〃　新店街83 番
益　与　店		〃　〃 99 番
裕　泰　號	鄭　乾　元 陳　錦　堂	〃　媽祖宮□街7 番
新　興　順	謝　順　榮	〃　新興街17 番
金　聯　豐	林　安　謀	〃　福口街21 番
新　建　利		〃　媽祖宮巳16 番
金　建　發		
雲　珍　號	吳　清　江	澎湖島媽宮街
新　成　發		〃　〃
新　廣　興		〃　〃
和　義　號		〃　〃
協　長　成	林　　　福	〃　〃　　南町58 番
川　記　號	朱　清　芳	〃　〃　宮內町85 番
長　順　號	陳　長　澤	〃　〃　南町83 番
怡　發　號	許　建　發	〃　〃　宮內町62 番
永　義　德	歐　陽　耀	〃　〃　南町80 番
錦　成　號	楊　廷　精	〃　〃　61 番
泉　記　號		新竹廳東門街市場3 番
義　德　號		新竹市場前街3 番
隆　順　號		新竹市東門市場辺
金　盈　豐		新竹街北門180 番
周　茂　泰		
周　茶　茂		
德　順　號		東港
萬　源　隆		〃
和　春　號		打狗
鼎　謙　號		〃
和　泰　號	曾　毓　春	鳳山市元三角窟街40 番
東　興　號	黃　德　水	〃　大房口街1310 號
福　泰　號		
新　裕　發		阿猴
奇　美　號		〃
金　瑞　珍		〃
福　源　號	勞　梓　榮	新加坡漆木街
正　泰　美	楊　緒　越	〃　老吧唻口街
成　源　公司	陳　煥　武 景　蘭	〃　源順街

商號	經營者	住址（住所）
恒　祥　號	張　連　文 李　卓　如	〃　拾參行街
薛　協　豐	薛　前　青	〃　老爺宮口門牌15 号
長　發　號	蔡　嘉　種	〃　老吧唻街
恒　商　公司		〃　中街尾門牌46 号
金　裕　隆	蔡　順　陶	〃　老吧虱口街門牌第14 号
金　福　源	鄭　己　跑	〃　〃
金　永　發	蔡　順　陶	〃　星洲老吧唻口
金　福　順	陳　炳　遠	〃　大坡賭間口街
綿　　　利	黃　景　瓜	〃　大坡源順街
鴻　振　豐	劉　聽　令	〃　大坡老吧唻口
益　　　順	李　春　鳳 梁　上　迄	〃　〃
謝　榮　記	謝　榮　西 楊　　　宗	〃　　〃
永　裕　興	陳　春　勝	〃　〃
源　　　興	奕　　　雪	〃　大坡
恒　　　利	李　清　鉢	〃　老吧唻口
新　合　勝	蔡　瑤　斗	〃　小坡美芝律
瑞　　　泰	蔡　德　圖	〃　碗杏後街
金　和　興	黃　濟　洲	〃　大坡中街
金　成　春	陳　芳　窻	〃　　〃
金　成　發	陳　芳　戴	〃　小坡美芝律
金　裕　隆	進　順　益 陶	〃　老吧虱□街第14 号
福　協　昌	福　乃　泰　多	
再　和　成	李　偉　保 （潮州鬮）	〃　二馬路喎淡厝門牌17 号
金　建　泰	姜　朝　榜	〃　源順街門229 号
源　和　公司		〃　馬皎街
蔡　瑞　泰	蔡　承　謨	〃　小坡美律門牌81 号
公　和　成	陳　霞　生	〃　三吊橋□馬車門牌26，27，28号
順　美　公司	陳　清　吉 陳　能　顯	〃　源順街
本　源　公司	陳　煥　武 陳　芳　窻	〃　〃　26 号
永　成　公司	愚　　　常 忠　　　賢	〃　□□街
林　興　記	楊　鳳　鳴	香港德舖西金魚港
豐　記　號	杜　四　端 謝　邦　彥	〃
端　記　號	杜　四　端	〃
均　興　隆		〃
恒　豐　號	鄭　星　輝	〃　德甫道
振　義　棧	顏　乃　時	〃　德舖道西94 号2 樓
福　源　號	勞　公　器	〃　門牌77 号
聯　興　號	宋　頌　德	〃　永樂西街門牌150 号
源和興公司	洪　炳　士 王　鴻　鈞	蘭領苳聿東婆羅□波島古達馬□

商號	經營者	住址（住所）
同興	宋楨之 宋展呈	泗水
瑞昌	李鑾爵	〃
協成興公司	徐烈硯	吧城（巴達維亞埠小南門）
文川號	王文水 王文波	巴達維亞小南門
源發祥	許及史	彼南濱城打鉄街街門牌□ 17 号
裕生春	林在田	檳榔鎮吧虱口街
榮裕號	林慶成	檳榔嶼港仔口街
松井回漕店		門司市港町 1 丁目 12 番（電話 34）
村榮商店		下関市観音崎町
中利商店		〃 岬之町
村越商店		〃 〃
山脇回漕店		門司室内浜町 2 丁目
晉安棧		安海
永同棧		大阪市川口 63 番
森卯兵衛		函館區仲檳町 13 番
泰益號	陳世科	神戸市山本通 4 丁目 101 番
新瑞興	周起博 萬福來	〃 海岸通 1 丁目 33 番
福昌聯記	戴財谷	〃 〃 2 丁目 26 番
新永發	陳肇明	〃 〃 〃 34 番
復興號	王敬祥	〃 〃 3 丁目 2 番
隆順號	柯復順	〃 〃 〃 2 丁目 35 番
維記號	林維聲	〃 〃 〃 4 丁目 28 番
建昌號		〃榮□ 2 丁目 29 番
建和號		〃 〃 5 丁目 40 番
東和號	陳振發	〃 〃 〃 〃
仁記號	鄭金桂	〃 〃 5 丁目
莊玉波		〃 〃 〃 17 番
酒木市松		〃 〃 〃 5 番
川泰號		〃 〃 6 丁目 3 番
永萬利		〃 元町 2 丁目 268 番
豐泰號	王文達	〃 〃 254 番

商號	經營者	住址（住所）
誼美號		〃 北長狹通 3 丁目 4 番
福和號		〃 〃 5 丁目 89 番
北櫻本店	北村安太郎	〃 榮町 5 丁目
東南公司		神戸市榮町 2 丁目 66 番
福源號		〃 三宮町 1 丁目 32 番
建東興	陳清機	〃 海岸通 1 丁目 31 番
宮川百太郎		朝鮮釜山本町 3 丁目
吉野商店	林熊八郎	〃 〃 辨天町 3 丁目
建成號	黃朝宗	大連
復順泰	丁子安	大連市監部通 2 丁目
信泰公司		〃
益昌號		〃 浪速町
福同安	林于磬	廣東省習源街
金怡昌	許顯鐵	呂宋宿務仔吧哩蘭社
永成公司	呂漳帖 鐘以禮	小呂宋峴里□山彬難洛門牌 727 号 729 号
鼎記號	徐鶴笙	上海洋行街
德大號	陳玉涵 陳子久	〃 金利源碼頭（移轉民國路 62 号）
捷裕號	郭兆鯤 林慶生	〃 新開河外灘
鼎源號	李瑤鄉 曾少坡	〃 新開河
復興隆	王奕友	〃 洋行街外灘
建記號	陳清芳	〃 金利源碼頭
王福記		〃 永安街
茂記號		〃 洋行街
大來號	劉子謙	〃 〃
同春號	應塋藩 余銘瑞	〃 〃
建祥號		〃 法大馬路口
晉和號	蔡蘭友	〃 法町洋行街中
永同棧		營口二道街
義昌合		營口

資料來源：1915 年泰益號《客號住所》（分類項目 A-25-10）

259

參考文獻

（一）史料：

長崎市立博物館藏，光緒 32 年（1906）11 月 14 日，長崎正領事官給福建金門分縣與福建興泉永兵備道的文書。

長崎市立博物館藏，1904 年 6 月 20 日，日本紅十字會發行的會員證書。

長崎市立博物館藏，1905 年 3 月 3 日，長崎縣知事荒川義太郎贈送記念木杯一組的文書。

長崎市立博物館藏，1907 年 1 月 12 日，日本海員掖濟會的會員證書。

長崎市立博物館藏，1907 年 4 月 19 日，駐滬江南蘇州賑捐候選道發行的文書，給予「監生」和「同知」的官銜。

長崎市立博物館藏，宣統元年（1909）12 月 10 日，長崎華商商務總會發行的長崎地區的福建省諮議局參議院證書。

長崎市立博物館藏，宣統二年（1910）11 月 16 日，農工商部給陳世望的文書。內容為就任為長崎中華商務總會的董事。

長崎市立博物館藏，宣統三年（1911）8 月 17 日，欽差出使日本

國大臣郵傳部左堂汪給陳世望的文書。

長崎市立博物館藏，民國元年（1912）6 月 6 日，與民國 2 年 9 月 12 日，中華民國駐長崎領事館給陳世望的文書，就任長崎福建幫的董事長。

長崎市立博物館藏，1913 年 4 月 17 日，中國紅十字總會名譽贊助員憑證。

長崎市立博物館藏，1915 年 5 月 18 日，駐長崎領事館發行的褒獎執照。

長崎市立博物館藏，1924 年 10 月 20 日，中國政府農商總長發給的就任長崎中華總商會會長的委任狀。

長崎市立博物館藏，日之出新聞社刊，《大典記念名鑑》1916 年。

長崎市立博物館藏，福建會館帳簿：《八閩會館總簿》《八閩會所日清簿》分類項目 I-5，1881-1901 年。《福建會館總簿》分類項目 I-3，1896-1919 年。《長崎福建聯合會記錄》分類項目 I-2，1917-1920 年。《福建會所總簿》分類項目 I-1，1922-1932 年。《福建會所傳單記錄》分類項目 I-3，1933-1939 年。

長崎市立博物館藏，泰益號帳簿：1907-1934 年《外櫃暫登》《銀行查存》《駁力雜費》《滾存》《出碼》《出貨草碼》《台灣配貨》《各郊配貨》《進碼》《各郊來貨》《置配查存》《銀行總簿》《萬商雲集》《萬寶朝宗》《各費總簿》《山珍總簿》《海味總簿》《台灣總簿》《華商總簿》《結彩豐盈》。

東京大學東洋文化研究所藏，生泰號帳簿：1936-1943 年《川流》《現市》《日清》《外島暫登》《崎商暫登》《長崎至佐賀總帳》《久留米至鹿兒島總帳》《鳥栖至門司總帳》《山口至廣島總帳》《東京至岡山總帳》《銀行各項來往總帳》《各項雜耗彙抄》《各埠庄友總帳》《長崎華商總帳》《長崎日商總帳》《萬商雲集》《盤價簿》《夜查》。

東亞同文會，《清國商業綜覽》第 1 卷第 2 分冊，第 2 編支那商業簿記法一斑，1906 年。

臨時台灣舊慣調查會，《台灣私法》第 3 卷上卷，第 4 篇第 2 章帳簿，1910 年。

《中國固有的商業簿記》，台灣總督府外事部調查報告第 203 號，1945 年 3 月。中文版：楊建成主編，南洋研究所史料叢刊第 25 集，1983 年。

《長崎商業會議所 25 年史：海產物總說》，長崎商業會議所，1919 年。

《大阪在留支那貿易商及其の取引事情》，大阪市役所產業部，1928 年。

《阪神在留ノ華商ト其ノ貿易事情》，商工省貿易局，1938 年。

《長崎事典—歷史編》長崎文獻社刊，1982 年。

《長崎華商泰益號関係資料第 1-6 輯》，長崎：長崎華僑研究會出版，1985-1990 年。

金門縣立社會教育館編，《金門縣志》第 10 卷「華僑志」下冊，1992 年版。

（二）論文：

中文

朱德蘭

1988 〈清開海令後的中日長崎貿易商與國內沿岸貿易 1684-1722 〉，收於張炎憲主編，《中國海洋發展史論文集 3》中研院三民主義研究所，頁 369-415。

1991 〈日據時期長崎台北貿易—以長崎華商『泰益號』與三家台

　　　商為例—〉，收於吳劍雄主編《中國海洋發展史論文集 4》
　　　中研院中山人文社會科學研究所，頁 215-256。

1993 〈日據時期長崎華商泰益號與基隆批發行之間的貿易〉，收
　　　於張彬村、劉石吉主編《中國海洋發展史論文集 5》中研
　　　院中山人文社會科學研究所，頁 427-466。

1995 〈明治時期長崎華商泰昌號和泰益號國際貿易網絡之展
　　　開〉，《人文及社會科學集刊》第 7 卷第 2 期，頁 53-75，
　　　台北：中研院中山人文社會科學研究所。

1997 〈近代長崎華商泰益號與上海地區商號之間的貿易〉，收於
　　　張炎憲主編《中國海洋發展史論文集 6》中研院中山人文
　　　社會科學研究所，頁 349-388。

1999 〈近代長崎華商泰益號與廈門地區商號之間的貿易〉，收於
　　　湯熙勇主編《中國海洋發展史論文集 7》上冊，中研院中
　　　山人文社會科學研究所，頁 201-231。

2012 〈長崎華商泰益號與台南地區商號之貿易活動（1901-
　　　1938）〉，收於海洋史叢書編集委員會編《港口城市與貿易
　　　網絡》，中研院中山人文社會科學研究所，頁 291-338。

吳文俊

1987 〈數書九章均貨推本題分析〉，《秦九韶與數書九章》中國
　　　數學史研究叢書之 2，北京：北京師範大學出版社，頁
　　　441-450。

徐永祚

1934 〈改良中式簿記問題〉，《改良中式簿記專號》，會計雜誌，
　　　第 3 卷第 1 期。

張彬村

1984 〈16 世紀舟山群島的走私貿易〉，收於《中國海洋發展史論

文集 1》，台北：中央研究院三民主義研究所，頁 71-95。

1988 〈16 至 18 世紀華人在東亞水域的貿易優勢〉，收於張炎憲主編《中國海洋發展史論文集 3》，台北：中央研究院三民主義研究所，頁 345-368。

許紫芬

1999 〈1880 年代東北亞地區華商的貿易活動〉，收於湯熙勇主編《中國海洋發展史論文集》第 7 集上冊，中研院中山人文社會科學研究所，頁 171-199。

2002 〈日本華商商幫組織的變遷—以長崎福建華商組織爲例〉，收於張啓雄主編，《東北亞僑社網路與近代中國》，中國民國海外華人研究會叢刊系列 6，中國民國海外華人研究會。

盧聯生

1978 〈中國會計發展史之探討〉，東吳大學會計研究所碩士論文。

日文

小川國治

1972 〈明治政府の貿易政策と輸出海産物—明治期輸出貿易に占める俵物の位置—〉，《社会経済史学》第 38 卷第 1 號，頁 72-77。

小倉榮一郎

1961 〈日中固有簿記法の関係〉，《彦根論叢》，第 83，84 合併號，頁 77-97。

山下清海

1992 〈福建省における華僑送出地域の地理的考察—その地域特色と移住先との結びつき—〉，《シンポジウム華南，華

僑、華人の故郷》，東京：慶応義塾大学地域研究センター。

山口政子

1983 〈在神華僑吳錦堂（1854-1926）について〉，山田信夫編《日本華僑と文化摩擦》，東京：巖南堂書店，頁 257-286。

山岡由佳

1991 〈在日中國商人の商業活動—長崎華商泰益號の事例 1901-1931 〉上，《甲子園大学紀要》第 18,19 合併號（B），頁 77-87。

1993 〈在日中國商人の商業活動—長崎華商泰益號の事例 1901-1931 〉下，《甲子園大学紀要》第 20 號（B），頁 83-94。

今堀誠二

1957 〈16 世紀以後における合夥（合股）の性格とその推移—とくに古典的形態の成立と拡大について—〉，《法制史研究》第 8 号。

戶田義郎

1942 〈南支系中国簿記の研究〉，《支那研究》第 23 卷第 1 号，頁 31-72。

1943 〈中国簿記の檢討〉，《支那研究》第 33 号，頁 215-234。

1952 〈中国簿記に於ける帳簿組織〉，《國民經濟雜誌》第 85 卷第 3 号，頁 12-28。

布目潮渢

1983 〈明治 11 年長崎華僑試論—清民人名戶籍簿を中心として—〉，山田信夫編《日本華僑と文化摩擦》，東京：巖南堂書店，頁 189-256。

有本邦造

　　1933　〈支那固有の会計制度の沿革考〉,《会計》第 32 卷第 1 号。

　　1933　〈廣東固有の商業簿記及び其批判 1、2〉,《会計》第 32
　　　　　卷第 2 号。

高寺貞男

　　1971　〈二重分類簿記体系と簿記形態〉,《会計政策と簿記の展
　　　　　開》,京都：ミネルヴァ書房,頁 294-310。

　　1971　〈中国式増減簿記法のコンポジション〉,《会計政策と簿
　　　　　記の展開》,頁 314-325。

　　1988　〈複式簿記体系内の変種としての収支簿記法〉,《可能性
　　　　　の会計学》,東京：三嶺書房,頁 111-114。

　　1995　〈アジア的共通慣行であった収支簿記法の文化負荷性〉,
　　　　　《複雑系の会計学》,東京：三嶺書房,頁 86-100。

高寺貞男,醍醐聰

　　1979　〈和式簿記と洋式簿記の比較会計史〉,《大企業会計史の
　　　　　研究》,東京：同文館,頁 219-227。

松浦章

　　1971　〈長崎貿易における江、浙商と閩商〉,《関西大学史泉》
　　　　　第 42 号。

根岸佶

　　1943　〈商事に関する慣行調査報查書—合股の研究—〉東亞研究
　　　　　所。

許淑眞

　　1983　〈留日華僑總会の成立に就いて（1945-1952）—阪神華僑
　　　　　を中心として—〉,山田信夫編,《日本華僑と文化摩
　　　　　擦》,東京：巖南堂書店,頁 119-187。

許紫芬

　1983 〈帳簿を通じて見た長崎華僑貿易商生泰号の活動〉,《社
　　　　会経済史学》第 49 卷第 5 号,頁 54-66。

　1988 〈收支簿記法としての廈門華僑簿記の事例研究—長崎在留
　　　　の泰益號の簿記 1907 — 1934 〉,《経営史学》第 23 卷第
　　　　3 号,頁 29-47。

菱谷武平

　1963 〈長崎外人居留地に於ける華僑進出の経緯について〉,
　　　　《社会科学論叢》第 12 号,長崎大学学芸部。

　1970 〈唐館の解體と支那人居留地の形成—長崎外人居留地に関
　　　　する若干の古地圖について（3）—〉,《長崎大学教育学
　　　　部社会科学論叢》第 19 号。

渡邊進

　1938 〈台灣在來の簿記〉,《会計》第 43 卷第 2 号。

斯波義信

　1982 〈明治期日本來住華僑について〉,《社会経済史学》第 47
　　　　卷 4 号。

　1983 〈在日華僑と文化摩擦—函館の事例を中心に—〉,山田信
　　　　夫編《日本華僑と文化摩擦》東京：巖南堂書店,頁 37-
　　　　117。

福宿孝夫

　1985 〈八閩会館總簿の解読〉,長崎華僑研究会編《長崎華商泰
　　　　益號関係資料》第 1 輯,頁 29-42。

濱田弘作

　2003 〈古代中国会計史〉,《会計史研究》,第 3 章,東京：多
　　　　賀出版,頁 39-64。

藤井宏

　　1953 〈新安商人の研究〉，《東洋学報》第 36 卷 1-4 号，東京：
　　　　東洋文庫。

英文：

Gardella Robert "Squaring Accounts : Commercial Bookkeeping Methods and Capitalist Rationalism in Late Qing and Republican China", *The Journal of Asian Studies* 51-2,1992.

Gardella Robert[66] Contracting Business Partnerships in Late Qing and Republican China: Paradigms and Patterns" Chap.11,pp.327, Zelin Madeleine, Ocko Jonathan K., and Gardella Robert, *Contract and Property in Early Modern China,* Stanford Univ. Press, 2004.

（三）專書：

中文：

江淮論壇編集

　　1984 《徽商研究論文集》。安徽：安徽人民出版社。

何瑞藤

　　1985 《日本華僑社會之研究》。台北：正中書局。

宋麗智

　　2009 《民國會計思想研究》。武昌：武漢大學出版社。

李玉

　　2002 《晚清公司制度建設研究》。北京：人民出版社。

林仁川

　　1987 《明末清初私人海上貿易》。上海：上海華東師範大學。

林明德

2002 《日本近代史》。台北：三民書局。

陳文石

1966 《明洪武嘉靖間的海禁政策》。台北：台灣大學文史叢刊。

徐永祚

1933 《改良中式簿記概說》，徐永祚會計師事務所。

郭道揚

1982 《中國會計史稿》上冊。北京：中國財政經濟出版社。

1988 《中國會計史稿》下冊。北京：中國財政經濟出版社。

1984 《會計發展史綱》。北京：中央廣播電視大學出版社。

張增信

1988 《明季東南中國的海上活動》。台北：東吳大學中國學術著作獎助委員會。

葉顯恩

1983 《明清徽州農村社會與佃僕制》。安徽：安徽人民出版社。

趙友良

1996 《中國近代會計審計史》。上海：上海財經大學出版社。

劉常青

2005 《中國會計思想發展史》。成都：西南財經大學出版社。

韓東京

2009 《中國會計思想史》第 2 章，上海：上海財經大學出版社。

羅晃潮

1994 《日本華僑史》。廣東：廣東高等教育出版社。

日文：

小葉田淳

　　1976《金銀貿易史の研究》。東京：法政大學。

小倉榮一郎

　　1962《江州中井家帳合の法》。京都：ミネルヴァ書房。

山脇悌二郎

　　1960《近世日中貿易史の研究》。東京：吉川弘文館。

　　1964《長崎の唐人貿易》。東京：吉川弘文館。

山岡由佳

　　1995《長崎華商経営の史的研究─近代中國商人の経営と帳
　　　　簿─》。京都：ミネルヴァ書房。

井上達雄

　　1986《現代商業簿記》第 9 版。東京：中央経済社。

中田易直

　　1984《近世対外関係史の研究》。東京：吉川弘文館。

內田直作

　　1949《日本華僑社会の研究》。東京：同文館。

玉城肇

　　1967《現代日本產業發達史》。支詢社出版局。

田中健夫

　　1982《倭寇》。東京：東京教育社。

田村謙吉

　　1975《風雪の碑 函館海產商同業組合概史》。北海商報株式會
　　　　社。

永積洋子編

　　1987《唐船輸出入品數量一覽 1637-1833 年》。東京：創文社。

1999 《鎖国を見直す》。東京：山川出版社。

羽原又吉

1940 《支那輸出日本昆布業資本主義史》。東京：岩波書店。

朱德蘭

1997 《長崎華商貿易の史的研究》。東京：芙蓉書房。

寺田隆信

1972 《山西商人の研究―明代における商人および商業資本―》。京都：東洋史研究會。

佐藤三郎

1984 《近世日中交渉史の研究》。東京：吉川弘文館。

佐久間重男

1992 《日明関係史の研究》。東京：吉川弘文館。

和田正廣、翁其銀

2004 《上海鼎記號と長崎泰益號―近代在日華商の上海交易―》。福岡：中國書店。

荒井政治

1980 《経済社会史入門―日本と西洋―》。東京：東洋経済新報社。

荒居英次

1975 《近世海產物貿易史の研究》。東京：吉川弘文館。

神戸学院大学人文学部

2007 《華僑商號泰益號文書に基づく神戸華僑の歴史研究》。神戸学院大学人文学部。

高寺貞男

1976 《簿記の一般理論》第3刷。京都：ミネルヴァ書房。

1982 《会計学アラカルト》。東京：同文館。

1984 《会計学パラドックス》。東京：同文館。

宮本又次、內田勝敏

1980 《日本貿易人の系譜》。東京：有斐閣。

浜崎国男

1978 《長崎異人街誌》。福岡：葦書房。

斯波義信

1979 《宋代商業史研究》。東京：風間書房。

1982 《函館華僑関係資料集》。大阪大学文学部紀要，第22卷。

廖赤陽

2000 《長崎華商と東アジア交易網の形成》。東京：汲古書院。

鴻山俊雄

1979 《神戸大阪の華僑—在日華僑百年史—》。神戸：華僑問題研究所。

V4902 殖民地臺灣的近代學校
許佩賢◎著　定價◎ 380 元

　　我們現在習以為常的學校，是日本統治臺灣以後，隨著殖民地統治被引進來的西方式近代學校。日本殖民政府透過學校教育塑造兵士型及產業型的新人種，其特徵是順從、勤勞、規律、且能有效生產。另一方面，對當時的臺灣人來說，近代學校是一個充滿魅力、新鮮的媒體樂園。這個樂園的入口雖然吸引人，裡面卻有二重、三重的迷宮。向學心旺盛的臺灣人，被吸引進入後，卻在迷宮中嘗到挫折，甚至引起認同危機。本書透過殖民地時代的教育，思考「教育」與「國家」、「社會」之間的關係，也思考殖民地教育下臺灣人的心性。

V4903 臺灣的山海經驗
陳國棟◎著　定價◎ 450 元

　　臺灣四面環海，幾乎所有居民的先人都曾渡海而來；臺灣平地面積有限，半數以上的土地皆為丘陵與山地。然而亙古以來，直到百餘年前，居民與山、海的接觸卻不多。雖然不多，臺灣的歷史與臺灣人的山海經驗卻有著糾結不開的關係。探索這種關係，有助於深層理解臺灣的歷史。

　　作者陳國棟的主要研究領域為經濟史與海洋史，但因機緣所致，也時而從事臺灣的歷史研究，而這些研究所處理的問題又湊巧和山及海密切相關。本書選錄其以往二十多年間，針對臺灣歷史所發表的十八篇作品，分為「總論」、「臺灣交通」、「淡水」、「十七世紀」、「清代臺灣」五大區塊。內容包括對臺灣歷史的深入分析與通論性的看法。作者自認為臺灣史研究非其專精，但亦因非其專精，故能別出心裁。書中所收文章，分別在議題、論點及資料的發掘與應用上，有其創新的看法，期能為臺灣史研究注入另類的思惟。

V4914 東亞海域一千年（增訂新版）
陳國棟◎著　定價◎ 500 元

　　亞洲海域的周邊孕育著幾個世界上最古老的文明。藉諸大海的聯繫，千百年來，沿海的居民斷斷續續地進行著種種形式的交往。

　　作者陳國棟的研究，在議題上側重於經濟與貿易；在時間軸上先以清代前期的十七、八世紀為重心，再往上、下延伸，嘗試在較寬廣的時空架構下，尋找中國人參與海事活動的軌跡。

　　本書共收錄論文十五篇，依內容的時間先後排序。有考證，有分析；在經濟、貿易之外，更擴及人員的互訪與文化的交流。有些議題，如鄭和下西洋，讀者可能早已耳熟能詳；另一些議題，如清代海洋貿易政策的形成與貿易所衍生的問題，則稍微需要費點精神才能掌握。翻開目錄，打開書頁，將可窺知過去一千年間發生在東亞海域的大小故事。增訂新版將原本收錄於初版的三篇英文文章全數改寫為中文，其他各篇則作了些微訂正。

V4905 福爾摩沙如何變成臺灣府？
歐陽泰（Tonio Andrade）◎著　定價 480 元

　　十七世紀伊始，臺灣是個海盜出沒，獵首者橫行的島嶼。約百年之後，此地成為大清帝國所管轄的一個府，數以萬計的漢人移民以此為家。是什麼因素造成了這樣的變化？

　　《福爾摩沙如何變成臺灣府？》這本書，帶領我們追尋一六二三年起到一六六二年止，這段臺灣歷史上的關鍵時代──西班牙、荷蘭人治理時期的史事。我們瞭解了海盜如何對荷蘭殖民體系見縫插針、胡攪蠻纏的故事；日本武士又如何帶領原住民赴日，企圖說服幕府將軍發兵攻擊荷蘭人；原住民殺退漢人獵戶的經過；哭嚷著「殺！殺！殺！殺死紅毛狗」的草地農民；還有關於國姓爺，也是海商鄭成功率軍掃除荷蘭人，建立漢人王國等等事蹟。

　　荷據時期的臺灣人事物，就在這裡，讓我們回溯彼時的福爾摩沙歷史。

V4906 殖民地的邊區
林玉茹◎著　定價 400 元

　　年鑑史學大師布勞岱（Fernand Braudel）曾經指出，歷史學家必須優先考慮空間因素，並提出「地理的歷史」的研究取徑。這種以地理空間為出發點的研究取向，卻是歷史學傳統中較少重視的。事實上，不同區域由於地理環境和天然資源的差異，使得發生於自然界和歷史上的事件對於各區域的影響不一。區域差異及其形構的動態過程，是值得討論的課題。本書即以東臺灣地區此一特定地理空間及其歷史遭遇的獨特性作為研究對象，試圖釐清該地域的特色與內涵以及其在臺灣史研究上的意義。

　　臺灣東部在自然環境、族群以及歷史經驗與發展上，與西部有相當大的差異，邊陲性格相當顯著。這種特質也使得國家對該地政治和經濟的發展具有強大的支配性，國家政策與治理形態影響該地的發展。自十七世紀至今，臺灣歷經荷西、鄭氏、清朝、日本以及中華民國各政權的統治。這些政權有各自的統治基礎和目的，對臺灣島上各地域也有不同的認知和政策。本書即透過國家對東部行政空間的規劃、賦稅制度的施行、漁業移民的移入以及近代化企業的改造等實證研究，論證不同形態的國家治理對於東部政治、經濟發展上的影響。特別著力於日本殖民統治時期，殖民帝國如何面對殖民地的邊區，亦即如何制訂位於政治、經濟版圖邊緣的東臺灣的發展策略及其演變。

V4907 台灣人的抵抗與認同：一九二〇～一九五〇
陳翠蓮◎著　定價 400 元

　　台灣這塊土地上的人們，何時出現全台灣為規模的集體意識？何時開始以「台灣人」自我命名？又如何思考群體的處境與未來？以近代國家的概念來看，即是國族主義與國族認同問題，這在任何國家的政治史上都是最核心的議題之一。

　　一九二〇年代日治中期以來，知識份子以「台灣是台灣人的台灣」為號召，對抗日本殖民帝國統治；二次大戰結束，迎來了祖國政府，卻在短短時間內爆發全面性抵抗，台灣人國族認同受到劇烈衝擊。從一九二〇年代至一九五〇年代，是台灣政治史上國族主義初始形成的重要階段，本書從政治與文化、情感與理性兩大主軸，分析此期間台灣人的國族主義與認同傾向，並探討菁英與群眾的、平時與戰時的、正式與非正式的反殖民抵抗行動。

V4908 六堆客家與清代屏東平原
林正慧◎著　定價 420 元

　　目前臺灣史對於南部客家移民的研仍顯不足，本書嘗試對清代屏東平原的客家移民作一全面性的概觀與了解；包含客家人墾拓背屏東平原的背景、過程、所發展的組織及拓墾成果，六堆組織形成的原因與演變，以及當地客家人與官方及其他族群間的關係。

　　全書概分為五個部分：一、說明客家人離鄉渡臺的背景及其可能的渡臺路線；二、客家移民在屏東平原形成聚落的過程與特色；三、試圖了解六堆形成的原因，其建構的過程，及該組織的內容；四、分析清代屏東平原六堆客家與官府關係演變的過程；五、探討清代屏東平原六堆客家與其他漢人移民關係演變的過程。

V4909 臺灣經濟史中的臺灣總督府
黃紹恆◎著　定價 450 元

　　日本在甲午戰後雖取得殖民地臺灣，卻沒有相應的經濟實力立即改變臺灣的經濟結構，致使臺灣總督府的經濟施政受到各種主客觀的限制；第一次世界大戰以降，發生在日本的歷次經濟恐慌，也由於臺灣總督府受限於所處權力結構的位階，連帶使臺灣受到影響。

　　然而臺灣總督府的施政對島內還是有決定性的影響，此點可證諸於臺北帝大的辦學方針，以及臺灣年輕學子的負笈日本。而在保存臺灣總督府公文文書方面，則因缺乏周延的保存計畫，而造成文件四處散佚。故研究者在運用臺灣總督府史料時，必須特別留意被視為次要的周邊相關資料。

　　本書就上述各點分成：一、臺灣總督府的經濟施政權限；二、臺灣總督府與臺灣的經濟學；三、臺灣總督府與史料等三大部分，描述臺灣總督府於臺灣經濟史中所扮演的角色。

V4910 近代臺灣造船業的技術轉移與學習
洪紹洋◎著　定價 350 元

　　過去對臺灣早期產業發展所進行的討論，較少針對特定產業進行深入的個案研究。從經濟發展的歷史觀點而言，身為後進國家的臺灣，如何以殖民地時期的遺產為基礎，在戰後如何受到中國經驗的影響，再藉由引入先進國家的技術和政府產業政策的協助來發展工業，以逐步脫離對先進國家在技術上的依賴等，是值得研究的課題。

　　本書對臺灣造船業中，規模最大的「臺灣造船公司」進行實證研究，以了解該產業的發展過程：自日治時期建造小型船舶滿足地區性的需求，到戰後以修船業務為開端，經由技術引進，開始建造小型、乃至大型船舶。

　　本書的特點在於，對戰前、戰後臺灣造船業的發展作為一個整體展開連續性的討論，並對戰後初期臺灣造船公司如何填補日本籍技術人員離開後所產生的管理與技術缺口。此外，也就各時期的技術學習、技術者的養成與政府的產業政策進行論述。

V4913 臺灣日治時代的租佃制度
葉淑貞◎著　定價 450 元

　　過去研究臺灣租佃制度的學者，絕大多數都主張日治時代租佃制度有口頭租約、租期不定、租期太短等諸多不良慣行，致使佃農缺乏投資意願；且地租過高，降低佃農的投資能力，造成佃農的生產效率不如自耕農，最終導致佃農所得的低落。

　　然而，本書的研究卻發現，日治時代佃耕農場的經營效率並未低於自耕農場，而地租也未高於合理水準；此外，1920 年代底，當經濟、社會環境產生一些變化，業佃會的適時成立，推動租佃制度若干轉變：最主要者為租約轉而以書面訂立，且租期延長。最後，本書也發現戰後實施的三七五減租，並未使佃農的技術效率提高得比自耕農多，因此前人主張土地改革提升了佃農的耕作意願，這個說法可能有待商榷。

　　本書應用經濟理論建構分析方法，然後透過統計方法處理實際資料，並對所整理的資料進行嚴謹的分析。過去少有人如此研究臺灣日治時代的租佃制度，作者因此得到不同於前人的結論：從效率的原則來看，日治時代租佃制度運行良好。

V4911 利邦上尉東印度航海歷險記：一位傭兵的日誌 1617-1627

艾利‧利邦（Elie Ripon）◎著

賴慧芸◎譯

包樂史（Leonard Blusse）、鄭維中、蔡香玉◎校注　定價◎ 750 元

　　一八六五年，瑞士格魯耶區布爾市一幢房子的閣樓中發現了一部厚厚的法文手稿，不知通過何種神秘的管道流落至此。這是十七世紀中葉，有人以非常工整的字體抄寫下了一位傭兵的海上冒險回憶錄，書中真實呈現大航海時代記述者所見的亞洲各國風土人情，精采刺激。利邦是荷蘭東印度公司的傭兵，親眼見證並寫下當時修築澎湖風櫃尾紅毛城及大員沙洲上小型防禦工事（熱蘭遮城前身）的珍貴第一手史料，這是可靠文獻紀錄下，外來者在臺灣最早的築城嘗試。

　　利邦筆下有十七世紀臺灣麻豆原住民的速寫，還有當時的鹿皮貿易盛況。隨著他的腳步，我們走在荷蘭人在東亞海域發展初期篳路藍縷的歷史中，每個商站的設立過程都一樣，而相同的劇本也不斷重演：登陸新據點，通常是找一個有生產利益或戰略價值的島嶼，快速建立堡壘，保障安全的退路，保護船隻，然後控制當地原住民，並擊退西班牙、葡萄牙、英國等競爭對手，再開始通商。在這份記述中，不僅看到令人血脈賁張的患難歷險，窺見十七世紀亞洲各國的原始面貌，也幫助我們理解十七世紀的臺灣。

　★中文版獨家收錄澎湖與臺灣三章原始手稿

　★附贈利邦上尉航行路線圖彩色海報

V4912 近世臺灣鹿皮貿易考：青年曹永和的學術啓航

曹永和◎著　陳宗仁◎校注

定價 890 元

　　1947 年二二八事件後，臺北實施戒嚴，一位二十七歲的年輕人走入有軍警駐守的臺灣大學，前往圖書館報到，成為一位館員。爾後，這位毫無史學訓練的年輕人，就在圖書館的一個小角落裡，慢慢地耕耘出他的學術天地，並意外成為臺灣早期歷史研究承先啓後的先行者。他就是曹永和先生，未來的中央研究院院士、著名的東亞海域史專家、一位自學成功的典範。

　　曹永和憑藉著辛勤的自學，閱讀臺北帝大圖書館的龐大書籍，五年後寫出戰後臺灣人的第一篇長篇臺灣史學論文〈近世臺灣鹿皮貿易考〉。這份手稿是曹永和學術生涯的起點，雖因故未能及時發表，但六十年後，由中央研究院臺灣史研究所研究人員協助重編、補校，以新的面貌出版為這本《近世臺灣鹿皮貿易考：青年曹永和的學術啓航》。

　　書中包括曹永和原作手稿復刻（包括黏貼、刪補等均以原貌呈現）、珍貴史料圖片與老照片、手稿打字、現代注釋與補充等。既是一本從鹿皮貿易切入荷蘭時期臺灣史學的論述，也是一本具有典藏意義的手稿復刻本。

臺灣史與海洋史 13

近代中國商人的經營與帳簿

作　　　者	／許紫芬
策　　　劃	／財團法人曹永和文教基金會
總　編　輯	／黃靜宜
主　　　編	／張詩薇
協 力 編 輯	／陳錦輝
企　　　劃	／叢昌瑜、葉玫玉
封 面 設 計	／翁翁

合 作 出 版	／財團法人曹永和文教基金會
	臺北市 106 羅斯福路三段 283 巷 19 弄 6 號 1 樓（02）2363-9720
	遠流出版事業股份有限公司
	臺北市 100 南昌路二段 81 號 6 樓

發　行　人	／王榮文
發 行 單 位	／遠流出版事業股份有限公司
地　　　址	／臺北市 100 南昌路 2 段 81 號 6 樓
電　　　話	／(02)2392-6899　傳真：(02)2392-6658　劃撥帳號：0189456-1
著作權顧問	／蕭雄淋律師

排 版 印 刷	／中原造像股份有限公司
一 版 一 刷	／2015 年 10 月 1 日

訂價：新台幣 420 元

若有缺頁破損，請寄回更換

YL*ib* 遠流博識網
http：//www.ylib.com　E-mail：ylib@ ylib.com

國家圖書館出版品預行編目 (CIP) 資料

近代中國商人的經營與帳簿：長崎華商經營史的研究
/ 許紫芬著 . -- 一版 . -- 臺北市：遠流，曹永和文教基
金會 , 2015.10
　　面；　　公分 . -- (臺灣史與海洋史；13)
ISBN 978-957-32-7723-1(精裝)

1. 貿易商 2. 商業管理 3. 商業簿記

558.81　　　　　　　　　　　　　　104018784